스위프트 4

프로토콜지향 프로그래밍 3/e

스위프트 4

프로토콜지향 프로그래밍 3/e

확장성 있는 iOS 프로그래밍을 위한

존 호프만 지음

강경구 옮김

| 지은이 소개 |

존 호프만 Jon Hoffman

정보통신 기술 분야에서 25년이 넘는 경력을 쌓았다. 20년이 넘게 시스템 관리, 네트워크 관리, 네트워크 보안, 애플리케이션 개발과 설계 분야에서 근무해왔다. 현재 신테크 시스템즈 Syn-Tech Systems에서 시니어 소프트웨어 엔지니어로 근무 중이다.

2008년부터 iOS 플랫폼으로 다양한 제품을 개발했으며, 그중 몇 가지는 앱 스토어에 등록된 앱이고, 서드파티와 여러 엔터프라이즈 애플리케이션도 포함돼 있다. 또한 안드로이드와 윈도우 플랫폼에 대한 모바일 애플리케이션도 개발해왔다. 정보통신 기술 분야에서의 도전이야말로 삶의 원동력이며, 이러한 도전을 이겨내는 것을 최고의 기쁨으로 여긴다.

다른 관심사로는 가족과 함께 시간을 보내거나 로봇 프로젝트와 3D 프린팅이 있다. 또한 태권도를 진정으로 즐기며, 2014년 초에는 큰 딸인 케일리 Kailey와 함께 검은 띠를 따기도 했다. 2014년 겨울에는 아내인 킴 Kim이 검은 띠를 땄으며, 최근에는 막내딸이 검은 띠를 따려고 노력하고 있다.

| 기술 감수자 소개 |

안드레아 프레로 Andrea Prearo

15년 이상의 경력을 지닌 소프트웨어 엔지니어다. 이탈리아 출신이며, C/C++와 C#으로 소프트웨어를 개발하기로 한 후로는 모바일 앱 개발을 시작하기 위해 2011년에 베이 에리어Bay Area로 이사를 했다.

최근 몇 년 동안 안드로이드 플랫폼에 대한 간단한 연구와 함께 스위프트, 오브젝티브 C, iOS, 마이크로서비스에 주력해왔다. 현재 캐피탈 원Capital One에서 iOS 개발 팀의 일원으로 회사의 플래그십 모바일 은행 앱을 개발하고 있다.

관심사는 독서와 영화 보기, 하이킹이다. 종종 https://medium.com/@andrea.prearo 에서 기술 관련 블로그를 작성하기도 한다.

내 모든 노력에 끊임없는 지원을 보내는 멋진 아내인 니콜에게 고맙다는 말을 전하고 싶다.

| 옮긴이 소개 |

강경구(mc2e.dev@gmail.com)

iOS 애플리케이션 개발자로 일하고 있으며, 새로운 기술이나 언어에 관심이 많다. 여러 패러다임을 실무에 적용하고자 노력하고 있으며, 이러한 노하우를 여러 개발자들과 함께 이야기하고 교류하고자 노력하고 있다.

| 옮긴이의 말 |

스위프트는 Mac과 iOS 앱 개발에 있어 오브젝티브C를 대체하는 언어로 빠르게 자리 잡았다. 그와 동시에 사용자의 니즈에 빠르게 대응해 변화하고 있으며, 프로토콜지향 프로그래밍 패러다임 역시 이러한 흐름에 맞춰 변화해 왔다. 특히 제네릭이 강화되면서 프로토콜지향 프로그래밍 역시 더욱 유연해지고 확장성 있는 패러다임으로 발전하게 됐다. 3판에서는 개선된 스위프트의 내용을 반영해 1판에서 소개하지 못했던 제네릭이 추가됐고 예제 역시 상황에 맞게 개선됐다.

개발을 하다보면 객체지향 프로그래밍만으로는 해결하기 어려운 문제를 종종 마주치게 된다. 이 책에서는 프로토콜지향 프로그래밍에 대한 내용을 이야기하는 것뿐만 아니라 기존 객체지향 프로그래밍과 어떠한 차이가 있는지, 객체지향 프로그래밍에서 해결하기 어려웠던 문제를 프로토콜지향 프로그래밍에서는 어떤 방식으로 해결했는지를 설명한다. 또한 다양한 예제를 통해 새로운 패러다임을 자연스럽게 체득할 수 있게 했다.

1판에 이어서 3판 역시 번역할 기회를 준 에이콘출판사 관계자 분들께 이 자리를 빌려 감사하다는 말을 전하고 싶다. 그리고 번역에 집중할 수 있게 도움을 준 모든 분께도 감사의 인사를 드리며, 항상 응원해주는 우리 가족에게도 감사하다는 말을 전하고 싶다.

| 차례 |

| 들어가며 |

이 책은 프로토콜지향 프로그래밍에 관한 책이다. 애플은 2015년 세계 개발자 회의 WWDC에서 스위프트 2를 소개하면서, 스위프트는 세계 최초의 프로토콜지향 프로그래밍 언어라고 발표했다. 이러한 이름에서 유추할 수 있듯이 프로토콜이 프로토콜지향 프로그래밍의 전부일 것이라고 생각할 수 있지만, 이는 잘못된 생각이다. 프로토콜지향 프로그래밍은 단지 프로토콜뿐만이 아닌 더 많은 것을 포함하고 있다. 프로토콜지향 프로그래밍은 애플리케이션을 개발하는 새로운 방법일 뿐만 아니라 애플리케이션 설계에 대해 어떻게 생각해야 하는지에 관한 새로운 방법이기도 하다.

1장에서 4장까지는 프로토콜지향 프로그래밍 패러다임의 각각의 요소에 대해 자세히 살펴본다. 프로토콜지향 프로그래밍의 서로 다른 요소에 대해 확실하게 이해할 수 있도록 구성해서 여러분은 애플리케이션에서 이러한 요소를 어떻게 사용할 수 있는지 알 수 있을 것이다. 프로토콜지향 프로그래밍에 관한 가장 큰 오해 중 하나는, 이는 그저 객체지향 프로그래밍의 또 다른 이름에 불과한 것이 아니냐는 것이다. 5장과 6장에서는 어떠한 점에서 유사하고 다른지를 살펴보기 위해 프로토콜지향 프로그래밍과 객체지향 프로그래밍을 비교함으로써 이러한 미신에 맞서본다. 또한 두 프로그래밍 패러다임의 장단점에 대해서도 이야기해본다.

마지막 2개 장은 독자가 프로토콜지향 프로그래밍 방식을 사용해 애플리케이션을 어떻게 설계할 수 있는지에 대해 이해하는 데 도움을 주기 위해 쓰였다. 7장에서는 프로토콜지향 방식으로 몇 가지 디자인 패턴을 어떻게 구현할 수 있는지를 알아보며, 8장에서는 앞서 책에서 다뤘던 모든 내용을 보강하기 위해 실제 사례 연구를 살펴본다.

▌ 이 책의 구성

1장, 프로토콜 시작에서는 프로토콜이란 무엇이며, 스위프트 프로그래밍 언어에시 프로토콜이 어떻게 사용되는지를 살펴본다. 또한 매우 유연하면서도 재사용이 가능한 코드를 작성할 때 프로토콜을 어떻게 사용할 수 있는지도 살펴본다.

2장, 타입 선택에서는 스위프트가 제공하는 여러 가지 타입(구조체, 클래스, 열거형, 튜플)에 관해 알아본다. 어떤 상황에서 다양한 타입을 사용하는지에 대한 예와, 어떤 상황에서 사용하지 않는지에 대한 예도 살펴본다.

3장, 확장에서는 확장과 프로토콜 확장이 어떻게 스위프트 프로그래밍 언어와 함께 사용되는지 살펴본다. 그리고 어떻게 확장이 프로토콜지향 프로그래밍과 함께 사용될 수 있는지에 대한 예도 살펴본다.

4장, 제네릭에서는 제네릭이 얼마나 강력한지를 보여준다. 애플은 제네릭이 스위프트의 가장 강력한 기능 중 하나라고 이야기해 왔다. 따라서 매우 유연한 타입을 만들기 위해 제네릭을 사용하는 방법을 알아보며, 커스텀 타입을 위한 Copy-on-Write 기능을 구현하는 방법도 살펴본다.

5장, 객체지향 프로그래밍에서는 객체지향 접근법을 사용해 비디오 게임의 캐릭터를 어떻게 개발할 수 있는지 알아본다. 프로토콜지향 프로그래밍에 담긴 개념의 진정한 진가를 알아보려면 프로토콜지향 프로그래밍이 해결하고자 하는 문제점을 이해해야만 한다.

6장, 프로토콜지향 프로그래밍에서는 5장과 동일한 비디오 게임 캐릭터를 개발하는 대신, 설계 시에 프로토콜지향 접근법을 채용한다. 그런 다음 프로토콜지향 접근법이 제공하는 장점을 살펴보기 위해 객체지향 접근법과 프로토콜지향 접근법을 비교해본다.

7장, 스위프트에서 디자인 패턴 적용에서는 프로토콜지향 프로그래밍을 사용해 몇 가지 디자인 패턴을 구현하는 것을 살펴본다. 각각의 디자인 패턴에 대해 디자인 패턴이 해결하고자 하는 문제점을 살펴보고 패턴을 구현하는 방법을 살펴본다.

8장, 사례 연구에서는 두 가지 사례 연구를 살펴본다. 현업에서 프로토콜지향 프로그래밍을 사용하는 방법을 독자에게 보여주기 위해 1장부터 6장까지의 모든 내용을 종합해 구성했다.

▌ 준비 사항

책에 있는 예제를 따라 하기 위해서는 OS X 10.13 또는 상위 버전이 설치된 애플 컴퓨터를 보유하고 있어야만 한다. 또한 스위프트 4 또는 상위 버전을 포함하는 Xcode 9.0 또는 상위 버전의 Xcode를 설치해야만 한다. 적어도 스위프트 프로그래밍 언어에 대한 기본 지식은 갖추고 있어야 한다.

▌ 이 책의 대상 독자

적어도 스위프트 프로그래밍 언어에 대한 기본 지식이 있고, 프로토콜지향 프로그래밍이 무엇인지를 이해하고자 하는 개발자를 대상으로 한다. 또한 프로그래밍 패러다임의 다른 요소를 완전히 이해하고자 하는 개발자를 위해 집필했다. 모든 장에서는 해당 주제를 완전히 이해할 수 있도록 이를 적절히 구현하는 방법을 보여주는 예제 코드를 작성했으며, 이는 내용을 뒷받침하기 때문에 코드를 보고 작성하는 개발자에게도 안성맞춤이다.

▋ 편집 규약

이 책에서는 독자의 이해를 돕고자 다루는 정보에 따라 글꼴 스타일을 다르게 적용했다. 이러한 스타일의 예제와 의미는 다음과 같다.

텍스트에서 코드 단어와 데이터베이스 테이블 이름, 폴더 이름, 파일 이름, 파일 확장자, 경로, 더미 URL, 사용자 입력, 트위터 핸들은 다음과 같이 표시한다.

"앞의 예제에서는 `android:src` 대신 `app:srcCompat`를 사용했다."

코드 블록은 다음과 같이 표시한다.

```
protocol ZombieObserver {
    func turnLeft()
    func turnRight()
    func seesUs()
}
```

커맨드라인 입력이나 출력은 다음과 같이 표시한다.

```
Making a copy of internalQueue
```

새로운 용어나 중요한 키워드는 고딕체로 표시한다. 애플리케이션의 메뉴나 대화상자에 나오는 텍스트는 다음과 같이 표시한다.

"이 메뉴에서 Create a new Xcode Project 옵션을 선택하고자 할 것이다."

 경고나 중요한 내용은 이와 같이 나타낸다.

팁이나 요령은 이와 같이 나타낸다.

독자 의견

독자로부터의 피드백은 항상 환영한다. 이 책에 대해 무엇이 좋았는지 또는 좋지 않았는지 소감을 알려주길 바란다. 독자 피드백은 앞으로 더 좋은 책을 발행하는 데 매우 중요하다.

일반적인 피드백을 우리에게 보낼 때는 간단하게 feedback@packtpub.com으로 이메일을 보내면 되고, 메시지의 제목에 책 이름을 적으면 된다.

여러분이 전문 지식을 가진 주제가 있고, 책을 내거나 책을 만드는 데 기여하고 싶다면 www.packtpub.com/authors에서 저자 가이드를 참고하길 바란다.

고객 지원

팩트출판사의 구매자가 된 독자에게 도움이 되는 몇 가지를 제공하고자 한다.

예제 코드 다운로드

이 책에 사용된 예제 코드는 http://www.packtpub.com의 계정을 통해 다운로드할 수 있다. 다른 곳에서 구매한 경우에는 http://www.packtpub.com/support를 방문해 등록하면 파일을 이메일로 직접 받을 수 있다.

코드를 다운로드하려면 다음과 같이 한다.

1. 팩트출판사 웹사이트(http://www.packtpub.com)에서 이메일 주소와 암호를 이용해 로그인하거나 계정을 등록한다.

2. 맨 위에 있는 SUPPORT 탭으로 마우스 포인터를 이동한다.

3. Code Downloads & Errata 항목을 클릭한다.

4. Search 입력란에 책 이름을 입력한다.

5. 코드 파일을 다운로드하려는 책을 선택한다.

6. 드롭다운 메뉴에서 이 책을 구매한 위치를 선택한다.

7. Code Download 항목을 클릭한다.

또한 팩트출판사 웹 사이트에서 책의 웹페이지에 있는 Code Files 버튼을 클릭해 코드 파일을 다운로드할 수도 있다. 이 페이지는 검색 박스에서 책 이름을 입력해 접근할 수 있다. 팩트 계정으로 로그인돼 있어야 함을 기억하자.

파일을 다운로드한 후에는 다음과 같은 압축 프로그램의 최신 버전을 이용해 파일의 압축을 해제한다.

- **윈도우** WinRAR, 7-Zip
- **맥** Zipeg, iZip, UnRarX
- **리눅스** 7-Zip, PeaZip

코드는 https://github.com/PacktPublishing/Swift-4-Protocol-Oriented-Programming-Third-Edition에서도 다운로드할 수 있다.

다음 주소에서 팩트출판사의 다른 책과 동영상 강좌의 코드도 다운로드할 수 있다.

https://github.com/PacktPublishing/

에이콘출판사의 도서정보 페이지 http://www.acornpub.co.kr/book/pop-swift4-3e 에서도 예제 코드를 다운로드할 수 있다.

컬러 이미지 다운로드

책에서 사용한 스크린샷과 다이어그램의 컬러 이미지를 담고 있는 PDF 파일을 제공한다. 컬러 이미지를 보면 출력 결과의 변화를 더 쉽게 이해할 수 있다. https://www.packtpub.com/sites/default/files/downloads/Swift4ProtocolOrientedProgramming ThirdEdition_ColorImages.pdf에서 파일을 다운로드할 수 있다.

에이콘출판사의 도서정보 페이지 http://www.acornpub.co.kr/book/pop-swift4-3e 에서 컬러 이미지를 다운로드할 수 있다.

정오표

내용을 정확하게 전달하기 위해 최선을 다했지만, 실수가 있을 수 있다. 팩트출판사의 도서에서 문장이든 코드든 간에 문제를 발견해서 알려준다면 매우 감사하게 생각할 것이다. 그런 참여를 통해 그 밖의 독자에게 도움을 주고, 다음 버전의 도서를 더 완성도 높게 만들 수 있다. 오탈자를 발견한다면 http://www.packtpub.com/submiterrata 를 방문해 책을 선택하고, 구체적인 내용을 입력해주길 바란다. 보내준 오류 내용이 확인되면 웹사이트에 그 내용이 올라가거나 해당 서적의 정오표 부분에 그 내용이 추가될 것이다. http://www.packtpub.com/support에서 해당 도서명을 선택하면 기존 정오표를 확인할 수 있다.

한국어판은 에이콘출판사의 도서정보 페이지 http://www.acornpub.co.kr/book/pop-swift4-3e에서 찾아볼 수 있다.

저작권 침해

인터넷에서의 저작권 침해는 모든 매체에서 벌어지고 있는 심각한 문제다. 팩트출판사에서는 저작권과 사용권 문제를 매우 심각하게 인식한다. 어떤 형태로든 팩트출판사 서적의 불법 복제물을 인터넷에서 발견한다면 적절한 조치를 취할 수 있도록 해당 주소나 사이트명을 알려주길 부탁한다.

의심되는 불법 복제물의 링크는 copyright@packtpub.com으로 보내주길 바란다. 저자와 더 좋은 책을 위한 팩트출판사의 노력을 배려하는 마음에 깊은 감사의 뜻을 전한다.

질문

이 책과 관련해 질문이 있다면 questions@packtpub.com으로 문의하길 바란다. 최선을 다해 질문에 답하겠다. 한국어판에 관한 질문은 이 책의 옮긴이나 에이콘 출판사 편집 팀(editor@acornpub.co.kr)으로 문의해주길 바란다.

01

프로토콜 시작

이 책은 프로토콜지향 프로그래밍을 설명하는 책이다. 애플은 2015년 세계 개발자 회의WWDC, World Wide Developers Conference에서 스위프트 2를 소개하면서 세계 최초의 프로토콜지향 프로그래밍 언어라고 발표했다. 이런 이유로 프로토콜이 프로토콜지향 프로그래밍의 전부일 것이라고 생각할 수도 있으나, 이는 잘못된 생각이다. 프로토콜지향 프로그래밍은 단지 프로토콜뿐만이 아닌 더 많은 것을 포함하고 있다. 프로토콜지향 프로그래밍은 애플리케이션을 개발하는 새로운 방법일 뿐만 아니라 애플리케이션 설계에 대해 어떻게 생각해야 하는지에 관한 새로운 방법이기도 하다.

1장에서 다루는 내용은 다음과 같다.

- 프로토콜을 사용해 프로퍼티와 기능 요구 사항을 정의하는 방법
- 프로토콜 상속과 컴포지션을 사용하는 방법

- 프로토콜을 타입으로 사용하는 방법
- 다형성
- 프로토콜을 사용해 연관 타입을 사용하는 방법
- 프로토콜을 사용해 델리게이션 패턴을 구현하는 방법
- 프로토콜을 사용해 타입 요구 사항을 설계하는 방법

여러분이 객체지향 프로그래밍을 기반으로 하고 있다면 인터페이스에 익숙할 것이다. 객체지향 세계에서 인터페이스는 메소드와 프로퍼티 시그니처를 포함하는 타입이지만, 자세한 구현체는 포함하지 못한다. 인터페이스는 계약으로 간주할 수 있다. 인터페이스를 따르는 모든 타입은 인터페이스에서 정의한 필요한 기능을 반드시 구현해야 한다. 대다수의 객체지향 개발자들은 OSGi^{Open Service Gateway Initiative} 프레임워크와 유사한 프레임워크를 사용하지만, 애플리케이션을 설계하면서 인터페이스에 주안점을 거의 두지 않는다.

객체지향 방식으로 애플리케이션을 설계하는 경우 보통은 클래스 계층 구조와 개체가 어떻게 상호작용하는지에 중점을 두고 설계를 시작한다. 객체란 프로퍼티 형태로 객체의 속성에 관한 정보를 가지며, 메소드 형태로 객체가 수행하는 행위를 포함하는 자료 구조다. 객체에 기대하는 속성과 행위가 무엇인지를 애플리케이션에게 전달해주는 청사진 없이는 객체를 생성할 수 없다. 대부분의 객체지향 언어에서 이러한 청사진은 클래스 형태로 나타난다. 클래스는 객체의 프로퍼티와 행위를 단일 타입으로 캡슐화하는 구성체다.

프로토콜지향 방식으로 애플리케이션을 설계하는 것은 객체지향 방식으로 설계하는 것과는 상당한 차이가 있다. 프로토콜지향 설계에서는 클래스 계층 구조로 시작하는 대신 프로토콜로 시작해야 한다. 프로토콜지향 설계는 단지 프로토콜뿐만이 아닌 더 많은 것을 포함하고 있기는 하지만, 프로토콜이 이러한 설계의 기반이라고 생각할 수 있다. 결국 프로토콜 없이 프로토콜 기반 프로그래밍을 하기란 매우 어려울 것이다.

스위프트에서 프로토콜은 객체지향 언어의 인터페이스와 유사하다. 프로토콜은 작업을 수행하기 위해 타입에서 필요로 하는 메소드, 프로퍼티, 그리고 다른 요구 사항을 정의하는 계약의 역할을 한다. 프로토콜을 채택하거나 따르는 타입은 프로토콜에서 정의한 요구 사항을 구현할 것을 약속하기 때문에 프로토콜이 계약의 역할을 한다고 말한다. 프로토콜을 채택한 타입이 프로토콜이 정의한 기능을 모두 구현하지 않았을 경우에는 컴파일 타임에서 에러가 발생하고, 프로젝트는 컴파일되지 못할 것이다. 스위프트에서는 어떠한 클래스나 구조체 또는 열거형도 프로토콜을 따를 수 있다.

앞의 마지막 문단에서는 프로토콜은 인터페이스와 유사하다고 언급했다. 인터페이스와 프로토콜이 유사할지라도 스위프트에 있는 프로토콜은 대부분의 객체지향 언어에 있는 인터페이스보다 실제로는 훨씬 더 강력하므로 이러한 비교에 현혹되지 않기를 바란다.

대부분의 현대적인 객체지향 프로그래밍 언어는 클래스 계층 구조를 사용해 표준 라이브러리를 구현한다. 그러나 스위프트 표준 라이브러리는 프로토콜에 기반을 둔다(http://swiftdoc.org). 그렇기 때문에 애플은 개발자에게 프로토콜지향 프로그래밍 패러다임을 사용하게 권장할 뿐만 아니라, 애플 스스로 스위프트 표준 라이브러리에서 프로토콜을 사용하고 있다.

프로토콜은 스위프트 표준 라이브러리의 기반이며, 프로토콜지향 프로그래밍의 근간이 되기 때문에 프로토콜이란 무엇이고 이를 어떻게 사용할 수 있는지 완벽하게 이해하는 것이 매우 중요하다. 1장에서는 프로토콜의 기초를 다룰 뿐만 아니라 애플리케이션을 설계할 때 프로토콜을 어떻게 사용할 수 있는지에 대해서도 다룬다.

▌ 프로토콜 문법

이번 절에서는 프로토콜을 정의하는 방법과 프로토콜에 요구 사항을 추가하는 방법을 살펴본다. 이 절에서는 프로토콜에 대한 기본적인 이해를 제공해준다. 1장의 나머지 부분은 이러한 이해를 기반으로 한다.

프로토콜 정의

프로토콜을 정의할 때 사용하는 문법은 클래스나 구조체 또는 열거형을 정의할 때 사용하는 문법과 매우 유사하다. 다음 예는 프로토콜을 정의하는 데 사용하는 문법을 보여준다.

```
protocol MyProtocol {
    // 프로토콜 정의는 여기에 위치한다.
}
```

프로토콜을 정의하기 위해서는 protocol 키워드를 사용하며, 그다음으로 프로토콜 이름이 위치한다. 그런 다음 중괄호 사이에 프로토콜이 정의한 요구 사항을 입력한다. 커스텀 타입은 타입 이름 뒤에 콜론으로 구분해 프로토콜의 이름을 위치시킴으로써 해당 타입이 따르는 특정 프로토콜을 나타낼 수 있다. 다음 예는 프로토콜을 따르는 구조체를 정의하는 방법을 보여준다.

```
struct MyStruct: MyProtocol {
    // 구조체 구현체는 여기에 위치한다.
}
```

또한 타입은 다중 프로토콜을 따를 수도 있다. 타입이 따르는 다중 프로토콜은 콜론으로 구분해 열거한다.

```
struct MyStruct: MyProtocol, AnotherProtocol, ThirdProtocol {
    // 구조체 구현체는 여기에 위치한다.
}
```

타입이 다중 프로토콜을 따르게 하는 것은 프로토콜지향 프로그래밍에서 매우 중요한 개념이며, 1장 후반부 및 이 책 전반에 걸쳐 살펴본다. 이 개념은 프로토콜 컴포지션protocol composition으로 알려져 있다.

이제 프로토콜에 프로퍼티 요구 사항을 추가하는 방법을 살펴보자.

프로퍼티 요구 사항

프로토콜은 프로토콜을 따르는 타입에 명시된 이름과 타입을 갖는 특정 프로퍼티를 제공할 것을 요구할 수 있다. 프로토콜은 자세한 구현체는 프로토콜을 따르는 타입에 맞기기 때문에 프로퍼티가 저장 프로퍼티store property나 연산 프로퍼티computed property가 돼야 한다는 것을 이야기하지는 않는다.

프로토콜에서 프로퍼티를 정의할 때에는 **get**과 **set** 키워드를 사용해 프로퍼티가 읽기 전용 프로퍼티인지 읽기 쓰기 프로퍼티인지를 반드시 명시해줘야만 한다. 또한 프로토콜에서는 타입 추론type inference을 사용할 수 없으므로 프로퍼티의 타입 역시 명시해야만 한다. 다음 예에서 보이는 바와 같이 **FullName**이라는 이름의 프로토콜을 생성하는 데 있어 프로토콜에 프로퍼티를 어떻게 정의하는지를 살펴보자.

```
protocol FullName {
    var firstName: String {get set}
    var lastName: String {get set}
}
```

이 예에서는 firstName과 lastName이라는 이름을 갖는 두 개의 읽기 쓰기 프로퍼티를 정의했다. 이 프로토콜을 따르는 모든 타입은 이 두 프로퍼티를 반드시 구현해야 한다. 읽기 전용 프로퍼티를 정의하고자 하는 경우에는 다음 코드에서 보이는 바와 같이 get 키워드만을 사용해 정의하면 된다.

```
var readOnly: String {get}
```

다음 예에서 보여주는 바와 같이 static 키워드를 사용하면 정적 프로퍼티를 정의하는 것도 가능하다.

```
static var typeProperty: String {get}
```

이번에는 프로토콜에 메소드 요구 사항을 추가하는 방법을 살펴보자.

메소드 요구 사항

프로토콜은 프로토콜을 따르는 타입에 구체적인 메소드를 제공할 것을 요구할 수 있다. 이러한 메소드는 프로토콜에 정의되며, 이러한 메소드는 중괄호와 메소드 몸체가 없다는 점을 제외하고는 클래스와 구조체에서 정의했던 것과 똑같다. static 키워드를 사용함으로써 이러한 메소드가 인스턴스 메소드나 타입 메소드가 되도록 정의할 수 있다. 프로토콜에 메소드를 정의할 때에는 메소드 매개변수에 기본 값을 추가하는 것은 허용되지 않는다.

FullName 프로토콜에 getFullName()이라는 이름의 메소드를 추가해보자.

```
protocol FullName {
    var firstName: String {get set}
    var lastName: String {get set}
```

```
    func getFullName( ) -> String
}
```

이제 fullName 프로토콜은 getFullName( )이라는 이름을 갖는 한 개의 메소드 및 firstName과 lastName이라는 이름을 갖는 두 개의 읽기 쓰기 프로토콜을 요구한다.

구조체와 같은 값 타입의 경우 메소드가 메소드 자신이 속해 있는 인스턴스를 변경하고자 의도하는 경우에는 반드시 메소드 정의부 앞부분에 mutating 키워드를 추가해야만 한다. 이 키워드는 메소드가 자신이 속해 있는 인스턴스와 인스턴스에 있는 어떠한 프로퍼티도 변경할 수 있음을 나타낸다. 다음 예에서는 메소드 정의와 함께 mutating 키워드를 사용하는 방법을 보여준다.

```
 mutating func changeName( )
```

메소드가 내용을 변경할 수 있게 메소드 요구 사항을 정의한 경우 참조(클래스) 타입에 해당 프로토콜을 적용할 때에는 메소드에 mutating 키워드를 입력할 필요가 없다. mutating 키워드는 오직 값(구조체 또는 열거형) 타입에만 사용된다.

선택 가능한 요구 사항

때로는 프로토콜이 선택 가능한 요구 사항을 정의하기를 바라는 경우가 있다. 선택 가능한 요구 사항은 메소드나 프로퍼티의 구현을 요구하지 않는다. 선택 가능한 요구 사항을 사용하기 위해서는 프로토콜을 표시할 때 @objc 속성이 프로토콜 앞부분에 위치해야 한다.

 오직 클래스만이 @objc 속성을 사용하는 프로토콜을 채용할 수 있다는 것을 아는 것이 중요하다. 구조체와 열거형은 이러한 프로토콜을 채용할 수 없다.

optional 키워드를 사용하면 프로퍼티나 메소드가 선택 가능하다는 것으로 표시할 수 있다. 다음 예에서는 선택 가능한 프로퍼티와 선택 가능한 메소드를 생성하는 방법을 보여준다.

```
@objc protocol Phone {
    var phoneNumber: String {get set}
    @objc optional var emailAddress: String {get set}
    func dialNumber()
    @objc optional func getEmail()
}
```

이번에는 프로토콜 상속이 동작하는 방식을 알아보자.

▌ 프로토콜 상속

프로토콜은 한 개 이상의 프로토콜로부터 요구 사항을 상속받을 수 있으며, 요구 사항을 추가할 수도 있다. 다음 코드에서는 프로토콜 상속에 대한 문법을 보여준다.

```
protocol ProtocolThree: ProtocolOne, ProtocolTwo {
    // 요구 사항은 여기에 위치한다.
}
```

스위프트에서 프로토콜 상속을 위한 문법은 한 개 이상의 프로토콜을 상속할 수 있다는 점만 제외하면 클래식 상속을 위한 문법과 매우 유사하다. 이제 프로토콜 상속의 동작 방식에 대해 알아보자. 이번에는 앞에서 정의했던 FullName 프로토콜을 사용해 Person이라는 이름의 새로운 프로토콜을 생성한다.

```
protocol Person: FullName {
    var age: Int {get set}
}
```

이제 Person 프로토콜을 따르는 타입을 생성할 때에는 Person 프로토콜에 정의된
요구 사항뿐만 아니라 FullName 프로토콜에 정의된 요구 사항 역시 반드시 구현해야
만 한다. 예를 들어 다음 코드에서 보이는 바와 같이 Person 프로토콜을 따르는
Student 구조체를 생성할 수 있다.

```
struct Student: Person {
    var firstName = ""
    var lastName = ""
    var age = 0

    func getFullName() -> String {
        return "\(firstName) \(lastName)"
    }
}
```

Student 구조체에서는 FullName과 Person 프로토콜에 정의된 요구 사항을 모두 구현
했다는 점을 기억하길 바란다. 그러나 구조체 정의부에 명시된 프로토콜은 오직
Person 프로토콜뿐이다. 예에서는 Person 프로토콜만 열거했는데, 이는 Person 프로
토콜이 FullName 프로토콜로부터 모든 요구 사항을 상속받았기 때문이다.

▌ 프로토콜 컴포지션

프로토콜 컴포지션^{Protocol composition}은 타입이 여러 프로토콜을 채용할 수 있게 해준다.
이는 클래스 계층 구조 대신 프로토콜을 사용할 때 얻을 수 있는 가장 큰 장점인데,
스위프트나 다른 단일 상속 언어에서 클래스는 한 개의 슈퍼클래스만 상속할 수 있기

때문이다. 프로토콜 컴포지션을 위한 문법은 방금 살펴봤던 프로토콜 상속을 위한 문법과 같다. 다음 예에서는 프로토콜 컴포지션을 사용하는 방법을 보여준다.

```
struct MyStruct: ProtocolOne, ProtocolTwo, ProtocolThree {
    // 구현부는 여기에 위치한다.
}
```

프로토콜 컴포지션은 모든 요구 사항을 단일 프로토콜이나 단일 클래스에서 상속하지 않고 요구 사항을 여러 작은 컴포넌트로 나눌 수 있게 해준다. 프로토콜 컴포지션은 타입군$^{type\ families}$의 높이를 증가시키기보다는 너비를 증가시키게 해주는데, 이는 해당 프로토콜을 따르는 타입 모두가 필요로 하는 요구 사항이 아닌 것을 포함하는 비대한 타입을 생성하는 것을 피하게 해준다는 것을 의미한다. 프로토콜 컴포지션은 매우 단순한 개념처럼 보이지만, 이는 프로토콜지향 프로그래밍에서 꼭 필요한 개념이다. 이제 프로토콜 컴포지션에 관한 예를 살펴보면 이를 사용해 얻을 수 있는 장점을 확인할 수 있을 것이다.

다음 다이어그램에서 보이는 것과 같은 클래스 계층 구조가 있다고 생각해보자.

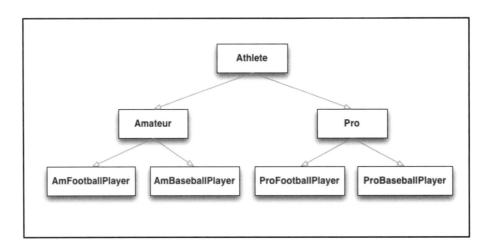

이 클래스 계층 구조는 Athlete이라는 이름의 기본 클래스를 갖는다. 그런 다음 Athlete 기본 클래스는 이름이 각각 Amateur와 Pro인 두 개의 서브클래스를 갖는다. 이러한 클래스는 선수가 아마추어 선수이거나 프로 선수인지에 따라 사용된다. 아마추어 선수는 대학 운동선수일지도 모르며, 그러한 경우 선수가 다니는 학교 및 GPA와 같은 정보를 저장해야 할 것이다. 프로 선수는 경기에 대한 급여를 받는다. 프로 선수를 위해 선수가 속해 있는 팀과 선수의 급여와 같은 정보를 저장해야 할 것이다.

이 예에서 Amateur와 Pro 클래스의 하위 계층에 있는 클래스는 좀 엉망이다. 보다시피 Amateur와 Pro 클래스 모두는 하위 클래스로 별도의 축구 선수 클래스를 가진다 (AmFootballPlayer와 ProFootballPlayer 클래스). 또한 Amateur와 Pro 클래스 모두는 하위 클래스로 별도의 농구 선수 클래스를 갖는다(AmBaseballPlayer와 ProBaseballPlayer). 이와 같은 구조는 이러한 클래스 간에 수많은 중복 코드를 갖게 요구할 것이다.

하나의 슈퍼클래스로부터 모든 기능을 상속받는 서브클래스를 갖는 대신, 프로토콜 컴포지션을 사용하면 타입에서 믹스앤매치mix and match가 가능한 프로토콜 컬렉션을 갖게 된다.

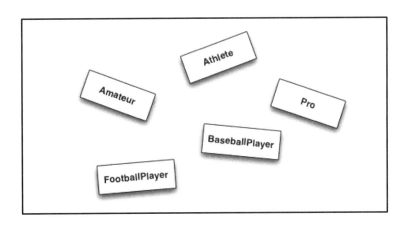

그러고 나면 타입의 필요에 따라 한 개 이상의 프로토콜을 사용할 수 있다. 예를 들면 Athlete와 Amateur, 그리고 FootballPlayer 프로토콜을 따르는 AmFootballPlayer

구조체를 생성할 수 있다. 그런 다음 Athlete와 Pro, 그리고 FootballPlayer 프로토콜을 따르는 ProFootballPlayer 구조체를 생성할 수 있다. 프로토콜 컴포지션은 타입의 요구 사항에 대해 매우 구체적으로 될 수 있게 해주며, 필요한 요구 사항만 채택할 수 있게 해준다.

순수 프로토콜 관점에서 보자면 프로토콜은 요구 사항만을 정의하기 때문에 지금 당장은 이 마지막 예가 이해되지 않을지도 모른다. 그러나 3장에서 최소한의 중복 코드를 가지고 이러한 타입을 구현하는 데 프로토콜 확장이 어떻게 사용될 수 있는지 살펴볼 수 있을 것이다.

 당부의 말: 여러분이 한두 개 정도의 요구 사항만을 포함하는 프로토콜을 여러 개 생성하고 있는 자신을 발견했다면 프로토콜을 너무 세밀하게 만드는 중일 것이다. 이러한 방식은 유지나 관리를 어렵게 만드는 설계로 이어질 수 있다.

▌ 프로토콜을 타입으로 사용

프로토콜에 아무런 기능이 구현돼 있지 않다고 하더라도 스위프트 프로그래밍 언어에서는 여전히 하나의 완벽한 타입으로 간주하며, 대부분 다른 타입과 마찬가지로 사용될 수 있다. 이는 프로토콜을 함수의 매개변수나 반환 타입으로 사용할 수 있다는 것을 의미한다. 또한 프로토콜을 변수나 상수, 그리고 컬렉션에 대한 타입으로도 사용할 수 있다. 이에 관한 몇 가지 예를 살펴보자. 다음 몇 가지 예에서는 Person 프로토콜을 사용할 것이다.

```
protocol Person {
    var firstName: String {get set}
    var lastName: String {get set}
```

```
    var birthDate: Date {get set}
    var profession: String {get}
    init (firstName: String, lastName: String, birthDate: Date)
}
```

Person 프로토콜에서는 네 개의 프로퍼티와 한 개의 생성자를 정의하고 있다.

첫 번째 예에서는 프로토콜을 함수나 메소드 또는 생성자의 매개변수와 반환 타입으로 사용하는 방법을 보여준다. 또한 함수 내에서는 Person을 변수의 타입으로도 사용한다.

```
func updatePerson(person: Person) -> Person {
    var newPerson: Person
    // person을 갱신하는 코드는 여기에 위치한다.
    return newPerson
}
```

다음 예에서 볼 수 있듯이 프로토콜은 컬렉션에 저장하기 위한 타입으로도 사용될 수 있다.

```
var personArray = [Person]()
var personDict = [String: Person]()
```

이제 이 프로토콜 타입을 요구하는 곳 어디에서나 이 프로토콜을 따르는 타입의 인스턴스를 사용할 수 있다. 이번에는 Person 프로토콜을 따르는 SwiftProgrammer와 FootballPlayer 이름의 두 타입이 있다고 가정해보자. 이 타입은 다음 예에서 보이는 것처럼 사용할 수 있다.

```
var myPerson: Person
```

```
myPerson = SwiftProgrammer(firstName: "Jon", lastName: "Hoffman",
    birthDate: birthDateProgrammer)
myPerson = FootballPlayer(firstName: "Dan", lastName: "Marino", birthdate:
    birthDatePlayer)
```

앞 예에서 보다시피 Person 프로토콜은 배열에 대한 타입으로 사용될 수 있으며, 이는 Person 프로토콜을 따르는 모든 타입의 인스턴스로 배열을 채울 수 있다는 것을 의미한다. 다음은 이에 관한 예를 보여준다(bDateProgrammer와 bDatePlayer 변수는 개개인의 생일을 나타내는 Date 타입의 인스턴스라는 점을 기억하자).

```
var programmer = SwiftProgrammer(firstName: "Jon", lastName: "Hoffman",
    birthDate: bDateProgrammer)

var player = FootballPlayer(firstName: "Dan", lastName: "Marino", birthDate:
    bDatePlayer)

var people: [Person] = [ ] people.append(programmer) people.append(player)
```

마지막 예에서 살펴본 내용은 다형성^{polymorphism}의 한 형태다. 프로토콜이 가진 잠재력을 최대한으로 끌어올려 사용하기 위해서는 다형성이 무엇인지 이해해야만 한다.

▌ 프로토콜과 다형성

다형성이라는 단어는 그리스어인 poly(많다는 뜻)와 morphe(형태라는 뜻)에 어원을 두고 있다. 프로그래밍 언어에서 다형성은 여러 타입(다양한 형태)을 위한 단일 인터페이스다. 다형성이라는 단어를 배워야 하는 두 가지 이유가 있다. 첫 번째 이유는 일상적인 대화에서 이런 멋진 단어를 사용하면 매우 지적으로 보이기 때문이다. 두 번째 이유는, 다형성은 가장 유용한 프로그래밍 기술 중 하나를 객체지향 프로그래밍뿐만 아니라 프로토콜지향 프로그래밍에도 제공하기 때문이다.

다형성은 하나의 일관된 인터페이스를 통해 여러 타입과 상호작용을 할 수 있게 해준다. 일반적으로 객체지향 프로그래밍에서는 슈퍼클래스에서 일관된 인터페이스가 나오는 반면, 프로토콜지향 프로그래밍에서는 프로토콜에서 일관된 인터페이스가 나오게 된다.

앞 절에서는 스위프트의 다형성에 대한 두 가지 예를 살펴봤다. 첫 번째 예는 다음 코드와 같다.

```
var myPerson: Person

myPerson = SwiftProgrammer(firstName: "Jon", lastName: "Hoffman", birthDate:
        birthDateProgrammer)

myPerson = FootballPlayer(firstName: "Dan", lastName: "Marino", birthdate:
        birthDatePlayer)
```

이 예에서는 PersonProtocol 타입의 변수 하나를 갖는다. 다형성은 SwiftProgrammer 나 FootballPlayer 타입과 같이 PersonProtocol 프로토콜을 따르는 타입의 인스턴스면 변수에 대입할 수 있게 해준다.

다형성의 또 다른 예는 다음 코드와 같다.

```
var programmer = SwiftProgrammer(firstName: "Jon", lastName: "Hoffman",
        birthDate: bDateProgrammer)

var player = FootballPlayer(firstName: "Dan", lastName: "Marino", birthDate:
        bDatePlayer)

var people: [Person] = [ ]
people.append(programmer)
people.append(player)
```

이 예에서는 PersonProtocol 타입의 배열을 생성했다. 다형성은 PersonProtocol을 따르는 타입의 인스턴스를 배열에 추가할 수 있게 해준다.

방금 살펴본 바와 같이 하나의 일관된 인터페이스를 통해 타입의 인터페이스에 접근하는 경우 타입 특정 기능type-specific functionality에는 접근할 수 없다. 예를 들어 FootballPlayer 타입에 선수의 나이를 저장하는 프로퍼티가 있으면 해당 프로퍼티는 PersonProtocol 프로토콜에 정의돼 있지 않기 때문에 접근할 수 없다.

타입의 특정 기능에 접근해야만 하는 경우에는 형 변환type casting을 사용할 수 있다.

▌프로토콜과 형 변환

형 변환은 인스턴스의 타입을 확인하거나 인스턴스를 명시된 타입으로 다루기 위한 방법이다. 스위프트에서는 특정 타입의 인스턴스인지를 확인하기 위해 is 키워드를 사용하며, 인스턴스를 특정 타입으로 다루기 위헤 as 키워드를 사용헌다.

다음 예는 is 키워드를 어떻게 사용하는지 보여준다.

```
if person is SwiftProgrammer {
    print("\(person.firstName) is a Swift Programmer")
}
```

이 예에서 person 인스턴스가 SwiftProgrammer 타입일 경우 조건문은 true를 반환 하며, 그렇지 않을 때는 false를 반환한다. 특정 타입의 인스턴스만 반환하게 배열을 필터링하기 위해 where문을 is 키워드와 함께 조합해 사용할 수도 있다. 다음 예에서 는 Person 프로토콜의 인스턴스를 가진 배열을 필터링하고 SwiftProgrammer 타입의 인스턴스인 요소의 배열만 반환하게 한다.

```
for person in people where person is SwiftProgrammer {
    peint("\(person.firstName) is a Swift Programmer")
}
```

이번에는 인스턴스를 구체적인 타입으로 형 변환하는 방법을 알아보자. 이러한 동작을 수행하기 위해 as 키워드를 사용할 수 있다. 인스턴스가 명시된 타입이 아닌 경우에는 형 변환이 실패할 수 있기 때문에 as 키워드는 as?와 as! 이렇게 두 가지 형식으로 이뤄져 있다. as? 형식에서는 형 변환에 실패하면 nil을 반환한다. as! 형식에서는 형 변환에 실패하면 런타임 에러가 발생한다. 그러므로 인스턴스 타입을 확신하거나 형 변환을 수행하기 전에 인스턴스 타입을 검사하지 않는 한은 as? 형식을 사용할 것을 추천한다.

다음 예제에서는 변수의 인스턴스를 SwiftProgrammer 타입으로 형 변환을 시도하기 위해 as? 키워드를 어떻게 사용하는지를 보여준다.

```
if let _ = person as? SwiftProgrammer {
    print("\(person.firstName) is a Swift Programmer")
}
```

as? 키워드는 옵셔널optional을 반환하므로, 마지막 예제에서는 형 변환을 수행하기 위해 옵셔널 바인딩을 사용할 수 있다.

이번에는 프로토콜과 함께 연관 타입을 어떻게 사용할 수 있는지 알아보자.

▍연관 타입과 프로토콜

프로토콜을 정의하는 경우 하나 이상의 연관 타입associated type을 정의하는 것이 유용한 경우가 있다. 연관 타입은 프로토콜 내에서 타입을 대신해 사용할 수 있는 플레이스홀더명^{placeholder name}을 제공한다. 연관 타입에서 사용하는 실제 타입은 프로토콜이 채택되기 전까지는 정의되지 않는다. 연관 타입은 기본적으로 "우리는 사용할 타입을 정확히 몰라. 그렇기 때문에 이 프로토콜을 채택하는 타입이 정확한 타입을 정할 거야"라고 말한다. 예를 들어 큐에 관한 프로토콜을 정의하는 경우 프로토콜이 아닌 프로토콜을 채용한 타입에서 큐에 포함되는 인스턴스 타입을 정의해주기를 바랄 수 있다.

연관 타입을 정의하기 위해서는 `associatedtype` 키워드를 사용한다. 프로토콜에서 연관 타입을 사용하는 방법을 살펴보자. 다음 예에서는 큐가 구현해야 하는 요구 사항을 정의할 Queue 프로토콜을 사용할 것이다.

```
protocol Queue {
    associatedtype QueueType
    mutating func addItem(item: QueueType)
    mutating func getItem() -> QueueType?
    func count() -> Int
}
```

이 프로토콜에서는 QueueType이라는 이름의 연관 타입을 하나 정의했다. 그런 다음 프로토콜에서 이 연관 타입을 두 번 사용했다. 첫 번째는 addItem() 메소드를 위한 매개변수 타입으로 이를 사용했다. 그런 다음 getItem() 메소드의 반환 타입을 옵셔널 타입으로 정의할 때 이를 다시 한 번 사용했다.

Queue 프로토콜을 구현하는 모든 타입은 QueueType 플레이스홀더를 위해 사용할 타입을 반드시 명시해야만 하며, 프로토콜이 QueueType 플레이스홀더를 사용하는 경우 해당 타입의 아이템만이 사용됨을 보장해야만 한다.

이번에는 IntQueue라 불리는 비제네릭^{non-generic} 클래스에서 Queue를 구현하는 방법을 살펴보자. 이 클래스는 정수형 타입을 사용해 Queue 프로토콜을 구현할 것이다.

```
struct IntQueue: Queue {
    var items = [Int]()
    mutating func addItem(item: Int) {
        items.append(item)
    }
    mutating func getItem() -> Int? {
        if items.count > 0 {
            return items.remove(at: 0)
        }
        else {
            return nil
        }
    }
    func count() -> Int {
        return items.count
    }
}
```

IntQueue 구조체에서 볼 수 있듯이 addItem( ) 메소드의 매개변수 타입과 getItem( ) 메소드의 반환 타입 모두에 대해 정수형 타입을 사용하고 있다. 이번 예제에서는 비제네릭 방식으로 Queue 프로토콜을 구현했다. 스위프트에서 제네릭은 컴파일 타임 단계가 아닌 런타임 단계에서 사용할 타입을 정의하게 해준다. 4장에서 제네릭과 함께 연관 타입을 사용하는 방법을 살펴본다.

지금까지 프로토콜에 대해 자세히 살펴봤으니 이제는 실무에서 이를 어떻게 사용할 수 있는지 살펴보자. 다음 절에서는 델리게이션 디자인 패턴을 구현하기 위해 프로토콜을 사용하는 방법을 살펴본다.

▌ 델리게이션

델리게이션은 코코아와 코코아 터치 프레임워크에서 광범위하게 사용된다. 델리게이션 패턴은 매우 간단하면서도 강력한 패턴으로, 어느 한 타입의 인스턴스가 다른 인스턴스를 대신해서 동작하는 상황에 잘 맞는다. 동작을 위임하는^{delegating} 인스턴스는 델리게이트 인스턴스의 참조를 저장하고 있다가 어떠한 동작^{action}이 발생하면 델리게이팅 인스턴스는 계획된 함수를 수행하기 위해 델리게이트를 호출한다. 복잡하게 들리는가? 실제로는 그렇지 않다.

스위프트에서는 델리게이트가 해야 할 일을 정의한 프로토콜을 생성하는 방식으로 델리게이션 디자인 패턴을 구현한다. 델리게이트라 부르는 프로토콜을 따르는 타입은 해당 프로토콜을 채용하며, 프로토콜에서 정의한 기능을 제공하는 것을 보장할 것이다.

이번 절의 예제에서는 Person이라는 이름의 구조체를 하나 생성한다. 이 구조체는 String 타입인 두 개의 프로퍼티를 갖게 되며, 이름은 각각 firstName과 lastName으로 지정한다. 또한 델리게이트 인스턴스를 서장할 세 번째 프로퍼티도 갖는다. firstName이나 lastName 프로퍼티 중 하나가 설정되면 델리게이트 인스턴스에 있는 이름을 출력하는 메소드를 호출한다. Person 구조체는 이름을 출력하기 위한 책임을 다른 인스턴스에게 위임하고 있기 때문에 구조체 자신은 이름이 어떻게 출력되는지에 대해 알아야 하거나 관심을 가질 필요가 없다. 그렇기 때문에 콘솔 윈도우 또는 UILabel에 이름을 출력할 수 있으며, 그렇지 않은 경우에는 메시지를 전부 무시할지도 모른다.

델리게이트가 해야 할 일을 정의한 프로토콜을 살펴보자. 이 델리게이트는 DisplayNameDelegate라 명명할 것이다.

```
protocol DisplayNameDelegate {
    func displayName(name: String)
}
```

DisplayNameDelegate 프로토콜에서는 델리게이트에서 반드시 구현해야 하는 메소드를 하나 정의하며, 메소드 이름은 displayName( )이다. 메소드에서는 델리게이트가 어딘가에서 이름을 보여줄 것이라고 가정하지만, 필수적인 것은 아니다. 요구 사항은 델리게이트가 이 메소드를 구현해야 한다는 것뿐이다.

이번에는 델리게이트를 사용하는 Person 구조체를 살펴보자.

```
struct Person {
    var displayNameDelegate: DisplayNameDelegate

    var firstName = "" {
        didSet {
            displayNameDelegate.displayName(name: getFullName())
        }
    }

    var lastName = "" {
        didSet {
            displayNameDelegate.displayName(name: getFullName())
        }
    }

    init(displayNameDelegate: DisplayNameDelegate) {
        self.displayNameDelegate = displayNameDelegate
    }

    func getFullName() -> String {
        return "\(firstName) \(lastName)"
    }
}
```

Person 구조체는 이름이 각각 displayNameDelegate, fistName, lastName인 세 개의 프로퍼티를 추가하는 것부터 시작한다. displayNameDelegate 프로퍼티는 델리게이트 타입의 인스턴스를 갖고 있다. 이 인스턴스는 fistName과 lastName 프로퍼티의 값이 변경될 때 이름을 보여줘야 하는 책임을 갖게 된다.

fistName과 lastName 프로퍼티를 정의한 내부에서는 프로퍼티 옵저버^{property observers}를 정의하고 있다. 프로퍼티 옵저버는 프로퍼티 값이 변경될 때마다 호출된다. 이러한 프로퍼티 옵저버 내부에서는 이름을 보여줄 책임이 있는 델리게이트 인스턴스의 displayName() 메소드를 호출한다.

이제 DisplayNameDelege 프로토콜을 따를 타입을 생성해보자. 이 타입의 이름은 MyDisplayNameDelegate가 될 것이다.

```swift
struct MyDisplayNameDelegate: DisplayNameDelegate {
    func displayName(name: String) {
        print("Name: \(name)")
    }
}
```

예제에서 하는 일은 콘솔에 이름을 출력하는 것이다. 이제 이 델리게이트를 어떻게 사용하는지 살펴보자.

```swift
var displayDelegate = MyDisplayNameDelegate()
var person = Person(displayNameDelegate: displayDelegate)
person.firstName = "Jon"
person.lastName = "Hoffman"
```

이 코드는 MyDisplayNameDelegate 타입의 인스턴스를 생성하는 것으로 시작하며, Person 타입의 인스턴스를 생성하는 데 해당 인스턴스를 사용한다. 이제 Person 인스턴스의 프로퍼티에 값을 설정하면 콘솔에 이름을 출력하기 위해 델리게이트가 사용된다.

콘솔에 이름을 출력하는 것이 그다지 흥미로워 보이지는 않지만, 델리게이션 패턴의 진정한 능력은 애플리케이션이 행위를 변경하고자 할 때 발휘된다. 애플리케이션 내에서 이름을 웹 서비스에 보낸다거나 스크린 어딘가에 출력을 한다거나 심지어는 변경 사항을 무시하고자 할 수도 있을 것이다. 이러한 행위를 변경하기 위해서는 단순히 `DisplayNameDelegate` 프로토콜을 따르는 새로운 타입을 만들기만 하면 된다. 그러면 `Person` 타입의 인스턴스를 생성했을 때 이 새로운 타입을 사용할 수 있다.

델리게이션 패턴을 사용함으로써 얻게 되는 또 다른 이점은 바로 느슨한 결합^{loose coupling}이다. 예제에서는 `fistName`이나 `lastName` 프로퍼티가 변경될 때마다 이름을 출력하기 위해 델리게이트를 사용함으로써 코드의 로직 부분과 뷰를 분리했다. 각각의 타입이 매우 구체적인 작업에 대한 책임이 있는 경우 느슨한 결합은 책임의 분리를 촉진한다. 이는 요구 사항이 변경되는 경우 작업을 매우 쉽게 바꿀 수 있게 해준다. 요구 사항이 종종 바뀐다는 것은 모두가 알고 있는 사실이다.

지금까지는 코딩 관점에서 프로토콜을 살펴봤다. 이번에는 설계 관점에서 프로토콜을 살펴보자.

▌ 프로토콜을 사용해 설계

프로토콜지향 프로그래밍에서는 프로그램을 설계할 때 항상 프로토콜에서 시작하긴 하지만, 프로토콜은 어떻게 설계할 수 있을까? 객체지향 프로그래밍 세계에는 서브클래스를 위한 모든 기본적인 요구 사항을 포함하는 슈퍼클래스를 갖는다. 프로토콜 설계 방식은 이와는 좀 다르다.

프로토콜지향 프로그래밍 세계에서는 슈퍼클래스 대신 프로토콜을 사용하며, 이는 요구 사항을 더 큰 덩어리의 프로토콜이 아닌 작고 매우 구체적인 프로토콜로 나누기에 매우 적절하다. 이번 절에서는 요구 사항을 더 작고 매우 구체적인 프로토콜로 나눌 방법에 대해 알아보고 프로토콜 상속과 프로토콜 컴포지션을 사용하는 방법을 살펴본다. 3장에서는 여기서 좀 더 나아가 프로토콜 확장을 사용해 프로토콜을 따르는 모든 타입에 기능을 추가하는 방법을 보여준다.

이번 절의 예제를 위해 필자가 좋아하는 **Robots**를 모델링해 볼 것이다. 로봇은 여러 가지 센서를 가지며 그 종류가 다양하기 때문에 설계하는 모델은 발달하는 능력과 모든 서로 다른 옵션을 처리하는 능력이 필요할 것이다. 모든 로봇은 움직임을 갖고 있으므로 이러한 움직임에 대한 요구 사항을 정의할 프로토콜을 만드는 것으로 시작해본다. 이 프로토콜은 RobotMovement라 명명한다.

```
protocol RobotMovement {
    func forward(speedPercent: Double)
    func reverse(speedPercent: Double)
    func left(speedPercent: Double)
    func right(speedPercent: Double)
    func stop()
}
```

이 프로토콜에서는 이를 따르는 타입에서 반드시 구현해야만 하는 메소드 다섯 가지를 정의하고 있다. 이러한 메소드는 로봇을 전후좌우 방향으로 움직이게 할 뿐만 아니라 로봇을 멈추게도 할 것이다. 로봇을 2차원상에서만 움직이게 하고자 할 경우 이 프로토콜은 이러한 요구 사항을 충족시켜 줄 것이다. 그런데 하늘을 나는 로봇을 소유하고 있다면? 그렇다면 로봇 역시 위아래로 움직이게 할 필요가 있을 것이다. 따라서 3차원상에서 움직이게 하기 위한 추가적인 요구 사항을 추가하는 프로토콜을 생성하기 위해 프로토콜 상속을 사용할 수 있다.

```
protocol RobotMovementThreeDimensions: RobotMovement {
    func up(speedPercent: Double)
    func down(speedPercent: Double)
}
```

이 프로토콜을 생성할 때 원본 RobotMovement 프로토콜로부터 요구 사항을 상속받기 위해 프로토콜 상속을 사용했음에 주목하자. 이렇게 하면 1장의 '프로토콜과 다형성' 절에서 설명한 바와 같이 다형성을 사용할 수 있게 된다. 또한 RobotMovement 프로토콜에서 제공하는 인터페이스를 사용함으로써 이러한 프로토콜 중 어느 한쪽을 따르는 타입의 인스턴스를 상호 교환적으로 사용할 수 있다. RobotMovement 인스턴스가 RobotMovementTHreeDimensions 프로토콜을 따르는지 아닌지를 확인하기 위해서는 1장의 '프로토콜과 형 변환' 절에서 언급했던 is 키워드를 사용해 로봇이 3차원상에서 움직일 수 있는지를 알아낼 수 있다.

이제는 이 설계에 몇 가지 센서를 추가해야 한다. 이번에는 모든 다른 센서 타입이 상속받을 Sensor 프로토콜을 만드는 것으로 시작해본다. 이 프로토콜은 네 가지 요구 사항을 포함할 것이다. 첫 번째와 두 번째는 센서의 이름과 타입을 정의하는 것으로 읽기 전용 프로퍼티가 될 것이고, 센서의 이름을 지정하는 생성자와 센서를 폴링하는 데 사용될 메소드가 필요할 것이다.

```
protocol Sensor {
    var sensorType: String {get}
    var sensorName: String {get set}

    init (sensorName: String)
    func pollSensor()
}
```

센서 타입은 센서의 타입을 정의하는 데 사용되며, 여기에는 DHT22 Environment Sensor와 같은 문자열이 포함될 것이다. 센서 이름은 다양한 센서를 구분할 수 있게 해주며, 여기에는 Rear Environment Sensor와 같은 문자열이 포함된다. pollSensor() 메소드는 센서가 기본 동작을 수행하는 데 사용된다. 일반적으로 이 메소드는 정기적으로 센서의 값을 읽는 데 사용된다.

이제 몇 가지 구체적인 센서 타입에 대한 요구 사항을 만들어본다. 다음 예에서는 환경 센서에 대한 요구 사항을 어떻게 만드는지 보여준다.

```
protocol EnvironmentSensor: Sensor {
    func currentTemperature() -> Double
    func currentHumidity() -> Double
}
```

이 프로토콜은 Sensor 프로토콜로부터 요구 사항을 상속받고 환경 센서를 위한 두 가지 고유한 추가 요구 사항을 추가한다. currentTemperature() 메소드는 센서에서 읽어낸 마지막 온도를 반환하며, currentHumidity() 메소드는 센서에서 읽어낸 마지막 습도를 반환한다. Sensor 프로토콜의 pollSensor() 메소드는 정기적으로 온도와 습도를 읽어오는 데 사용된다. pollSonsor() 메소드는 별도의 스레드에서 동작할 것이다.

계속해서 좀 더 많은 센서 타입을 만들어보자.

```
protocol RangeSensor: Sensor {
    func setRangeNotification(rangeCentimeter: Double, rangeNotification: ()
            -> Void)
    func currentRange() -> Double
}

protocol DisplaySensor: Sensor {
    func displayMessage(message: String)
}

protocol WirelessSensor: Sensor {
    func setMessageReceivedNotification(messageNotification: (String)
            -> Void)
    func messageSend(message: String)
}
```

이 프로토콜 중 두 프로토콜(RangeSensor와 WirelessSensor)은 노티피케이션을 설정하는 메소드(setRangeNotification과 setMessageReceivedNotification)를 정의했다는 것을 확인할 수 있을 것이다. 이와 같은 메소드는 메소드 매개변수로 클로저를 받으며, 클로저는 어떠한 일이 발생했을 경우 로봇 코드에 즉시 알려주기 위해 pollSensor( ) 메소드 내에서 사용될 것이다. RangeSensor 타입에서는 로봇이 물체의 특정 거리 내에 있으면 클로저를 호출할 것이며, WirelessSensor 타입에서는 메시지가 들어오면 클로저를 호출할 것이다.

이와 같은 프로토콜지향 설계에서 얻을 수 있는 장점에는 두 가지가 있다. 첫 번째로 각 프로토콜은 특정 센서 타입에서 필요한 구체적인 요구 사항만을 포함한다. 두 번째는 프로토콜 컴포지션을 사용해 단일 타입이 다중 프로토콜을 따르게 할 수 있다. 예를 들어 와이파이$^{Wi-Fi}$가 내장된 Display 센서를 가진 경우 DisplaySensor와 WirelessSensor 프로토콜 모두를 따르는 타입을 생성할 수 있을 것이다.

센서의 종류는 다양하지만, 그중에서도 로봇에 대한 센서는 좋은 시작점이 될 것이다. 이제 로봇 타입을 위한 요구 사항을 정의할 프로토콜 생성해보자.

```
protocol Robot {
    var name: String {get set}
    var robotMovement: RobotMovement {get set}
    var sensors: [Sensor] {get}

    init (name: String, robotMovement: RobotMovement)
    func addSensor(sensor: Sensor)
    func pollSensors( )
}
```

이 프로토콜에서는 프로토콜을 따르는 모든 타입이 구현해야만 하는 세 개의 프로퍼티와 한 개의 생성자, 그리고 두 개의 메소드를 정의하고 있다. 이러한 요구 사항은 로봇에 필요한 기본 기능을 제공할 것이다.

특히 일부 슈퍼클래스 타입을 사용하는 것에만 익숙해 있다면 이 모든 프로토콜에 대해 생각한다는 것이 혼란스러울지도 모른다. 일반적으로는 프로토콜에 대한 기본적인 다이어그램을 그려보는 것이 도움이 된다. 다음 그림에서는 프로토콜 계층 구조와 함께 방금 정의한 프로토콜에 대한 다이어그램을 보여준다.

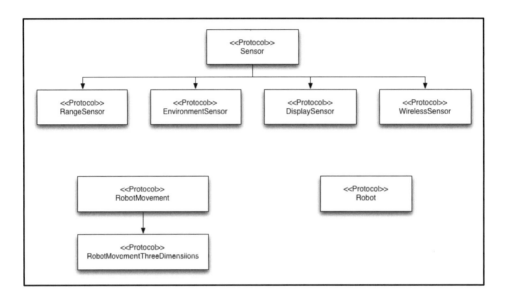

이번 절에서는 프로토콜을 사용해 로봇의 컴포넌트에 대한 요구 사항을 정의했다. 이번에는 여러분 차례다. 시간을 갖고 다른 프로토콜의 구체적인 구현체를 만들지 않고 Robot 프로토콜의 구체적인 구현체를 만들 수 있는지 살펴보라. 프로토콜을 이해하는 데 있어 핵심은 프로토콜을 따르는 구체적인 타입 없이 프로토콜을 사용하는 방법을 이해하는 것이다. 이 책의 다운로드 가능한 코드에는 Robot 프로토콜을 따르는 SixWheelRover라는 이름의 간단한 클래스가 있으며, 여러분이 구현한 것과 이를 비교해볼 수 있을 것이다.

이제 스위프트 표준 라이브러리에서 애플이 프로토콜을 어떻게 사용하는지 살펴보자.

스위프트 표준 라이브러리의 프로토콜

애플은 스위프트 표준 라이브러리에서 프로토콜을 광범위하게 사용한다. 표준 라이브러리의 구성을 살펴보는 데 있어 가장 좋은 곳은 바로 http://swiftdoc.org다. 이 사이트는 타입, 프로토콜, 연산자, 표준 라이브러리를 형성하는 전반적인 방법들을 보여준다.

애플이 프로토콜을 어떻게 사용하는지를 살펴보기 위해 Dictionary 타입을 살펴보자. 이는 매우 일반적으로 사용되는 타입이면서 꽤 단순한 프로토콜 계층 구조로 돼 있는 타입이기도 하다. http://swiftdoc.org/의 메인 페이지에서 Dictionary 타입을 선택한다. 그런 다음 다음 그림과 유사한 상속 절이 보일 때까지 페이지의 중간 지점으로 스크롤한다.

Inheritance	Collection, CustomDebugStringConvertible, CustomReflectable, CustomStringConvertible, ExpressibleByDictionaryLiteral, Sequence
	VIEW PROTOCOL HIERARCHY →

이 절에서는 Dictionary 타입이 따르고 있는 프로토콜을 목록화했다. View Protocol Hierarchy 링크를 클릭하면 다음과 같이 프로토콜 계층 구조를 시각적으로 표현한 것을 보게 될 것이다.

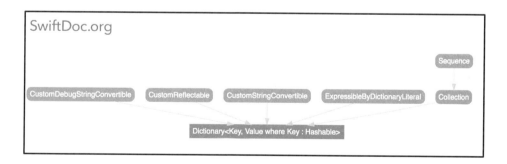

다이어그램에서 보다시피 Dictionary 타입은 다섯 개의 서로 다른 프로토콜을 따른다. 또한 Collection 프로토콜은 Sequence 프로토콜로부터 요구 사항을 상속받았다는 것을 확인할 수 있다.

http://swiftdoc.org/의 메인 페이지에서 프로토콜의 요구 사항을 확인하기 위해 각각의 프로토콜을 클릭할 수 있다. 이 사이트를 통해 애플이 스위프트 표준 라이브러리에서 프로토콜을 광범위하게 사용하고 있다는 것을 인지할 수 있다. 책을 보는 내내 책에서 이야기하는 다양한 기술을 애플이 어떻게 사용하는지 살펴보기 위해 이 사이트를 살펴볼 것이다.

▌요약

프로토콜 자체는 그리 흥미롭지 않을 수도 있지만, 실제로는 매우 강력하다. 1장에서 살펴본 바와 같이 매우 구체적인 요구 사항을 만드는 데 프로토콜을 사용할 수 있다. 그런 다음 프로토콜 계층 구조를 만들기 위해 프로토콜 상속과 프로토콜 컴포지션을 사용할 수 있다. 또한 프로토콜을 사용해 델리게이션 패턴을 만드는 방법도 살펴봤다. 프로토콜을 사용해 센서를 가진 로봇을 어떻게 모델링 할 수 있는지와 애플이 스위프트 표준 라이브러리에서 프로토콜을 어떻게 사용하는지를 살펴보는 것으로 1장을 마무리했다.

3장에서는 프로토콜을 따르는 타입에 기능을 추가하기 위해 프로토콜 확장을 어떻게 사용할 수 있는지 살펴본다. 그러나 그전에 타입 선택에 대해 먼저 살펴본다.

02

타입 선택

대다수의 전통적인 객체지향 프로그래밍 언어에서는 객체의 청사진으로 참조 타입인 클래스를 생성한다. 스위프트는 다른 객체지향 언어와는 달리 구조체에 클래스와 동일한 기능들이 매우 많다. 그러면서 스위프트의 구조체는 값 타입이다. 애플은 참조 타입보다 구조체와 같은 값 타입을 선호할 것을 권고하고 있지만, 실제로 어떠한 장점이 있을까? 실제로 스위프트는 다양한 타입 선택권을 제공하고 있으며, 2장에서는 이러한 타입을 살펴보고 각각의 장단점을 살펴본다. 각각의 타입을 사용하는 방법과 언제 사용할지 아는 것은 프로토콜지향 프로그래밍을 프로젝트에 적절하게 구현하는 데 있어 매우 중요하다.

2장에서 다루는 내용은 다음과 같다.

- 클래스란 무엇이며 어떻게 사용하는가?

- 구조체란 무엇이며 어떻게 사용하는가?
- 열거형이란 무엇이며 어떻게 사용하는가?
- 튜플이란 무엇이며 어떻게 사용하는가?
- 값 타입과 참조 타입의 차이점은 무엇인가?

스위프트는 타입을 이름 있는 타입과 복합 타입으로 분류한다. 이름 있는 타입이란 타입을 정의할 때 이름을 부여한 타입을 말한다. 이름 있는 타입에는 클래스와 구조체와 열거형과 프로토콜이 있다. 사용자가 정의한 이름이 있는 타입뿐만 아니라 스위프트는 스위프트 표준 라이브러리에 배열, 셋, 딕셔너리를 포함해서 흔히 사용하는 이름 있는 타입 역시 다수 정의해 놓았다.

스위프트에서는 일반적으로 다른 언어에서 원시 타입$^{primitive\ type}$이라 불리는 데이터 타입의 대부분이 이름 있는 타입이며, 스위프트 표준 라이브러리는 구조체를 사용해 이러한 데이터 타입을 구현했다. 이러한 데이터 타입에는 숫자, 문자열, 문자, 불리언 타입이 있다. 이러한 데이터 타입은 이름 있는 타입으로 구현했기 때문에 다른 이름 있는 타입과 마찬가지로 확장을 사용해 타입의 행위를 확장할 수 있다. 전통적으로 원시 타입이라 부르는 타입과 프로토콜을 포함해 이름 있는 타입을 확장하는 능력은 스위프트 언어가 가진 매우 강력한 기능이자 프로토콜지향 프로그래밍이 갖는 특징 중 하나로, 2장을 시작으로 앞으로 계속 살펴볼 것이다. 확장에 대해서는 3장에서 살펴본다.

복합 타입$^{compound\ type}$이란 타입을 정의할 때 이름을 부여하지 않은 타입을 말한다. 스위프트에서는 함수 타입과 튜플^{tuple} 타입이 복합 타입에 해당한다. 함수 타입은 클로저^{closures}, 함수, 메소드 형태로 나타내지만, 튜플 타입은 괄호로 둘러싸여 있으며 쉼표로 구분하는 리스트다.

typealias를 사용하면 복합 타입에 별칭^{alias}을 부여할 수 있다. typealias는 타입 자신을 호출하는 대신 별칭으로 복합 타입을 호출할 수 있게 해준다.

타입에는 두 가지 범주가 있는데, 바로 참조 타입과 값 타입이다. 참조 타입 인스턴스를 전달한다는 것은 원본 인스턴스의 참조를 전달한다는 의미며, 이는 두 참조가 같은 인스턴스를 공유한다는 뜻이기도 하다. 클래스는 참조 타입에 속한다. 값 타입 인스턴스를 전달한다는 것은 인스턴스의 새로운 복사본을 전달한다는 의미며, 이는 각각의 인스턴스가 유일한 사본이라는 의미기도 하다. 구조체, 열거형, 튜플이 값 타입에 속한다.

스위프트에서 모든 타입은 이름 있는 타입이거나 복합 타입 중 하나며, 프로토콜인 경우를 제외하고는 참조 타입이거나 값 타입 중 하나일 것이다. 프로토콜의 인스턴스를 생성할 수 없으므로 프로토콜은 참조 타입이나 값 타입이 될 수 없다. 혼란스러운가? 사실 전혀 그렇지 않다. 선택 가능한 모든 타입과 이를 어떻게 사용할 수 있는지를 살펴보고 나면 얼마나 이해하기 쉬운지 알게 될 것이다.

이제 스위프트가 가진 타입 종류를 살펴보자. 처음에는 객체지향 프로그래밍의 근간이 되는 클래스를 살펴본다.

▌ 클래스

청사진이 없이는 객체지향 프로그래밍에서 객체를 생성할 수 없다. 청사진은 애플리케이션에 객체의 속성과 행위를 알리는 역할을 한다. 대부분의 객체지향 프로그래밍 언어에서는 클래스class로 청사진을 나타낸다. 클래스는 객체의 프로퍼티와 메소드, 그리고 생성자를 단일 타입으로 캡슐화하는 일종의 구성체다. 서브스크립트 같은 다른 아이템도 클래스에 포함되긴 하지만, 여기서는 스위프트뿐만 아니라 다른 언어에서도 마찬가지로 클래스를 이루는 기본적인 아이템에만 집중할 것이다.

이제 스위프트에서 클래스를 사용하는 방법을 살펴보자.

```
class MyClass {
    var oneProperty: String

    init(oneProperty: String) {
        self.oneProperty = oneProperty
    }

    func oneFunction() {
    }
}
```

클래스 인스턴스는 일반적으로 객체라고 부른다. 스위프트에서 구조체와 클래스는 같은 기능이 많으므로 각 타입의 인스턴스를 나타내는 경우에는 인스턴스라는 용어를 사용할 것이다.

객체지향 프로그래밍을 접해본 적이 있다면 클래스 타입에 익숙할 것이다. 클래스 타입은 객체지향 프로그래밍에 도입된 이래로 계속해서 객체지향 프로그래밍의 근간이 돼 왔다.

클래스 인스턴스를 생성하는 경우 이름을 갖게 되므로, 클래스는 이름 있는 타입이다. 또한 클래스 타입은 참조 타입이기도 하다.

다음에 살펴볼 타입은 단언컨대 스위프트 언어에서 가장 중요한 타입인 구조체다.

▌ 구조체

애플은 스위프트 개발자에게 참조 타입보다 값 타입을 선호하라고 이야기할 뿐만 아니라 이러한 철학을 몸소 실천하는 것처럼 보인다. 스위프트 표준 라이브러리 (http://swiftdoc.org)를 살펴보면 구조체를 사용해서 타입 대부분을 구현했다는 것을 알 수 있을 것이다. 애플이 구조체를 사용해 스위프트 표준 라이브러리 대부분을 구현할 수 있었던 이유는, 스위프트의 구조체는 클래스와 같은 기능이 많기 때문이다. 그러나 클래스와 구조체 사이에는 일부 근본적인 차이점이 있으며, 이러한 차이점은 2장 뒷부분에서 살펴본다.

스위프트에서 구조체는 인스턴스의 프로퍼티와 메소드, 그리고 생성자를 단일 타입으로 캡슐화하는 하나의 구성체다. 서브스크립트 같은 다른 아이템도 구조체에 포함되지만, 여기서는 구조체를 이루는 기본적인 아이템에만 집중할 것이다. 이 이야기가 앞에서 클래스를 설명한 이야기와 유사하다고 생각할지 모르겠다. 이는 스위프트에서 클래스와 구조체가 매우 유사하기 때문이다. 이에 관해서는 이미 이야기했지만, 구조체와 클래스가 유사한 방식이라는 것을 이해하는 것은 매우 중요하며, 어떠한 타입을 사용할지 알기 위해서는 이들 간의 차이점을 이해하는 것도 필요하다.

이번에는 구조체를 생성하는 방법을 살펴보자.

```
struct MyStruct {
    var oneProperty: String

    func oneFunction() {
    }
}
```

이 구조체와 앞서 살펴본 클래스를 서로 비교해보면 기본적인 차이점을 몇 가지 발견할 수 있을 것이다. 이 구조체에서는 생성자를 정의하지 않았는데, 구조체는 작성자가 생성자를 제공하지 않을 경우 초기화돼야 하는 모든 프로퍼티를 설정하기 위한 기본 생성자를 만들어주기 때문이다. 기본 생성자는 구조체 인스턴스를 생성할 때 구조체의 모든 비옵셔널 프로퍼티에 초깃값을 제공하게 요구할 것이다.

여기서 살펴보지 않은 차이점이 한 가지 있는데, 바로 구조체에 정의된 메소드 중 일부는 mutating 키워드를 사용한다는 점이다. 구조체는 값 타입이기 때문에 기본적으로 인스턴스 메소드 내부에서는 구조체 프로퍼티 값을 변경할 수 없다. mutating

키워드를 사용하면 특정 메소드에서 변경을 가능하게 해준다. 구조체 메소드 내에서 구조체 프로퍼티의 값을 변경하고자 할 때는 반드시 `mutating` 키워드를 사용해야만 한다.

구조체 타입은 인스턴스를 생성할 때 이름을 부여하기 때문에 이름 있는 타입이다. 또한 구조체 타입은 값 타입이기도 하다. 구조체와 클래스 간의 주요한 차이점 중 하나는 클래스는 참조 타입이지만 구조체는 값 타입이라는 점이다. 값 타입과 참조 타입 간의 차이점에 대해서는 2장 뒷부분에서 살펴본다.

이번에는 스위프트에서 클래스와 구조체에서 접근 제어access control가 어떻게 동작하는지 살펴보자.

▌접근 제어

접근 제어access control는 외부 코드에 대한 접근성과 가시성visibility을 제한한다. 접근 제어는 상세 구현을 숨기고 외부 코드가 접근했으면 하는 인터페이스만 노출시킨다. 클래스와 구조체 모두에 구체적인 접근 단계access level를 부여할 수 있다. 또한 클래스와 구조체에 속해있는 프로퍼티와 메소드, 그리고 생성자에도 구체적인 접근 단계를 부여할 수 있다.

스위프트에는 다음과 같은 다섯 가지의 접근 단계가 존재한다.

- **Open**: open은 가장 눈에 띄는 접근 제어 단계다. open은 모듈을 임포트하고자 하는 어느 곳에서든 프로퍼티나 메소드, 클래스 등을 사용할 수 있게 해준다. 기본적으로 접근 제어 단계를 open으로 하는 아이템은 누구나 사용할 수 있다. open으로 표시된 아이템은 해당 아이템이 정의된 모듈 내에 있는 모든 아이템에서 서브클래싱이나 오버라이딩을 할 수 있으며, 해당 아이템이 정의된 모듈을 임포트한 모듈에서도 이를 서브클래싱하거나 오버라이딩할 수

있다. open은 주로 프레임워크에서 프레임워크의 공개 API를 노출시키기 위해 사용한다.

- **Public:** public 접근 단계는 모듈을 임포트하고자 하는 어느 곳에서나 프로퍼티나 메소드, 클래스 등을 사용할 수 있게 해준다. 기본적으로 접근 제어 단계를 public으로 하는 아이템은 누구나 사용할 수 있다. public으로 표기된 아이템은 해당 아이템이 정의된 모듈 내에 있는 모든 아이템에서 서브클래싱하거나 오버라이딩할 수 있다. public은 주로 프레임워크에서 프레임워크의 공개 API를 노출하기 위해 사용한다.

- **Internal:** internal은 기본이 되는 접근 단계다. internal 접근 단계는 아이템이 정의된 모듈 내부에서 프로퍼티와 메소드 클래스 등을 사용할 수 있게 해준다. 프레임워크에서 이러한 접근 단계를 사용할 경우 프레임워크의 다른 부분에서는 아이템을 사용할 수 있지만, 프레임워크 외부 코드에서는 아이템에 접근할 수 없을 것이다.

- **Fileprivate:** fileprivate 접근 제어는 아이템이 정의돼 있는 소스 파일과 동일한 코드 내부에서 프로퍼티와 메소드의 접근을 허용한다.

- **Private:** private은 가장 최근의 접근 제어 단계다. private은 이를 정의한 소스 파일 내부에서만 프로퍼티와 메소드, 클래스 등을 사용하는 것을 허용한다.

접근 제어는 프레임워크를 개발할 때 매우 유용하다. 프레임워크를 사용하려면 공개적으로 노출하는 인터페이스는 public으로 표기해야 하며, 그러면 애플리케이션과 같이 프레임워크를 임포트하는 다른 모듈에서 이러한 인터페이스를 사용할 수 있다. 그런 다음 프레임워크 내부에서 사용하고자 하는 인터페이스를 표시하는 데 internal과 private 접근 제어 수준을 사용하게 될 것이다.

접근 수준을 정의하려면 접근 수준 이름을 엔티티 정의 앞부분에 위치시켜야 한다. 다음 코드에서는 몇 가지 엔티티에 접근 수준을 추가하는 방법에 대한 예를 보여준다.

```
private struct EmployeeStruct {}
public var firstName = "Jon"
internal var lastName = "Hoffman"
private var salaryYear = 0.0
public func getFullName() -> String {}
fileprivate func giveBonus(amount: Double) {}
open func giveRaise(amount: Double) {}
```

접근 제어에는 몇 가지 제한 사항이 있지만, 이러한 제한 사항은 스위프트에서 접근 단계가 어떠한 엔티티도 더 낮은(더 제한적인) 접근 단계를 갖는 다른 엔티티에 정의될 수 없다는 단순한 지침을 따르는 것을 보장하기 위해 존재한다. 이는 엔티티가 더 낮은(더 제한적인) 접근 단계를 가진 다른 엔티티에 의존하려고 할 때 해당 엔티티에 더 높은(덜 제한적인) 접근 단계를 할당할 수 없다는 것을 의미한다.

다음은 이러한 규칙을 설명하기 위해 몇 가지 예는 다음과 같다.

- 인자 중 어느 한 가지나 반환 타입의 접근 단계가 private인 경우에는 외부 코드가 private 타입에 접근할 수 없기 때문에 해당 메소드를 public으로 설정할 수 없다.
- 클래스나 구조체의 접근 단계를 private으로 설정한 경우에는 메소드나 프로퍼티의 접근 단계를 public으로 설정할 수 없는데, 이는 클래스가 private인 경우에는 외부 코드에서 생성자에 접근할 수 없기 때문이다.

다음으로 살펴볼 타입은 스위프트에서 강화된 열거형이다.

▮ 열거형

대부분 언어에서 열거형은 요소라 불리는 이름이 있는 값으로 구성된 데이터 타입에 지나지 않는다. 하지만 스위프트에서 열거형은 더 큰 능력을 부여해 매우 강력해졌다. 스위프트 열거형은 기능 면에서 클래스와 구조체에 매우 가까우면서도 여전히 다른 언어에서 사용하는 열거형과 같은 방식으로 사용할 수 있다.

스위프트에서 열거형이 얼마나 강력해졌는지 알아보기에 앞서 어떻게 일반적인 열거형처럼 사용할 수 있는지 알아보자. 다음 코드에서는 Devices 열거형을 정의하고 있다.

```
enum Devices {
    case IPod
    case IPhone
    case IPad
}
```

Devices 열거형에서는 IPod, IPhone, IPad 이렇게 세 가지 사용 가능한 값을 정의했다. 스위프트 열거형이 다른 언어의 열거형과 다른 이유 중 하나는 원시 값[raw values]으로 불리는 값을 할당할 수 있기 때문이다. 예를 들어 다음 예제와 같이 Devices 열거형이 문자열 값을 갖도록 재선언할 수 있다.

```
enum Devices: String {
    case IPod = "iPod"
    case IPhone = "iPhone"
    case IPad = "iPad"
}
```

그리고 나서 다음 코드에서와 같이 rawValue 프로퍼티를 사용해 열거형 요소의 원시 값을 가져올 수 있다.

```
Devices.IPod.rawValue
```

스위프트에서는 케이스 값 옆에 연관 값^{associated values}을 저장할 수도 있다. 연관 값은
어떠한 타입도 될 수 있으며, 각 케이스에 따라 달라질 수 있다. 이러한 점은 케이스
타입에 커스텀한 정보를 추가로 저장할 수 있게 해준다. **Devices** 열거형을 연관 값으
로 재정의하면 어떻게 동작할지 살펴보자.

```
enum Devices {
    case IPod(model: Int, year: Int, memory: Int)
    case IPhone(model: String, memory: Int)
    case IPad(model: String, memory: Int)
}
```

이 코드에서는 **IPod** 케이스에 세 개의 연관 값을 정의했고, **IPhone** 케이스와 **IPad**
케이스에 두 개의 연관 값을 정의했다. 그 후 다음과 같이 **Devices** 열거형을 연관
값과 함께 사용할 수 있다.

```
var myPhone = Devices.IPhone(model: "6", memory: 64)
var myTablet = Devices.IPad(model: "Pro", memory: 128)
```

코드에서는 iPhone6 모델에 64GB 메모리를 갖는 **myPhone** 장치와 iPad Pro 모델에
128GB 메모리를 갖는 **myTablet** 장치를 정의했다. 이제 다음과 같이 연관 값을 가져
올 수 있다.

```
switch myPhone {
    case .IPod(let model, let year, let memory):
        print("iPod: \(model) \(memory)")
    case .IPhone(let model, let memory):
        print("iPhone: \(model) \(memory)")
```

```
    case .IPad(let model, let memory):
        print("iPad: \(model) \(memory)")
}
```

코드에서는 myPhone 장치의 연관 값을 간단하게 출력했다. 지금까지 스위프트의 열거형을 다른 언어의 열거형보다 더 강력하게 만드는 요소들을 살펴봤다. 그러나 스위프트의 열거형이 할 수 있는 일은 여기서 끝나지 않는다. 스위프트에서 열거형은 요소를 모아 놓은 리스트에게만 국한되지 않는다. 열거형은 클래스나 구조체처럼 연산 프로퍼티나 생성자 또는 메소드를 가질 수도 있다.

이번에는 열거형에서 메소드와 연산 프로퍼티를 어떻게 사용할 수 있는지 살펴보자. 흥미진진하고 새로운 기능들을 보면 마치 크리스마스인 듯한 기분이 들기 때문에 예제 코드 역시 크리스마스 휴일 같은 느낌을 주게 구성했다.

```
enum Reindeer: String {
    case Dasher, Dancer, Prancer, Vixen, Comet, Cupid, Donner, Blitzen, Rudolph
        static var allCases: [Reindeer] {
        return [Dasher, Dancer, Prancer, Vixen, Comet, Cupid, Donner, Blitzen,
            Rudolph]
    }
    static func randomCase() -> Reindeer {
        let randomValue = Int(
            arc4random_uniform(
                UInt32(allCases.count)
            )
        )
        return allCases[randomValue]
    }
}
```

코드에서는 산타클로스의 썰매를 끄는 아홉 마리의 순록 이름을 가진 Reindeer라는 열거형을 생성했다(물론 루돌프도 잊지 않았다). Reindeer 열거형에서는 열거형에서 사용 가능한 모든 케이스를 지닌 배열을 반환하는 allCases라는 연산 프로퍼티를 생성했다. 또한 열거형에서 임의의 순록을 반환하는 randomCase() 메소드도 생성했다.

이 절의 앞선 예에서는 스위프트 열거형의 개별적인 기능을 사용하는 방법을 살펴봤지만, 열거형에서 제공하는 기능의 진정한 힘은 기능들을 함께 사용할 때 나타난다. 연관 값을 메소드나 프로퍼티와 결합해 열거형을 더욱 강력하게 만드는 예를 한 가지 더 살펴보자. 연관 값에 페이지 수와 각 형식의 가격을 저장하는 다양한 형식의 책을 나타내는 기본적인 열거형을 정의하는 것부터 시작해보자.

```
enum BookFormat {
    case PaperBack (pageCount: Int, price: Double)
    case HardCover (pageCount: Int, price: Double)
    case PDF (pageCount: Int, price: Double)
    case EPub (pageCount: Int, price: Double)
    case Kindle (pageCount: Int, price: Double)
}
```

이 열거형은 잘 동작하지만, 몇 가지 기본적인 문제점이 있다. 첫 번째로 가장 짜증나게 만드는 문제가 열거형에서 연관 값을 검색할 때 발생한다. 예를 들어 다음과 같은 BookFormat 열거형의 인스턴스를 생성해보자.

```
var paperBack = BookFormat.PaperBack(pageCount: 220, price: 39.99)
```

이제 다음 코드를 사용해 열거형에서 페이지 수와 가격을 검색할 수 있다.

```
switch paperBack {
    case .PaperBack(let pageCount, let price):
```

```
        print("\(pageCount) - \(price)")
    case .HardCover(let pageCount, let price):
        print("\(pageCount) - \(price)")
    case .PDF(let pageCount, let price):
        print("\(pageCount) - \(price)")
    case .EPub(let pageCount, let price):
        print("\(pageCount) - \(price)")
    case .Kindle(let pageCount, let price):
        print("\(pageCount) - \(price)")
}
```

이처럼 연관 값을 검색하는 데 많은 코드를 작성해야 한다. 특히 코드 여러 곳에서 연관 값을 검색할 필요가 있는 경우 더 많은 코드를 작성해야 한다. 이러한 값을 검색하는 전역 함수를 만들 수도 있겠지만, 스위프트에서는 더 좋은 방법이 있다. 열거형의 pageCount와 price 값을 검색할 연산 프로퍼티^{computed property}를 열거형에 추가할 수 있다. 다음 코드에서는 연산 프로퍼티를 추가하는 방법을 보여준다.

```
enum BookFormat {
    case PaperBack (pageCount: Int, price: Double)
    case HardCover (pageCount: Int, price: Double)
    case PDF (pageCount: Int, price: Double)
    case EPub (pageCount: Int, price: Double)
    case Kindle (pageCount: Int, price: Double)

    var pageCount: Int {
        switch self {
            case .PaperBack(let pageCount, _):
                return pageCount
            case .HardCover(let pageCount, _):
                return pageCount
            case .PDF(let pageCount, _):
                return pageCount
            case .EPub(let pageCount, _):
```

```
                return pageCount
            case .Kindle(let pageCount, _):
                return pageCount
        }
    }
    var price: Double {
        switch self {
        case .PaperBack(_, let price):
            return price
        case .HardCover(_, let price):
            return price
        case .PDF(_, let price):
            return price
        case .EPub(_, let price):
            return price
        case .Kindle(_, let price):
            return price
        }
    }
}
```

연산 프로퍼티를 사용하면 BookFormat 열거형의 연관 값을 손쉽게 가져올 수 있다. 다음 코드는 이를 사용하는 방법을 보여준다.

```
var paperBack = BookFormat.PaperBack(pageCount: 220, price: 39.99)
print("\(paperBack.pageCount) - \(paperBack.price)")
```

이러한 연산 프로퍼티는 switch 구문의 복잡성을 숨기면서 이를 사용할 때에는 손쉬운 닷dot 문법 인터페이스를 제공한다.

또한 열거형에 메소드도 추가할 수 있다. 예를 들어 어떤 사람이 서로 다른 형식의 책 여러 권을 사는 경우 할인을 20% 받는다고 가정해보자. BookFormat 열거형에서 할인을 계산하기 위해 다음 함수를 추가한다.

```
func purchaseTogether(otherFormat: BookFormat) -> Double {
    return (self.price + otherFormat.price) * 0.80
}
```

이제 다음 코드에서 볼 수 있듯이 이 메소드를 사용할 수 있다.

```
var paperBack = BookFormat.PaperBack(pageCount: 220, price: 39.99)
var pdf = BookFormat.PDF(pageCount: 180, price: 14.99)
var total = paperBack.purchaseTogether(otherFormat: pdf)
```

이렇듯 스위프트 열거형은 다른 언어의 열거형보다 훨씬 더 강력하다. 다만 열거형을 남용하는 것은 피해야 한다. 열거형이 클래스나 구조체를 대체하지는 못한다. 열거형의 내부는 여전히 이름 있는 값을 갖는 유한한 셋finite set으로 구성된 데이터 타입이자 열거형을 더욱 유용하게 만드는 새롭고 흥미로운 기능 모두를 포함하고 있다.

열거형 인스턴스를 생성할 경우 이름을 부여하기 때문에 열거형도 이름 있는 타입이다. 열거형 타입은 또한 값 타입이기도 하다. 이번에는 스위프트에서 가장 저평가된 타입 중 하나인 튜플Tuple 타입을 살펴보자.

█ 튜플

스위프트에서 튜플은 유한하며, 쉼표로 구분하는 순서 있는 요소의 목록이다. 다른 언어에도 튜플이 있기는 하지만, 개인적으로 사용해본 결과 튜플만이 갖는 장점을 찾을 수 없었다. 솔직히 말하면 다른 언어에 튜플이 있다는 것도 어렴풋이 알고만 있었다. 스위프트 튜플은 다른 언어에 있는 튜플보다 더 중요하며, 이러한 점 때문에 튜플을 더욱 상세히 들여다보게 됐다. 그리고 튜플이 매우 유용하다는 것을 알게 됐다. 개인적으로 튜플은 스위프트에 서 가장 저평가된 타입 중 하나라고 생각하며, 이 책을 통해 특히 '사례 연구' 절에서 튜플을 사용할 수 있는 여러 경우를 보여줄 것이다. 다음 예제에서와 같이 튜플을 생성하고 튜플 내부의 정보에 접근할 수 있다.

```
let mathGrade1 = ("Jon", 100)
let (name, score) = mathGrade1
print("\(name) - \(score)")
```

이 코드에서는 String과 Integer를 하나의 튜플 타입으로 묶었다. 그런 다음 패턴 매칭^{pattern matching}을 사용해 튜플 값을 분리해 상수 name과 score에 값을 대입했다.

이 예에서 튜플은 이름 없는 튜플이다. 이름 없는 튜플도 잘 동작하긴 하지만 개인적으로는 이름 있는 튜플을 더 많이 사용하는데, 이름 있는 튜플에서 값을 가져오기가 훨씬 쉽기 때문이다. 다음 코드에서처럼 이름 있는 튜플을 생성하고 내부에 저장된 정보에 접근할 수 있다.

```
let mathGrade2 = (name: "Jon", grade: 100)
print("\(mathGrade2.name) - \(mathGrade2.grade)")
```

문자열과 정수형 값을 튜플로 묶을 때 각각의 값에 이름을 부여했다. 이렇게 함으로써 튜플을 분리하는 단계를 생략하고 튜플 내부의 정보에 접근하는 데 이름을 사용할 수 있다.

애플은 함수에서 여러 값을 반환하는 경우 튜플을 함수의 반환 타입으로 사용할 수 있다고 안내하고 있다. 다음 예제에서는 튜플을 사용해 함수에서 여러 값을 반환하는 방법을 보여준다.

```
func calculateTip(billAmount: Double, tipPercent: Double) -> (tipAmount:
      Double, totalAmount: Double) {
   let tip = billAmount * (tipPercent/100)
```

```
    let total = billAmount + tip
    return (tipAmount: tip, totalAmount: total)
}
```

이 코드에서는 인자로 전달받은 계산서와 팁 % 값에 기초해 팁을 계산하는 calculateTip( ) 함수를 생성했다. 이 함수는 계산한 팁과 계산서의 총합을 이름 있는 튜플로 반환한다.

이제 이 함수를 다음 코드에서 보이는 것처럼 사용할 수 있다.

```
var tip = calculateTip(billAmount:31.98, tipPercent: 20)
print("\(tip.tipAmount) - \(tip.totalAmount)")
```

이번 절에서는 일반적으로 스위프트에서 튜플을 어떻게 사용하는지 살펴봤다. 이 책을 보고 나면 여러 예제에서 튜플을 사용하게 될 것이다. 튜플은 임의의 컬렉션 값을 전달해야 하는 경우 매우 유용하다.

스위프트에서 튜플은 값 타입이다. 또한 튜플은 복합 타입이기도 하다. 그러나 typealias 키워드를 사용하면 튜플에 별칭을 부여할 수 있다. 다음 코드는 튜플에 별칭을 부여하는 방법을 보여준다.

```
typealias myTuple = (tipAmount: Double, totalAmount: Double)
```

스위프트에서는 프로토콜도 타입으로 간주한다.

▌ 프로토콜

프로토콜은 실제로 인스턴스를 생성할 수 없기 때문에 일부 사람은 프로토콜을 타입으로 간주한다는 점에 놀라워할지 모르지만, 프로토콜은 타입으로 사용할 수 있다. 이게 무슨 말인가 하면 변수나 상수나 튜플이나 컬렉션 타입을 정의하는 경우 해당 타입에 프로토콜을 사용할 수 있다는 의미다.

이미 1장에서 프로토콜을 다뤘기 때문에 이 절에서는 프로토콜을 자세히 다루지는 않을 것이지만, 스위프트에서 프로토콜을 타입으로 간주한다는 점을 이해하는 것이 중요하다.

지금까지 이야기해온 각 타입은 값 타입이거나 참조 타입이었다. 하지만 프로토콜은 인스턴스를 생성할 수 없으므로 값 타입도 참조 타입도 아니다.

스위프트에서는 값 타입과 참조 타입 간의 차이점을 완전히 이해하는 것이 매우 중요하기 때문에 이번에는 이 둘을 서로 비교해보자.

▌ 값 타입과 참조 타입

값 타입(구조체, 열거형, 튜플)과 참조 타입(클래스) 사이에는 몇 가지 근본적인 차이점이 있다. 주된 차이점은 값 타입이나 참조 타입의 인스턴스가 전달되는 방식에 있다. 값 타입의 인스턴스를 전달하는 경우 원본(실제로는 원본 인스턴스)의 복사본을 전달하게 된다. 이는 한 인스턴스가 변경되더라도 다른 인스턴스에는 영향을 끼치지 않는다는 의미다. 참조 타입의 인스턴스를 전달하는 경우 원본 인스턴스의 참조를 전달하게 된다. 이는 두 참조 모두 같은 인스턴스를 가리키고 있다는 의미며, 그러므로 어느 한 참조가 변경되면 다른 참조에 영향을 미치게 된다.

앞에서 설명한 내용은 그리 어렵지 않다. 이미 이 책에서는 이러한 설명을 여러 번

반복했지만, 이는 매우 중요한 개념이므로 반드시 이해해야 한다. 이번 절에서는 값 타입과 참조 타입 사이의 차이점을 분석해 각각의 장점과 사용 시 주의해야 할 사항을 알아본다.

먼저 두 타입을 생성하는 것부터 시작하자. 하나는 구조체(값 타입)가 될 것이고, 다른 하나는 클래스(참조 타입)가 될 것이다. 이번 절에서는 두 타입을 사용해 값 타입과 참조 타입 간의 차이점을 보여준다. 첫 번째 타입은 MyValueType으로 이름을 붙일 것이다. MyValueType은 구조체를 사용해 구현할 것이며, 이는 이름 그대로 값 타입을 갖게 됨을 의미한다.

```swift
struct MyValueType {
    var name: String
    var assignment: String
    var grade: Int
}
```

MyValueType에서는 프로퍼티를 세 개 정의했다. 두 개의 프로퍼티는 String 타입(name과 assignment)이고, 나머지 하나는 Int 타입(grade)이다. 이번에는 이 타입을 어떻게 클래스로 구현하는지 살펴보자.

```swift
class MyReferenceType {
    var name: String
    var assignment: String
    var grade: Int

    init(name: String, assignment: String, grade: Int) {
        self.name = name
        self.assignment = assignment
        self.grade = grade
    }
}
```

MyReferenceType에도 MyValueType에서 정의한 것과 동일하게 세 개의 프로퍼티를 정의했다. MyReferenceType 타입에서는 생성자를 정의해야 하는데, MyValueType 타입에서는 정의할 필요가 없었다. 구조체는 기본 생성자를 제공하지 않으면 초기화가 필요한 모든 프로퍼티를 초기화할 기본 생성자를 제공하기 때문이다.

이제 이 타입을 어떻게 사용할 수 있는지 살펴보자. 다음 코드는 각 타입의 인스턴스를 어떻게 생성하는지 보여준다.

```
var ref = MyReferenceType(name: "Jon", assignment: "Math Test 1", grade: 90)
var val = MyValueType(name: "Jon", assignment: "Math Test 1", grade: 90)
```

이 코드에서 볼 수 있듯이 클래스 인스턴스와 같은 방식으로 구조체 인스턴스를 생성했다. 구조체와 클래스를 같은 방식으로 생성할 수 있다는 것은 삶을 좀 더 편하게 해준다. 그러나 값 타입은 참조 타입과 다른 방식으로 동작한다는 점을 명심해야 한다. 다음을 한번 살펴보자. 첫 번째로 해야 할 일은 두 타입 인스턴스의 학점을 변경하는 함수를 두 개 만드는 것이다.

```
func extraCreditReferenceType(ref: MyReferenceType, extraCredit: Int) {
    ref.grade += extraCredit
}

func extraCreditValueType(val: MyValueType, extraCredit: Int) {
    var val = val
    val.grade += extraCredit
}
```

각각의 함수는 두 타입 중 하나의 인스턴스와 추가 학점을 인자로 갖는다. 함수 내부에서는 학점에 추가 학점을 더할 것이다. 이제 각각의 함수를 실행하면 어떤 일이 일어나는지 살펴보자. 먼저 MyReferenceType 타입을 extraCreditReferenceType() 함수에 사용하면 어떤 일이 일어나는지 살펴보자.

```
var ref = MyReferenceType(name: "Jon", assignment: "Math Test 1", grade: 90)
extraCreditReferenceType(ref: ref, extraCredit: 5)
print("Reference: \(ref.name) - \(ref.grade)")
```

이 코드에서는 학점을 90점으로 MyReferenceType 인스턴스를 생성했다. 그런 다음
extraCreditReferenceType() 함수를 사용해 학점에 5점을 추가했다. 이 코드를 실
행하면 콘솔 창에서는 다음 문장이 출력될 것이다.

```
Reference: Jon - 95
```

보다시피 학점에 추가 점수 5점이 반영됐다. 이번에는 MyValueType 타입과
extraCreditValueType() 함수를 사용해 동일한 작업을 수행하자. 다음 코드는 이를
수행하는 방법을 보여준다.

```
var val = MyValueType(name: "Jon", assignment: "Math Test 1", grade: 90)
extraCreditValueType(val: val, extraCredit: 5)
print("Value: \(val.name) - \(val.grade)")
```

이 코드에서는 학점을 90점으로 MyValueType 인스턴스를 생성했다. 그런 다음
extraCreditValueType() 함수를 사용해 학점에 5점을 추가했다. 이 코드를 실행하
면 콘솔 창에서는 다음 문장을 출력할 것이다.

```
Value: Jon - 90
```

보다시피 이 코드에는 추가 학점 5점이 반영되지 않았다. 함수에 값 타입의 인스
턴스를 전달하는 경우 실제로는 원본 인스턴스 복사본을 전달하기 때문이다.
extraCreditValueType() 함수 내부에서 학점에 추가 학점을 더하는 경우 원본 인스
턴스 복사본에 값을 더하게 된다는 것을 의미한다. 결과적으로 이러한 변화는 인스턴

스 복사본의 원본에 영향을 미치지 않는다.

값 타입 인스턴스는 이를 생성한 함수나 타입에 한정되므로 값 타입을 사용하면 예상치 못한 변화로부터 인스턴스를 보호할 수 있다. 또한 값 타입은 같은 여러 개의 참조가 같은 인스턴스를 참조하지 않게 보호해준다. 다음 코드를 살펴보면 참조 타입을 사용하는 경우 마주하게 되는 타입 문제를 이해할 수 있을 것이다. 먼저 함수를 만드는 것부터 시작하자. 이 함수는 데이터 저장 공간에서 해당 과목의 학점을 검색하게 구현돼 있다. 그러나 예제를 단순화하기 위해 간단하게 임의의 점수를 생성할 것이다. 다음 코드는 이 함수를 어떻게 구현했는지 보여준다.

```swift
func getGradeForAssignment(assignment: MyReferenceType) {
    // DB 에서 학점을 가져오는 코드
    // 문제를 설명하기 위한 랜덤 코드
    let num = Int(arc4random_uniform(20) + 80)
    assignment.grade = num
    print("Grade for \(assignment.name) is \(num)")
}
```

이 함수는 전달받은 MyReferenceType 인스턴스에서 정의한 name과 assignment의 학점을 검색하게 구현돼 있다. 한 번 검색한 학점은 MyReferenceType 인스턴스의 grade 프로퍼티에 값을 저장하는 데 사용할 것이다. 이번에도 콘솔에 학점을 출력해 몇 점인지 확인할 수 있을 것이다. 이제 왜 이 함수를 사용하면 안 되는지 살펴보자.

```swift
var mathGrades = [MyReferenceType]()
var students = ["Jon", "Kim", "Kailey", "Kara"]
var mathAssignment = MyReferenceType(name: "", assignment: "MathAssignment",
    grade: 0)

for student in students {
    mathAssignment.name = student
    getGradeForAssignment(assignment: mathAssignment)
```

```
    mathGrades.append(mathAssignment)
}
```

이 코드에서는 과목의 학점을 저장할 mathGrades 배열과 학점을 검색하고자 하는
학생의 이름을 가진 students 배열을 생성했다. 그런 다음 이름과 과목명을 갖는
MyReferenceType 클래스의 인스턴스를 생성했다. getGradeForAssignment() 함수
에 학점을 요청하는데, 이 인스턴스를 사용할 것이다. 이제 모든 것이 정의됐으니
학점을 검색하기 위해 학생 리스트를 순회할 것이다. 다음은 이 코드의 출력물을 보
여준다.

```
Grade for Jon is 90
Grade for Kim is 84
Grade for Kailey is 99
Grade for Kara is 89
```

출력물은 기대했던 결과와 일치한다. 그러나 이 코드에는 커다란 문제점이 있다. 이번
에는 mathGrades 배열을 순회해 배열 안에 있는 학점이 얼마인지 확인해보자.

```
for assignment in mathGrades {
    print("\(assignment.name): grade \(assignment.grade)")
}
```

이 코드의 출력물은 다음과 같다.

```
Kara: grade 89
Kara: grade 89
Kara: grade 89
Kara: grade 89
```

이는 기대했던 결과가 아니다. 이러한 결과가 나온 원인은 MyReferenceType 인스턴스를 하나 생성한 다음 계속해서 이 단일 인스턴스를 업데이트했기 때문이다. 이는 기존에 있던 이름과 학점에 계속해서 값을 덮어썼다는 것을 의미한다. MyReferenceType은 참조 타입이므로 mathGrades 배열 안에 있는 모든 참조는 같은 MyReferenceType 인스턴스인 Kara의 학점을 가리키게 된다.

대부분의 베테랑 객체지향 개발자는 이러한 유형의 문제에 주의해야 한다는 것을 어렵게 배웠지만 이러한 문제는 여전히 발생하고 있으며, 특히 초급 개발자에게서 이러한 문제가 발생한다. 값 타입을 사용하면 이러한 문제를 해결하는 데 도움이 된다. 그러나 때로는 이런 방식으로 동작해야 할 필요도 있다. 애플은 값 타입에서 이러한 동작을 수행할 수 있게 inout 매개변수를 사용해 처리하는 방식을 제공한다. inout 매개변수는 값 타입의 매개변수 값을 변경할 수 있게 해주며, 함수 호출이 끝나더라도 변경 사항을 계속해서 유지하게 해준다.

inout 매개변수는 매개변수를 정의하는 맨 앞에 inout 키워드를 추가해 정의할 수 있다. inout 매개변수는 함수로 전달되는 값이다. 이 값은 함수 내부에서 변경되고 다시 함수 바깥으로 전달돼 원본 값을 대체한다.

이번에는 inout 키워드를 갖는 값 타입을 사용해 어떻게 앞의 예제를 올바르게 동작하게 만드는지 알아보자. 첫 번째로 해야 할 일은 변경 가능한 MyValueType 인스턴스를 사용하게 getGradeForAssignment() 함수를 변경하는 것이다.

```
func getGradeForAssignment(assignment: inout MyValueType) {
    // DB에서 학점을 가져오는 코드
    // 문제를 설명하기 위한 랜덤 코드
    let num = Int(arc4random_uniform(20) + 80)
    assignment.grade = num
    print("Grade for \(assignment.name) is \(num)")
}
```

이 함수에서는 인자로 전달하는 매개변수를 정의하는 방법만 변경했다. 프로퍼티는 이제 MyValueType이 됐고 inout 키워드를 추가해 함수 내부에서 전달받은 인스턴스를 변경할 수 있게 했다. 이제 이 함수를 어떻게 사용할 수 있는지 살펴보자.

```
var mathGrades = [MyValueType]()
var students = ["Jon", "Kim", "Kailey", "Kara"]
var mathAssignment = MyValueType(name: "", assignment: "Math Assignment",
    grade: 0)

for student in students {
    mathAssignment.name = student
    getGradeForAssignment(assignment: &mathAssignment)
    mathGrades.append(mathAssignment)
}

for assignment in mathGrades {
    print("\(assignment.name): grade \(assignment.grade)")
}
```

이 코드는 이전 예제와 거의 흡사하지만 두 가지가 다르다. 첫 번째는 mathAssignment 변수를 MyValueType 타입으로 정의했고, getGradeForAssignment() 함수를 호출할 때 & 기호를 인자 값 앞에 추가했다. & 기호는 값 타입의 참조를 전달한다는 것을 의미하며, 이로 인해 함수 내부에서 생기는 변화가 원본 인스턴스에 영향을 끼치게 된다.

새로운 코드의 결과는 다음과 같다.

```
Grade for Jon is 87
Grade for Kim is 81
Grade for Kailey is 90
Grade for Kara is 83
Jon: grade 87
Kim: grade 81
Kailey: grade 90
```

이 코드의 결과는 기대했던 그대로다. mathGrades 배열 안에 있는 각각의 인스턴스는 다른 학점을 나타낸다. 이 코드가 올바르게 동작하는 이유는 mathGrades 배열에 mathAssignment 인스턴스를 추가할 때 mathAssignment 인스턴스의 복사본을 배열에 추가했기 때문이다. 그러나 mathAssignment 인스턴스를 getGradeForAssignment() 함수에 전달할 때에는 값 타입이라 할지라도 인스턴스 참조를 전달하고 있다.

값 타입으로는 불가능하지만, 참조 타입(클래스)으로는 가능한 작업이 몇 가지 있다. 그중에 첫 번째로 재귀적^{recursive} 데이터 타입을 살펴본다.

▌참조 타입만을 위한 재귀적 데이터 타입

재귀적 데이터 타입은 같은 타입의 다른 값을 프로퍼티로 갖는 타입을 말한다. 리스트나 트리 같은 동적 자료 구조^{dynamic data structures}를 정의할 때 재귀적 데이터 타입을 사용한다. 이러한 동적 자료 구조는 런타임에서 요구 사항에 따라 크기가 늘어나거나 줄어들 수 있다.

연결 리스트^{Linked lists}는 재귀적 데이터 타입을 이용해 구현하는 동적 자료 구조의 아주 좋은 예다. 연결 리스트는 서로 연결된 노드의 그룹으로 가장 단순한 형태로서 각 노드는 리스트에 있는 다음 노드의 링크를 유지한다. 다음 다이어그램은 기본적인 연결 리스트가 어떻게 동작하는지 보여준다.

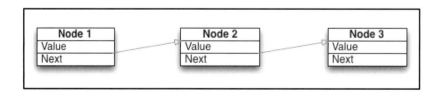

리스트에 있는 각 노드는 값이나 데이터를 가지며, 다음 노드에 대한 링크도 포함하고 있다. 각각의 노드는 리스트 내에서 바로 다음 노드의 링크만 알고 있기 때문에 어느 한 노드가 다음 노드의 참조를 잃어버릴 경우 나머지 리스트도 함께 잃게 된다. 어떤 연결 리스트는 앞이나 뒤로 이동할 수 있도록 이전 노드와 다음 노드의 링크를 유지한다.

다음 코드에서는 참조 타입을 사용해 연결 리스트를 생성하는 방법을 보여준다.

```
class LinkedListReferenceType {
    var value: String
    var next: LinkedListReferenceType?
    init(value: String) {
        self.value = value
    }
}
```

LinkedListReferenceType 클래스에는 프로퍼티가 두 개 있다. 첫 번째 프로퍼티는 value이고 해당 인스턴스의 데이터를 갖고 있다. 두 번째 프로퍼티는 next이고 연결 리스트 안에 있는 다음 아이템을 가리킨다. next 프로퍼티 값이 nil이면 해당 인스턴스는 리스트에서 마지막 노드가 된다. 값 타입을 이용해 연결 리스트를 구현하려고 한다면 코드는 다음과 같을 것이다.

```
struct LinkedListValueType {
    var value: String
    var next: LinkedListValueType?
}
```

플레이그라운드에 이 코드를 붙이면 Recursive value type 'LinkedListValueType' is not allowed 에러를 출력한다. 이 에러는 스위프트가 재귀적 값 타입을 허용하지 않는다는 것을 알려준다. 그러나 앞에서 본 바와 같이 참조 타입을 사용하면 재귀적 데이터 타입을 구현할 수 있다.

조금만 생각해보면 값 타입의 함수 때문에라도 재귀적 값 타입은 좋은 생각이 아니라는 것을 알 수 있다. 값 타입과 참조 타입 간의 차이점을 강조하고자 앞 내용을 한번 검토해보자. 또한 이는 왜 참조 타입이 필요한지를 이해하는 데 도움을 줄 것이다.

에러 없이 LinkedListValueType 구조체를 생성할 수 있다고 가정해보자. 이제 다음 코드에서 보이는 바와 같이 리스트에 쓰일 세 개의 노드를 생성해보자.

```
var one = LinkedListValueType(value: "One",next: nil)
var two = LinkedListValueType (value: "Two",next: nil)
var three = LinkedListValueType (value: "Three",next: nil)
```

이제 다음 코드처럼 노드를 서로 연결해본다.

```
one.next = two
two.next = three
```

이 코드의 문제점이 보이는가? 어느 부분이 문제인지 모른다면 값 타입을 어떻게 전달하는지 한번 생각해보자. 코드 첫 번째 줄인 one.next = two는 next 프로퍼티에 two 인스턴스 자신을 대입하는 것이 아니라 two 인스턴스의 복사본을 대입하는 것이다. 두 번째 줄인 two.next = three에서는 two 인스턴스의 next 프로퍼티에 three 인스턴스를 대입한다. 그러나 이러한 변화는 one 인스턴스의 next 프로퍼티에 있는 복사본에는 영향을 끼치지 못한다. 좀 혼란스러운가? 다음 다이어그램을 보면서 이를 정리해보자. 다이어그램은 코드가 실행 가능하다고 가정했을 때 생성된 세 개의 LinkedListValueType 인스턴스 상태를 보여준다.

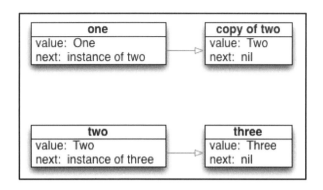

다이어그램에서 보듯이 one 인스턴스에 있는 next 프로퍼티는 여전히 next 프로퍼티가 nil인 two 인스턴스의 복사본을 가리킨다. 그러나 원본 two 인스턴스의 next 프로퍼티는 three 인스턴스를 가리킨다. one 인스턴스로 시작하는 리스트를 조사할 경우 two 인스턴스 복사본의 next 프로퍼티 값이 여전히 nil이기 때문에 three 인스턴스까지 도달하지 못할 것이다.

참조 타입(클래스)으로만 할 수 있는 두 번째 일은 바로 상속[inheritance]이다.

▌ 참조 타입만을 위한 상속

상속은 다른 클래스(슈퍼클래스 또는 부모 클래스)로부터 비롯된 클래스(서브클래스 또는 자식 클래스)와 관련이 있다. 서브클래스는 슈퍼클래스로부터 메소드, 프로퍼티, 그 외에 다른 특징들을 상속받는다. 상속을 사용하면 다수의 상속 레이어를 갖는 클래스 계층을 생성할 수 있다.

스위프트의 클래스를 사용해 클래스 계층을 어떻게 생성할 수 있는지 살펴보자. 먼저 Animal이라는 이름을 갖는 기본 클래스[base class]를 생성해보자.

```
class Animal {
    var numberOfLegs = 0
    func sleeps() {
        print("zzzzz")
    }
    func walking() {
        print("Walking on \(numberOfLegs) legs")
    }
    func speaking() {
        print("No sound")
    }
}
```

Animal 클래스에서는 한 개의 프로퍼티(numberOfLegs)와 세 개의 메소드(sleeps(),
walking(), speaking())를 정의했다. 이제 Animal 클래스의 서브클래스는 이러한 프로
퍼티와 메소드를 갖게 된다. Animal 클래스의 서브클래스를 두 개 생성해 어떻게 동
작하는지 살펴보자. 두 클래스의 이름은 각각 Biped(두 발 동물)와 Quadruped(네 발
동물)로 명명할 것이다.

```
class Biped: Animal {
    override init() {
        super.init()
        numberOfLegs = 2
    }
}

class Quadruped: Animal {
    override init() {
        super.init()
        numberOfLegs = 4
    }
}
```

두 클래스는 Animal 클래스로부터 모든 프로퍼티와 메소드를 상속받았기 때문에 생성자를 추가해 numberOfLegs 프로퍼티에 적절한 다리 개수를 정의해주기만 하면 된다. 이번에는 Quadruped 클래스의 서브클래스가 될 Dog 클래스를 생성해 상속 레이어를 하나 추가해보자.

```
class Dog: Quadruped {
    override func speaking() {
        print("Barking")
    }
}
```

Dog 클래스는 Animal 클래스를 상속한 Quadruped 클래스를 상속했다. 따라서 Dog 클래스는 Animal 클래스와 Quadruped 클래스가 가진 프로퍼티 및 메소드와 다른 특징들을 모두 갖게 될 것이다. Quadruped 클래스가 Animal 클래스에 있는 내용을 오버라이드할 경우 Dog 클래스는 Quadruped 클래스에서 구현한 버전을 상속할 것이다.

이러한 방식으로 매우 복잡한 클래스 체계를 구현할 수 있다. 예를 들어 다음 다이어그램은 일부 다른 동물 클래스를 추가한 클래스 계층을 자세히 보여준다.

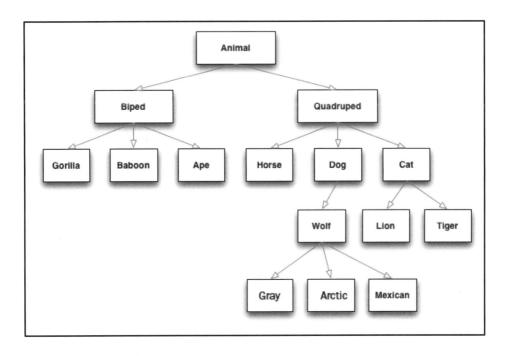

보다시피 클래스 계층은 매우 복잡해질 수 있다. 그렇지만 방금 살펴본 바와 같이 서브클래스는 슈퍼클래스로부터 메소드와 프로퍼티, 그리고 그 외의 다른 특징들을 상속받기 때문에 클래스 계층에서 중복 코드를 없앨 수 있다. 그러므로 서브클래스에서 이러한 것들을 다시 선언할 필요가 없다.

클래스 계층에서 가장 큰 문제점은 바로 복잡성에 있다. 앞의 다이어그램처럼 복잡한 클래스 계층을 가진 경우 클래스를 변경하고 나면 모든 서브클래스에 어떻게 영향을 미칠지 인식하지 못하기 쉽다. 예를 들어 개와 고양이 클래스의 경우 Quadruped 클래스에 furColor 프로퍼티를 추가해 동물의 털fur에 색상을 주고 싶을 것이다. 그러나 말의 털hair은 개나 고양이의 털fur과는 다르다. 따라서 계층에 있는 클래스를 변경하기 전에 이러한 변경 사항이 계층 내부의 모든 클래스에 어떻게 영향을 미칠지 이해해야만 한다.

예제에서 확인한 바와 같이 스위프트에서는 특별한 이유가 없는 한 복잡한 클래스 계층 구조는 피하고 프로토콜지향적인 접근법을 사용하는 것이 좋다. 여러분은 책을 보는 내내 프로토콜지향적인 접근법을 사용해 복잡한 클래스 계층 구조를 피하는 방법을 보게 될 것이다.

이번 절에서 확인한 바와 같이 대부분의 객체지향 언어에서 표준 라이브러리는 라이브러리 대부분을 클래스를 사용해 구현한 클래스 계층 구조로 이뤄져 있다. 그러나 스위프트는 이와 좀 다르다.

█ 다이내믹 디스패치

앞서 설명한 참조 타입만을 위한 상속 절에서 슈퍼클래스에 정의된 기능을 상속하고 오버라이드하기 위해 클래스에서 상속을 어떻게 사용할 수 있는지에 살펴봤다. 여러분은 언제 어떻게 적절한 구현체를 선택해야 하는지 궁금할 것이다. 호출할 구현체를 선택하는 과정은 런타임 단계에서 수행되며, 이는 다이내믹 디스패치$^{dynamic\ dispatch}$로 알려져 있다.

마지막 문장을 이해하기 위한 핵심 중 하나는 바로 구현체가 런타임 단계에서 선택된다는 점이다. 이 말은 즉 런타임 오버헤드의 일정 부분은 참조 타입만을 위한 상속 절에서 살펴본 클래스 상속을 사용하는 것과 관련이 있다는 것이다. 대부분 애플리케이션의 경우 이러한 오버헤드는 문제가 아니지만, 게임과 같이 성능에 민감한 애플리케이션의 경우에는 이러한 오버헤드가 주요한 문제가 될 수 있다.

다이내믹 디스패치와 관련된 오버헤드를 줄일 수 있는 방법 중 하나로 final 키워드를 사용하는 방법이 있다. final 키워드는 클래스나 메소드 또는 함수에 제약을 설정하는데, 메소드나 함수의 경우에는 오버라이드할 수 없다는 것을 나타내고, 클래스의 경우에는 서브클래싱을 할 수 없다는 것을 나타낸다.

final 키워드를 사용하기 위해서는 다음 코드에서 보이는 것처럼 클래스나 메소드 또는 함수 정의부 앞에 final 키워드를 위치시키면 된다.

```
final func myFunc() { }
final var myProperty = 0
final class MyClass { }
```

'참조 타입만을 위한 상속' 절에서는 동물 슈퍼클래스로 시작하는 클래스 계층 구조를 정의했었다. 서브클래스가 walking() 메소드와 numberOfLegs 프로퍼티를 오버라이딩하는 것을 제한하고자 하는 경우에는 Animal 구현체를 다음 코드에서와 같이 변경해야 한다.

```
class Animal {
    final var numberOfLegs = 0
    func sleeps() {
        print("zzzzz")
    }
    final func walking() {
        print("Walking on \(numberOfLegs) legs")
    }
    func speaking() {
        print("No sound")
    }
}
```

이렇게 변경하면 애플리케이션이 런타임에서 walking() 메소드를 간접 호출이 아닌 직접 호출을 할 수 있게 해주며, 이는 애플리케이션에 약간의 성능 향상을 가져온다. 클래스 상속을 반드시 사용해야만 하는 경우라면 가능한 한 final 키워드를 사용하는 것이 좋은 방법이 된다. 그러나 이러한 오버헤드를 피하기 위해서는 값 타입을 갖는 프로토콜지향 설계를 사용하는 편이 더 낫다.

▌ 스위프트 내장 타입

이 책을 읽고 있는 독자라면 스위프트의 내장 데이터 타입^{built-in data type}과 자료 구조^{data structure}에 매우 익숙할 것이다. 그러나 이러한 타입의 진정한 능력을 발휘시키기 위해서는 스위프트 표준 라이브러리에서 이러한 타입이 어떻게 구현돼 있는지를 이해해야만 한다.

스위프트 표준 라이브러리는 몇 가지 표준 데이터 타입을 정의해 놓고 있으며, `Int`와 `Double`, 그리고 `String`이 여기에 해당한다. 대부분 언어에서 이러한 타입은 원시 타입으로 구현돼 있으며, 이는 이러한 타입을 확장하거나 서브클래스할 수 없다는 것을 의미한다. 그러나 스위프트에서는 이러한 타입들은 표준 라이브러리에 구조체로 구현돼 있으며, 이는 이러한 타입을 구조체로 구현된 다른 타입에서 할 수 있었던 것과 마찬가지로 확장할 수 있다는 것을 의미한다. 그러나 다른 언어에서 했던 것처럼 이를 서브클래싱할 수는 없다.

 스위프트 표준 라이브러리에 관한 정보는 http://swiftdoc.org에서 좀 더 살펴볼 수 있다.

또한 스위프트는 몇 가지 표준 자료 구조도 정의해 놓고 있으며, 배열^{arrays}과 딕셔너리^{dictionaries}, 그리고 셋^{sets} 등이 여기에 해당한다. 데이터 타입과 마찬가지로 이러한 자료 구조 역시 스위프트 표준 라이브러리에 구조체로 구현돼 있다. 값 타입을 다른 변수에 할당될 때 자료 구조의 복사본을 전달하기 때문에 자료 구조가 많은 양의 요소를 포함하는 경우 이러한 자료 구조의 성능이 어떨지 궁금할 것이다. 애플은 이에 대한 답을 갖고 있으며, 이를 COW^{Copy-on-write}라 부른다.

▌ Copy-on-write

구조체와 같은 값 타입의 인스턴스가 다른 변수에 할당되면 두 번째 변수는 해당 인스턴스의 복사본을 전달받게 된다. 이는 50,000개의 요소를 가진 배열이 있는 경우 해당 배열을 두 번째 변수에 할당하거나 배열을 코드의 다른 부분에 전달하는 경우 런타임에서 요소 50,000개 모두를 복사해야만 한다는 것을 의미한다. 이러한 동작은 성능에 심각한 영향을 끼칠 수 있으나, 배열과 같은 스위프트 내장 자료 구조에서는 Copy-on-write 덕택에 이러한 영향이 감소한다.

스위프트에서는 Copy-on-write를 이용해 자료 구조가 변경되지 않는 한 자료 구조의 두 번째 복사본을 만들지 않는다. 그렇기 때문에 50,000개의 요소를 가진 배열을 코드의 다른 부분에 전달하고, 코드에서 실제로 배열에 어떠한 변화도 주시 않는다면 모든 요소를 복사하는 런타임 오버헤드를 피할 수 있을 것이다.

안타깝게도 Copy-on-write는 스위프트 표준 라이브러리에서 특정 타입에만 구현돼 있으며, 모든 값 타입이 무료로 사용할 수 있는 것은 아니다. 4장에서 커스텀 데이터 타입에 Copy-on-write를 어떻게 구현할 수 있는지 살펴본다.

▌ 요약

대부분의 객체지향 프로그래밍언어에서는 타입 선택권이 제한돼 있다. 그러나 스위프트에서는 여러 선택권이 있다. 이러한 점은 상황에 알맞은 타입을 선택할 수 있게 해준다. 서로 다른 타입이 어떻게 동작하는지 이해하는 것은 안정적인 코드를 작성하는 데 꼭 필요하다.

2장에서는 스위프트에서 사용할 수 있는 서로 다른 타입에 대해 살펴보고 값 타입과 참조 타입 간의 차이점에 대해 강조했다. 애플이 이야기한 바와 같이 값 타입을 사용하는 것을 추천한다.

그리고 재귀 데이터 타입같이 참조 타입을 요구하는 영역에 대해서도 살펴봤다.

또한 참조 타입을 사용할 때 final 키워드를 사용해 코드를 어떻게 최적화할 수 있는지에 대해서도 알아봤다. 3장에서는 확장^{extension}을 사용해 클래스 계층 구조 사용을 어떻게 피할 수 있는지 살펴본다.

03

확장

90년대 초반, 필자는 프로그램을 개발하는 데 C 언어를 주력 언어로 사용했으며, 표준 C 라이브러리에는 없는 기능을 가진 다양한 커스텀 라이브러리를 사용했었다. 필자는 커스텀 라이브러리가 제공하는 기능을 다수의 프로젝트에서 사용하곤 했기 때문에 이러한 커스텀 라이브러리가 매우 유용하다는 것을 발견하게 됐다. 커스텀 라이브러리가 제공하는 기능에는 문자열의 첫 번째 글자를 대문자로 변환하거나 double형 값을 통화 문자열(소수점 뒤 숫자 두 자리와 통화 기호를 포함하는 문자열)로 변환하는 것과 같은 기능을 포함한다. 커스텀 라이브러리에는 개발하는 언어의 표준 라이브러리에는 없는 유용한 기능들이 항상 존재하기 때문에 이와 같은 라이브러리를 사용하는 것은 매우 유용하다. 필자는 때때로 전역 함수를 이용해 C 언어에서 이러한 추가적인 기능을 구현했었다. 좀 더 현대적인 객체지향 프로그래밍 언어에서는 기능을 추가하고자 하는 클래스를 서브클래싱하는 방법으로 이러한 기능을 구현할 수 있으나, 스위프트에서는 전역 함수나 서브클래싱을 할 필요 없이 확장^{extension}을 사용해 이미 존재하는 타입에 기능을 추가할 수 있다. 확장을 더욱 유용하게 하려고 애플은 프로토콜을 확장하는 기능을 추가했으며, 이를 사용해 프로토콜을 채용한 타입에 기능을 추가할 수 있게 됐다.

3장에서 다루는 내용은 다음과 같다.

- 구조체와 클래스, 그리고 열거형을 확장하는 방법
- 프로토콜을 확장하는 방법
- 실제 예제에서 확장을 사용하는 방법

확장은 스위프트에서 가장 유용한 기능 중 하나다. 확장은 이미 존재하는 타입의 소스 코드가 없더라도 기능을 추가할 수 있게 해준다. 장담하건대 프로토콜 확장은 프로토콜지향 프로그래밍에서 가장 흥미로운 기능 중 하나일 것이다. 프로토콜 확장에 익숙하지 않을 경우 프로토콜은 기능을 가질 수 없는데 어떻게 프로토콜에 기능을 추가한다는 것인지 궁금할지도 모른다. 3장 뒷부분에서는 프로토콜 확장을 사용하는 방법에 대해 알아보고, 이러한 기능이 흥미로운 이유도 살펴본다. 그 전에 확장이란 무엇인지, 클래스와 구조체, 그리고 열거형을 확장하는 방법을 먼저 살펴보자.

확장에서는 이미 존재하는 타입에 다음과 같은 아이템을 추가할 수 있다.

- 연산 프로퍼티^{Computed properties}
- 인스턴스 메소드^{Instance methods}와 타입 메소드^{type methods}
- 간편 생성자^{Convenience initializers}
- 서브스크립트^{Subscripts}

확장의 단점은 확장한 타입의 기능을 오버라이드할 수 없다는 점이다. 확장은 기능을 추가하게 설계됐으며, 타입의 기능을 변경하는 의미로 설계되지는 않았다. 확장에서

할 수 없는 또 다른 것은 저장 프로퍼티를 추가할 수 없다는 것이다. 그러나 연산 프로퍼티는 추가할 수 있다.

어째서 확장이 매우 유용한지 이해하기 위해서는 확장을 통해 해결하고자 했던 문제에 대해 이해해야만 한다. 대부분의 객체지향 프로그래밍 언어에서 이미 존재하는 클래스에 기능을 추가하고자 할 경우에는 일반적으로 기능을 추가하고자 하는 클래스를 서브클래싱하게 된다. 그런 다음 새로운 서브클래스에 새로운 기능을 추가한다. 이 방법의 문제점은 원본 클래스에 실제로 기능을 추가하지는 않는다는 점이다. 그러므로 추가적인 기능이 필요한 원본 클래스의 모든 인스턴스를 새로운 서브클래스의 인스턴스로 변경해야만 한다. 일부 클래스는 NSString 클래스처럼 서브클래스를 생성하는 데 상당히 많은 양의 코드가 필요하다.

이 밖에 마주하게 되는 또 다른 문제점은 참조 타입(클래스)만 서브클래싱이 가능하다는 점이다. 이는 구조체나 열거형과 같은 값 타입은 서브클래싱을 할 수 없다는 것을 의미한다. 더 큰 문제는 스위프트 표준 라이브러리 대부분이 값 타입으로 이뤄졌다는 사실이다. 이는 스위프트 표준 라이브러리 타입을 서브클래싱해 기능을 추가할 수는 없다는 것을 의미한다. 애플은 애플리케이션에서 참조 타입보다 값 타입을 선호하기를 권고하고 있으며, 이는 애플의 권고안을 받아들일 경우(받아들여야 한다) 대다수의 커스텀 타입을 서브클래싱할 수 없다는 것을 의미한다.

확장을 사용하면 확장하고자 하는 타입에 새로운 기능을 직접 추가할 수 있다. 이는 해당 타입의 모든 인스턴스를 수정할 필요 없이 자동으로 새로운 기능을 받게 된다는 것을 의미한다. 또한 프로토콜 타입을 포함해서 참조 타입뿐만 아니라 값 타입 역시 확장이 가능하다. 5장 후반부에 살펴보겠지만, 프로토콜을 확장하는 능력은 프로토콜 지향 프로그래밍을 가능하게 만드는 것 중 하나다.

이제 구조체와 열거형, 그리고 클래스와 같은 타입을 확장하는 방법을 살펴보자.

▌확장 정의

확장은 extension 키워드를 사용하고 뒤이어 확장하고자 하는 타입의 이름을 위치시키는 것으로 정의된다. 그런 다음 추가하고자 하는 기능을 타입의 중괄호 사이에 위치시킨다. 다음 코드에서는 확장을 정의하는 방법을 보여준다.

```
extension String {
    // 추가할 기능은 여기에 위치시킨다.
}
```

이 코드에서는 스위프트 표준 라이브러리에 있는 문자열 타입에 확장을 추가했다. 어떠한 타입도 확장할 수 있으므로 스위프트 표준 라이브러리에 있는 타입이나 프레임워크/라이브러리에 있는 타입 또는 소유하고 있는 커스텀 타입에 기능을 추가하기 위해 확장을 사용할 수 있다. 소유하고 있는 커스텀 타입에 기능을 추가하기 위해 확장을 사용할 수 있긴 하지만, 일반적으로는 타입 자체에 직접 기능을 추가하는 편이 더 낫다. 커스텀 타입을 위한 모든 기능(코드)이 함께 있으면 코드를 유지하기가 더 쉽기 때문이다.

소스를 갖고 있는 프레임워크에 기능을 추가하는 경우에도 프레임워크 자체의 소스를 변경하는 것보다는 확장을 사용해 기능을 추가하는 편이 더 낫다. 프레임워크 내부에 있는 코드에 기능을 직접 추가하는 경우 새로운 버전의 프레임워크를 받게 되면 수정했던 사항을 덮어쓰기 때문이다. 확장한 코드는 프레임워크에 속해있는 파일 내부에 있지 않기 때문에 새로운 버전의 프레임워크가 확장을 덮어쓰지는 않을 것이다.

이번에는 확장을 사용해 표준 스위프트 타입에 기능을 추가하는 방법을 살펴보자. 다음 코드에서는 String 타입을 확장해 문자열의 첫 번째 단어나 문자열이 비어 있는 경우에는 nil을 가진 옵셔널 값을 반환하는 메소드를 추가한다.

```
extension String {
   func getFirstChar() -> Character? {
      guard characters.count > 0 else {
         return nil
      }
      return self[startIndex]
   }
}
```

애플리케이션에 확장을 추가하면 모든 String 타입의 인스턴스는 새로운 기능을 이용
할 수 있다. 또한 기능에 접근하는 데 특별히 해야 하는 일도 없다. String 타입의
인스턴스는 이러한 기능이 타입이 원래 구현한 것인지 아니면 확장으로 구현한 것인
지 알지 못하거나 신경 쓰지 않는다. 다음 코드에서는 getFirstChar() 메소드를 어떻
게 사용하는지 보여준다.

```
var myString = "This is a test"
print(myString.getFirstChar())
```

이 코드는 문자 T를 콘솔에 출력할 것이다. 이는 이미 존재하는 타입에 스크립트scripts
와 같은 다른 기능을 추가하는 것만큼이나 쉽다. 다음 코드에서는 String 확장에 범
위 연산자range operator를 인자로 받고 범위 연산자에 의해 정의된 문자로 이뤄진 서브스
트링substring을 반환하는 스크립트를 어떻게 추가하는지 보여준다.

```
extension String {
   func getFirstChar() -> Character? {
      guard characters.count > 0 else {
         return nil
      }
      return self[startIndex]
   }
```

```
subscript (r: CountableClosedRange<Int>) -> String {
    get {
        let start = index(self.startIndex, offsetBy:r.lowerBound)
        let end = index(self.startIndex, offsetBy:r.upperBound)
        return substring(with: start..<end)
    }
}
}
```

2장에서는 일반적으로 다른 언어에서는 기본형^{primitive}으로 구현되는 타입이 스위프트에서는 이름 있는 타입^{named type}으로 구현된다고 언급했었다. 여기에는 숫자, 문자, 그리고 불리언 값을 나타내는 타입이 포함된다. 이들은 이름 있는 타입으로 구현됐기 때문에 다른 타입과 마찬가지로 확장할 수 있다. 한 예로 정수를 제곱한 값을 반환하는 메소드를 추가하기 위해 Int 타입을 확장하고자 할 경우 다음과 같이 확장을 사용할 수 있다.

```
extension Int {
    func squared( ) -> Int {
        return self * self
    }
}
```

그런 후 다음 코드에서 볼 수 있듯이 정수를 제곱한 값을 얻기 위해 앞에서 생성한 확장을 사용할 수 있다.

```
print(21.squared( ))
```

또 다른 예에서는 double 값을 통화를 나타내는 값인 String 타입으로 변환하는 메소드를 추가하기 위해 Double 타입을 확장해볼 것이다. 이 메소드에서는 소수점 두 자리로 반올림하고 통화 기호를 추가할 것이다. 다음 코드에서는 이를 어떻게 구현하는 지 보여준다.

```
extension Double {
    func currencyString() -> String {
        let divisor = pow(10.0, 2.0)
        let num = round(self * divisor).rounded() // 제수
        return "$\(num)"
    }
}
```

확장에는 저장 프로퍼티를 추가할 수 없지만, 연산 프로퍼티는 추가할 수 있다. 앞 절에서는 Int 타입에 squared()라는 메소드를 추가했었다. 이 기능은 다음 코드에서 볼 수 있듯이 연산 프로퍼티로 구현할 수도 있다.

```
extension Int {
    var squared: Int {
        return self * self
    }
}
```

지금까지 클래스, 열거형 또는 구조체와 같은 표준 타입을 확장하는 방법을 살펴봤다. 이번에는 프로토콜 확장에 대한 모든 것을 살펴보자.

▌ 프로토콜 확장

다른 타입과 마찬가지로 프로토콜도 확장할 수 있다. 프로토콜 확장은 특정 프로토콜 을 따르는 모든 타입에 공통적인 기능을 제공하기 위해 사용된다. 프로토콜 확장은 각각의 개별적인 타입이나 전역 함수를 통해 기능을 추가하는 것이 아니라 프로토콜

을 따르는 타입에 기능을 추가할 수 있게 해준다. 일반적인 확장과 마찬가지로 프로토콜 확장 역시 소스코드를 갖고 있지 않더라도 해당 타입에 기능을 추가할 수 있게 해준다.

프로토콜지향 프로그래밍과 GamePlayKit 같은 프레임워크는 프로토콜 확장에 대한 의존도가 높다. 프로토콜 확장이 없이 프로토콜을 따르는 타입의 그룹에 특정 기능을 추가할 경우 각각의 타입에 기능을 개별적으로 추가해야만 할 것이다. 참조 타입(클래스)을 사용하고 있었다면 클래스 계층을 생성할 수도 있었겠지만, 앞에서 이야기했듯이 값 타입에는 클래스 계층을 사용할 수 없다. 애플은 개발자들이 참조 타입보다는 값 타입을 선호할 것을 명시하고 있으며, 프로토콜 확장을 사용하면 공통적인 기능을 모든 타입에 기능을 구현할 필요 없이 특정 프로토콜을 따르는 값 타입은 물론 참조 타입에 추가할 수 있는 능력을 갖추게 된다고 명시하고 있다.

이제 프로토콜 확장이 어떠한 일을 할 수 있는지 살펴보자. 스위프트 표준 라이브러리는 Collection이라는 이름의 프로토콜을 제공한다.

---

http://swiftdoc.org/nightly/protocol/Collection/

이 프로토콜은 Sequence 프로토콜을 상속하고 있으며, Dictionary와 Array 같은 모든 스위프트 표준 컬렉션 타입이 이 프로토콜을 채용하고 있다.

Collection 프로토콜을 따르는 모든 타입에 기능을 추가하고자 한다고 생각해보자. 이 새로운 기능은 컬렉션 안에 있는 아이템을 섞거나 인덱스 번호가 짝수인 아이템만 반환한다. 다음 코드에서 볼 수 있듯이 Collection 프로토콜을 확장함으로써 이 기능을 쉽게 추가할 수 있다.

```
extension Collection {
  func evenElements() -> [Iterator.Element] {
```

```swift
    var index = startIndex
    var result: [Iterator.Element] = []
    var i = 0
    repeat {
        if i % 2 == 0 {
            result.append(self[index])
        }
        index = self.index(after: index)
        i += 1
    } while (index != endIndex)
    return result
    }

    func shuffle() -> [Iterator.Element] {
        return sorted(){ left, right in
            return arc4random() < arc4random()
        }
    }
}
```

프로토콜을 확장하는 경우 다른 타입을 확장할 때 사용했던 것과 같은 문법과 포맷을 사용할 수 있다. 프로토콜을 확장하기 위해서는 extension 키워드를 사용하며, 뒤따라서 확장하고자 하는 프로토콜의 이름이 오게 된다. 그런 다음 추가하고자 하는 기능을 중괄호 사이에 위치시킨다. 이제 Collection 프로토콜을 따르는 모든 타입은 evenElements() 함수와 shuffle() 함수를 받게 될 것이다. 다음 코드에서는 추가한 함수를 배열과 어떻게 함께 사용할 수 있는지 보여준다.

```swift
var origArray = [1,2,3,4,5,6,7,8,9,10]

var newArray = origArray.evenElements()
var ranArray = origArray.shuffle()
```

앞선 코드에서 newArray 배열의 요소는 1, 3, 5, 7, 9까지가 될 것인데, 이는 이 요소들의 인덱스 번호가 짝수이기 때문이다(여기에서는 요소의 값이 아닌 인덱스 번호를 찾고 있다). ranArray 배열은 origArry와 요소는 같지만, 요소의 순서가 섞여 있을 것이다.

프로토콜 확장은 개별적으로 각각의 타입에 코드를 추가할 필요 없이 타입의 그룹에 기능을 추가하기에 매우 훌륭하긴 하지만, 확장하고자 하는 프로토콜을 따르는 타입이 무엇인지 아는 것이 중요하다. 앞 예에서는 Collection 프로토콜을 따르는 모든 타입에 evenElements() 메소드와 shuffle() 메소드를 추가함으로써 Collection 프로토콜을 확장했다. Dictionary 타입은 이 프로토콜을 따르는 타입 중 하나다. 그러나 Dictionary 타입은 순서가 없는 컬렉션이므로 evenElements() 메소드는 생각했던 대로 작동하지 않을 것이다. 다음 코드는 이를 보여준다.

```
var origDict = [1:"One",2:"Two",3:"Three",4:"Four"]
var returnElements = origDict.evenElements()
for item in returnElements {
    print(item)
}
```

Dictionary 타입은 특정 순서로 아이템을 저장하는 것을 보장하지 않기 때문에 코드에서는 두 아이템 중 어느 아이템도 화면에 출력될 수 있다. 다음은 이 코드에서 출력할 가능성 중 한 가지를 보여준다.

```
(2, "Two")
(1, "One")
```

또 다른 문제점은 evenElements() 메소드를 어떻게 구현했는지 익숙하지 않은 사용자의 경우 원본 컬렉션이 Dictionary 타입이기 때문에 returnElements 인스턴스도 Dictionary 타입이 될 것이라고 기대할 것이지만, 실제로는 Array 타입의 인스턴스라는 점이다. 이런 현상은 혼란을 불러일으킬 수 있으므로 프로토콜을 확장하는 경우에는 추가하는 기능이 프로토콜을 따르는 모든 타입에서 예상대로 작동하는 것을 보장하도록 주의를 기울여야 한다. shuffle() 메소드와 evenElements() 메소드의 경우에는 Collection 프로토콜보다는 Array 타입을 직접 확장해 기능을 추가하는 것이 더 나을지도 모른다. 또한 정의된 기능을 전달받을 수 있는 타입을 제한하는 제약을 확장에 추가할 수도 있다.

타입이 프로토콜 확장에서 정의한 기능을 전달받기 위해서는 프로토콜 확장에서 정의한 모든 제약을 만족해야만 한다. 제약은 확장하는 프로토콜 이름 뒤에 where 키워드를 사용해 추가한다. 다음 코드에서는 Collection 확장에 제약을 어떻게 추가하는지 보여준다.

```
extension Collection where Self: ExpressibleBytArrayLiteral {
    // 확장 코드는 여기에 위치한다.
}
```

이 코드의 Collection 프로토콜 확장에서는 ExpressibleBytArrayLiteral 프로토콜 (http://swiftdoc.org/nightly/protocol/ExpressibleByArrayLiteral/)을 따르는 타입만 확장에서 정의한 기능을 전달받을 수 있다. Dictionary 타입은 ExpressibleBytArrayLiteral 프로토콜을 따르지 않기 때문에 이 프로토콜 확장에서 정의한 기능을 전달받지 못할 것이다.

컬렉션 내부의 요소가 특정 프로토콜을 따르는 컬렉션에만 Collection 프로토콜 확장이 적용되는 것을 만족시키기 위해 제약을 사용할 수도 있다. 다음 코드에서는 컬렉션 안에 있는 요소가 Comparable 프로토콜을 따르는 것을 보장하도록 하는 제약을 사용하고 있다. 추가하고자 하는 기능이 컬렉션 내부에 있는 두 개 이상의 요소를 비교하는 기능에 의존하는 경우 제약이 필요할지도 모른다. 이러한 제약은 다음과 같이 추가할 수 있다.

```
extension Collection where Iterator.Element: Comparable {
    // 여기에 기능을 추가한다.
}
```

제약은 확장에서 정의한 기능을 전달받을 수 있는 타입을 제한하게 해준다. 다만 주의해야 할 한 가지는 실제로 확장하고자 하는 개별적인 타입에 프로토콜 확장을 사용하라는 것이다. 프로토콜 확장은 그룹 타입에 기능을 추가하고자 하는 경우에 사용해야 한다. 단일 타입에 기능을 추가하기 위해 프로토콜 확장을 사용하는 경우에는 타입을 개별적으로 확장하는 것을 살펴봐야 한다.

지금까지는 확장을 사용하는 방법과 프로토콜 확장을 사용하는 방법을 살펴봤고, 이번에는 실제 예제를 살펴보자. 이번 예제에서는 문장 유효성 프레임워크를 만드는 방법을 보여준다.

▌ 문장 유효성

필자는 다양한 플랫폼(iOS, 안드로이드, 윈도우)을 넘나들며 여러 앱에서 사용자가 입력한 다음이나 이미 입력된 사용자 입력의 유효성을 확인하는 작업을 해 왔다. 이러한 유효성은 정규 표현식을 사용하면 매우 쉽게 끝낼 수 있다. 그러나 여러 정규 표현식 문자열이 코드 이곳저곳에 들어가는 것은 원치 않는다. 유효성 코드를 가진 서로 다른 클래스나 구조체를 생성하는 방법으로 이러한 문제를 해결할 수 있다. 문제는 이러한 타입을 사용하기 쉽고 유지하기 쉽도록 만들기 위해 어떻게 구조화시켜야 하는가이다. 스위프트에서 프로토콜 확장을 사용하기 전에는 프로토콜을 사용해 유효성 확인을 위한 요구 사항을 정의하고 난 다음 각각의 유효성 타입이 필요로 하는 프로토콜을 따르는 타입을 생성했었다.

이러한 문장 유효성을 어떻게 달성할지 살펴보기에 앞서 정규 표현식이란 무엇이며 스위프트에서는 이를 어떻게 사용할 수 있는지 빠르게 살펴보자. 정규 표현식(regex로도 알려져 있다)은 검색 패턴이나 일치하는 패턴을 나타내는 특수한 문자열이다. 패턴으로도 알려진 정규 표현식 문자열은 하나 이상의 문자, 연산자 또는 구성체로 이뤄져 있다. 정규 표현식은 특정 패턴의 문자열을 검색하거나 (여기서 사용하는 것처럼) 유효성을 확인하려고 하는 경우 매우 유용하다.

정규 표현식이 스위프트에게만 있는 것은 아니다. 대부분의 현대적인 언어가 정규 표현식을 사용할 수 있는 방법을 갖고 있다. 정규 표현식에 관해서만 써도 책 한 권은 쓸 수 있으므로 이번 절에서는 5장에 있는 예제를 이해할 수 있을 정도로 간략하게 소개할 것이다.

가장 단순한 형태의 정규 표현식은 abc나 12345와 같은 문자열이다. 이러한 정규 표현식을 사용하면 다음 표에서 보여주는 것처럼 문자열 안에 있는 패턴과 일치할 것이다.

정규식	일치	설명
abc	xyzabcxyzbc	문자열 abc와 일치한다.
12345	1234567890	문자열 12345와 일치한다.

또한 꺾쇠 괄호([])를 사용하면 문자 집합character sets을 정의할 수도 있다. 문자 집합은 집합 안에 있는 문자와 문자열에 있는 하나의 문자와 일치할 것이다. 집합을 정의하기 위해서는 마지막 예에서 본 것처럼 문자열을 사용하거나 범위를 명시하기 위해 -(마이너스 기호) 연산자를 사용할 수 있다.

정규식	일치	설명
[abc]	xyzabcxyz	abc 집합에 있는 문자와 일치한다.
[a-zA-Z]	xyzabcxyz	소문자 또는 대문자에 일치한다.

반복 횟수를 명시하기 위해서는 중괄호({})를 사용해 하나 이상의 문자를 일치시킬
수 있다. 예를 들어 { 2, 5}를 사용할 경우 이는 적어도 2개의 문자 이상, 5개의 문자
이하를 일치시키겠다는 것을 의미한다.

정규식	일치	설명
[a-z] {2,5}	xyzabcxyz	2에서 5개 사이의 소문자와 일치한다.
[a-z0-9] {2,5}	xyzabcxyz	2에서 5개 사이의 소문자 또는 숫자와 일치한다.

맨 처음에 쓰이는 캐럿(^)은 맨 처음과 일치시키길 원한다는 의미며, 달러 기호($)는
맨 마지막과 일치시키길 원한다는 의미다. 문자열 전체를 일치시키는 데 이러한 두
개의 특수한 문자를 사용할 수 있다. 예를 들어 ^[a-z] {0,5}$ 패틴은 문자열이 0에서
5개의 소문자일 경우에만 일치시킬 것이다. 소문자 사이에 다른 단어가 있거나 문자
가 5개 넘을 경우 매칭에 실패할 것이다.

정규식	일치	설명
^[a-z] {2,5}$	xyzabcxyz	5개가 넘는 문자이므로 실패한다.
[a-z0-9] {0,5}	xyz12	5개의 소문자 또는 숫자와 일치한다.

마지막으로 살펴볼 내용은 정규 표현식에 있는 몇 가지 추가적인 특수 문자다. 백슬래
시(\)를 사용해 이스케이프해야만 하는 문자열이 있으며, 이들은 특별한 의미가 있다.

문자	정의
.	점은 임의의 단일 문자와 일치한다.
\n	개행 문자(new line)와 일치한다.
\t	탭과 일치한다.

(이어짐)

문자	정의
\d	숫자 [0-9]와 일치한다.
\D	숫자가 아닌 문자와 일치한다.
\w	영문자 숫자 [a-zA-Z0-9]와 일치한다.
\W	영문자 숫자가 아닌 문자와 일치한다.
\s	공백 문자와 일치한다.
\S	공백이 아닌 문자와 일치한다.

방금 살펴본 것 이외에도 정규 표현식에는 더 많은 내용이 있다. 이번 절에서는 단지 5장의 문장 유효성 예제를 이해하는 데 도움이 되는 정보만 충분히 제공한다. 정규 표현식을 정기적으로(이는 말장난이다) 사용할 계획이 있다면 정규 표현식에 대해 더 많은 것을 읽어 보길 권한다.

이제 프로토콜 확장을 사용하지 않고 어떻게 유효성 프레임워크를 개발하는지 살펴보자. 먼저 문장 유효성을 위해 사용할 타입을 위한 요구 사항을 정의한 TextValidation 프로토콜을 정의하는 것부터 시작할 것이다. 이러한 방법을 사용하면 타입을 구현하는 대신 TextValidation 프로토콜을 사용할 수 있다. 기억하겠지만 이는 다형성의 한 형태다.

```
protocol TextValidation {

    var regExMatchingString: String {get}
    var regExFindMatchString: String {get}
    var validationMessage: String {get}
    func validateString(str: String) -> Bool
    func getMatchingString(str: String) -> String?
}
```

이 프로토콜에서는 `TextValidation` 프로토콜을 따르는 타입이면 반드시 구현해야 하는 세 개의 프로퍼티와 두 개의 메소드를 정의하고 있다. 세 개의 프로퍼티는 다음과 같다.

- **regExMatchingString**: 정규 표현식 문자열은 입력 문자열이 유효한 문자만을 가졌는지를 확인하는 데 사용된다.

- **regExFindMatchString**: 정규 표현식 문자열은 유효한 문자만 가진 입력 문자열에서 새로운 문자열을 검색하는 데 사용된다. 일반적으로 이 정규 표현식은 사용자가 정보를 입력했을 때 실시간으로 입력의 유효성을 확인하기 위해 사용되는데, 유효하지 않은 첫 번째 문자에서 문자열 끝까지의 모든 문자를 삭제할 것이기 때문이다.

- **validationMessage**: 입력 문자열이 유효하지 않은 문자를 갖고 있는 경우 출력하기 위한 에러 메시지다.

이 프로토콜을 위한 두 개의 메소드는 다음과 같다.

- **validateString**: 입력 문자열이 유효한 문자만 갖고 있는 경우 메소드는 true를 반환한다. 메소드에서는 일치함을 확인하기 위해 regExMatchingString 프로퍼티를 사용한다.

- **getMatchingString**: 이 메소드는 유효한 문자만을 갖는 새로운 문자열을 반환한다. 일반적으로 이 메소드는 사용자가 정보를 입력했을 때 실시간으로 입력의 유효성을 확인하기 위해 사용되는데, 유효하지 않은 첫 번째 문자에서 문자열 끝까지의 모든 문자를 삭제할 것이기 때문이다. 이 메소드에서는 새로운 문자열을 검색하기 위해 regExFindMatchString 프로퍼티를 사용한다.

이제 이 프로토콜을 따르는 클래스를 어떻게 생성하는지 살펴보자. 다음 클래스는 입력한 문자열이 알파벳 문자가 0개에서 10개까지 있는지 확인하는 데 사용된다.

```swift
class AlphabeticValidation1: TextValidation {
    static let sharedInstance = AlphabeticValidation1()
    private init(){}
    let regExFindMatchString = "^[a-zA-Z]{0,10}"
    let validationMessage = "Can only contain Alpha characters"
    var regExMatchingString: String {
        get {
            return regExFindMatchString + "$"
        }
    }
    func validateString(str: String) -> Bool {
        if let _ = str.range(of: regExMatchingString, options:
            .regularExpression) {
            return true
        } else {
            return false
        }
    }
    func getMatchingString(str: String) -> String? {
        if let newMatch = str.range(of: regExFindMatchString, options:
            .regularExpression) {
            return str.substring(with: newMatch)
        } else {
            return nil
        }
    }
}
```

이 구현에서 regExFindMatchString과 validationMessage 프로퍼티는 저장 프로 퍼티로 구현했으며 regExMatchingString 프로퍼티는 연산 프로퍼티로 구현했다. validateString() 메소드와 getMatchingString() 메소드는 프로토콜을 따르는 클 래스 내부에 구현했다.

일반적으로 TextValidation 프로토콜을 따르는 다른 타입을 여러 개 가질 수 있다.

각각은 다른 타입의 입력 값의 유효성을 검사한다. `AlphabeticValidation1` 클래스에서 볼 수 있듯이 각각의 유효성 타입에는 많은 양의 코드가 수반된다. 가장 안 좋은 부분은 많은 양의 코드가 각각의 유효성 타입마다 중복된다는 점이다. 그러나 중복 코드를 가지는 슈퍼클래스를 포함하는 클래스 계층을 생성하는 것을 피하고자 한다면 다른 대안이 없다. 프로토콜 확장은 더 나은 방법을 제공한다. 이번에는 프로토콜 확장을 사용해 문장 유효성 타입을 어떻게 구현하는지 살펴보자.

프로토콜 확장을 사용하면 코드에 대해 조금은 다르게 생각해봐야 한다. 가장 큰 차이점은 프로토콜에 모든 것을 정의할 필요가 없으며, 그렇게 정의하는 것도 원치 않는다는 점이다. 표준 프로토콜이나 클래스 계층을 사용하는 경우에 포괄적인 슈퍼클래스나 프로토콜에서 제공하는 인터페이스를 사용해 접근하고자 하는 모든 메소드나 프로퍼티는 슈퍼클래스나 프로토콜 안에 정의돼야만 한다. 프로토콜 확장에서는 프로토콜 확장에 연산 프로퍼티나 메소드를 구현할 생각이라면 프로토콜에는 연산 프로퍼티나 메소드를 정의하지 않는 것이 더 나은 방법이다. 그러므로 프로토콜 확장을 사용해 문장 유효성 타입을 다시 작성하는 경우 `TextValidation` 프로토콜은 매우 단순해지며, 다음과 같은 모습일 것이다.

```
protocol TextValidation {
    var regExFindMatchString: String {get}
    var validationMessage: String {get}
}
```

원본 `TextValidation` 프로토콜에서는 세 개의 프로퍼티와 두 개의 메소드를 정의했었다. 위에서 확인할 수 있듯이 새로운 프로토콜에서는 두 개의 프로퍼티만 정의하고 있다. `TextValidation`을 정의했으니 다른 두 메소드와 연산 프로퍼티를 구현하는 프로토콜 확장을 생성해보자.

```
extension TextValidation {
    var regExMatchingString: String {
        get {
            return regExFindMatchString + "$"
        }
    }
    func validateString(str: String) -> Bool {
        if let _ = str.range(of: regExMatchingString, options:
                .regularExpression) {
            return true
        } else {
            return false
        }
    }
    func getMatchingString(str: String) -> String? {
        if let newMatch = str.range(of: regExFindMatchString, options:
                .regularExpression) {
            return str.substring(with: newMatch)
        } else {
            return nil
        }
    }
}
```

TextValidation 프로토콜 확장에서는 원본 TextValidation 프로토콜에서는 정의했
지만 새로운 프로퍼티에서는 정의하지 않았던 두 개의 메소드와 연산 프로퍼티를 구
현했다.

프로토콜과 프로토콜 확장을 생성했으니 이제는 문장 유효성 타입을 정의할 수 있다.
다음 코드에서는 문장의 유효성을 확인하는 데 사용할 세 개의 클래스를 정의하고
있다.

```
class AlphabeticValidation: TextValidation {
    static let sharedInstance = AlphabeticValidation()
    private init(){}
    let regExFindMatchString = "^[a-zA-Z]{0,10}"
    let validationMessage = "Can only contain Alpha characters"
}

class AlphaNumericValidation: TextValidation {
    static let sharedInstance = AlphaNumericValidation()
    private init(){}
    let regExFindMatchString = "^[a-zA-Z0-9]{0,15}"
    let validationMessage = "Can only contain Alpha Numeric characters"
}

class DisplayNameValidation: TextValidation {
    static let sharedInstance = DisplayNameValidation()
    private init(){}
    let regExFindMatchString = "^[\\s?[a-zA-Z0-9\\-_\\s]]{0,15}"
    let validationMessage = "Display Name can contain only contain Alphanumeric
            Characters"
}
```

각각의 문장 유효성 클래스에서는 정적 상수$^{\text{static constant}}$와 프라이빗 생성자$^{\text{private initiator}}$
를 생성했기 때문에 이러한 클래스는 싱글턴^{singleton}으로 사용할 수 있다. 싱글턴 패턴
에 대한 더 자세한 정보는 7장의 '싱글턴 패턴' 절에서 확인할 수 있다.

싱글턴 패턴을 정의한 다음 각각의 타입에서 해야 하는 일은 regExFindMatchString
프로퍼티와 validationMessage 프로퍼티를 위한 값을 설정하는 것이다. 이제 싱글턴
패턴을 구현하는 코드를 제외하고는 타입 간 중복 코드는 사실상 거의 없어졌다. 싱글
턴 패턴 관련 중복 코드를 없앨 수 있더라도 프로토콜을 따르는 모든 타입에 싱글턴
패턴을 강제하고 싶지 않기 때문에 싱글턴 코드를 프로토콜 확장에 정의하는 것은
원치 않을 것이다. 또한 프로토콜 확장을 사용하지 않고 정의한 하나의 클래스보다
더 적은 양의 코드로 세 개의 클래스를 정의할 수 있다는 점도 확인할 수 있다.

이러한 유효성 클래스는 다음과 같이 사용할 수 있다.

```
var myString1 = "abcxyz"
var myString2 = "abc123"
var validation = AlphabeticValidation.sharedInstance
validation.validateString(str: myString1)
validation.validateString(str: myString2)

validation.getMatchingString(str: myString1)
validation.getMatchingString(str: myString2)
```

이 코드에서는 두 개의 String 타입을 생성했으며, 각각은 서로 다른 문자열 값을 갖는다. 그런 다음 AlphabeticValidation 타입의 공유 인스턴스^{shared instance}를 얻는다. 문자열의 유효성을 확인하기 위해 AlphabeticValidation 인스턴스의 validateString() 메소드를 사용한다. validateString() 메소드는 문자열 전체가 AlphabeticValidation 인스턴스에서 정의한 정규 표현식 패턴과 일치하는지 확인한다. 그런 다음 정규 표현식 패턴에서 정의한 유효한 문자만을 가진 새로운 문자열을 반환하기 위해 AlphabeticValidation 인스턴스의 getMatchingString() 메소드를 사용한다.

myString1의 값은 정규 표현식의 패턴과 일치하기 때문에 validateString() 메소드는 myString1 문자열에 대해 true 값을 반환한다. 반면에 myString2 인스턴스에 대해서는 false 값을 반환하는데, myString2 값은 숫자를 포함하고 있으며 이는 AlphaValidation 타입에서 정의한 ^[a-zA-Z]{0,10} 정규 표현식 패턴과 일치하지 않기 때문이다.

getMatchingString() 메소드는 myString1 문자열의 전체 값을 반환하는데, 이는 AlphaValidation 타입에서 정의한 정규 표현식 패턴과 값이 일치하기 때문이다. 반면에 myString2 인스턴스 값의 경우에는 abc 값을 포함하는 문자열 타입의 인스턴스만 반환하는데, abc만 myString2 값에서 패턴과 일치하는 부분이기 때문이다.

2장에서도 언급했듯이 스위프트 표준 라이브러리의 주류가 구조체(값 타입)와 프로토콜로 이뤄졌다는 점을 이해하는 것이 중요하다. 다음 절에서는 이러한 점이 왜 중요한지 알아본다.

▌ 스위프트 표준 라이브러리 확장

애플리케이션에서 몇 가지 정수에 대한 팩토리얼을 계산해야 한다고 가정해보자. 팩토리얼은 5!처럼 표기한다. 팩토리얼을 계산하기 위해서는 해당 숫자보다 작거나 같은 모든 양의 정수에 대한 곱을 계산해야 한다. 다음 예에서는 5 팩토리얼을 계산하는 방법을 보여준다.

```
5! = 5*4*3*2*1
5! = 120
```

팩토리얼을 계산하기 위한 전역 함수는 손쉽게 생성할 수 있으며, 대부분 언어에서 이와 같은 방식으로 구현할 수 있다. 그러나 스위프트에서는 확장으로 이보다 더 좋은 방식을 제공한다. 스위프트에서 Integer 타입은 구조체로 구현돼 있으며, 그로 인해 타입 자체에 이러한 기능을 직접 추가하게 확장할 수 있다. 다음 예제는 이러한 일을 어떻게 할 수 있는지 보여준다.

```
extension Int {
  func factorial() -> Int {
    var answer = 1

    for x in (1...self).reversed() {
      answer *= x
    }
    return answer
```

```
    }
}
```

이제 다음과 같이 모든 정수에 대한 팩토리얼을 계산할 수 있다.

```
print(10.factorial())
```

이 코드를 실행하면 올바른 결과 값인 3628800이 반환되는 것을 확인할 수 있을 것이다. 또한 이 예를 통해 해당 타입에 대한 코드가 없더라도 기능을 추가하기 위해 타입을 확장하는 것이 얼마나 쉬운지 확인할 수 있다.

커스텀 타입을 많이 비교하게 될 것이라면 해당 타입이 Equatable 프로토콜을 따르게 하는 것이 좋다. 다음 절에서는 확장을 통해 이를 어떻게 구현할 수 있는지 살펴본다.

▌Equatable 프로토콜 따르기

이번 절에서는 확장을 사용해 어떻게 Equatable 프로토콜을 따를 수 있는지 살펴본다. 어떠한 타입이 Equatable 프로토콜을 따른다면 동등 비교를 위해 항등 연산자(==)를 사용할 수 있으며, 동등하지 않음을 비교하기 위해 비항등 연산자(!=)를 사용할 수 있다.

 커스텀 타입의 인스턴스를 비교하게 된다면 해당 타입이 Equatable 프로토콜을 따르게 하는 것이 좋은데, 이렇게 하면 인스턴스를 매우 쉽게 비교할 수 있기 때문이다.

먼저 비교할 타입을 생성하는 것부터 시작해보자. 이 타입은 Place라 명명할 것이다.

```
struct Place {
    let id: String
    let latitude: Double
    let longitude: Double
}
```

Place 타입은 장소의 ID와 장소에 대한 위도, 그리고 경도 좌표를 나타내는 세 개의 프로퍼티를 갖는다. ID와 좌표가 같은 Place 인스턴스 두 개가 존재한다면 이는 같은 장소라고 판단할 수 있을 것이다.

Equatable 프로토콜을 구현하기 위해서는 전역 함수를 생성해야 한다. 그러나 프로토콜지향 프로그래밍에서는 이러한 방식을 추천하진 않는다. 또한 Place 타입에 정적 static 함수를 추가할 수도 있지만, 때로는 구현체 외부에 있는 프로토콜을 따름으로써 필요한 기능을 가져오는 것이 더 나은 경우도 있다. 다음 코드에서는 Equatable 프로토콜을 따르는 Place 타입을 만든다.

```
extension Place: Equatable {
    static func ==(lhs: Place, rhs: Place) -> Bool {
        return lhs.id == rhs.id &&
        lhs.latitude == rhs.latitude &&
        lhs.longitude == rhs.longitude
    }
}
```

이제 Place 타입의 인스턴스를 다음과 같이 비교할 수 있다.

```
var placeOne = Place(id: "Fenway Park", latitude: 42.3467, longitude: -71.0972)
var placeTwo = Place(id: "Wrigley Field", latitude: 41.9484, longitude:
    -87.6553)

print(placeOne == placeTwo)
```

Fenway Park와 Wrigley Field는 서로 다른 야구장이기 때문에 이 코드에서는 false가 출력될 것이다.

여러분은 왜 우리가 구현체 외부에 있는 프로토콜을 상속함으로써 필요한 기능을 가져오는 것이 더 낫다고 하는지에 대해 궁금할 것이다. 과거에 만들어야 했던 더 거대했던 타입에 대해 생각해보자. 개인적으로는 수백 줄의 코드와 수많은 프로토콜을 따르는 타입을 본 적이 있다. 타입 구현체의 외부에 있는 프로토콜을 따름으로써 필요한 코드를 가져오거나 해당 코드를 가진 확장을 가져오게 되면 해당 구현 코드는 코드를 소유한 확장에 고립돼 있기 때문에 앞으로 코드를 좀 더 읽기 쉽고 유지하기 쉽게 만들어준다.

▌ 요약

3장에서는 확장과 프로토콜 확장에 대해 살펴봤다. 예전 스위프트에서는 구조체와 클래스, 그리고 열거형을 확장하는 데 확장을 사용할 수 있었지만 스위프트2부터는 확장을 사용해 프로토콜을 확장할 수도 있다.

프로토콜 확장 없이는 프로토콜지향 프로그래밍은 불가능하다. 그러나 프로토콜 확장은 적절한 경우에 사용해야 하며, 정규식이 사용돼야 하는 곳에서는 프로토콜 확장을 사용하지 말아야 한다는 점을 명심하길 바란다.

4장에서는 프로토콜지향 퍼즐의 마지막 조각인 제네릭을 살펴본다.

04

제네릭

초판이 출간된 이후로 프로토콜지향 프로그래밍에 대한 피드백을 많이 받았다. 피드백 대부분이 매우 좋았는데, 그중에서도 가장 저명한 인물 중 한 분과 만나게 되는 특권을 얻어 나눴던 프로토콜지향 프로그래밍 대한 대화가 기억에 남는다. 그가 언급한 것 중 필자가 잊을 수 없는 것이 바로 제네릭 프로그래밍에 관한 이야기다. 그와 나눈 제네릭 프로그래밍에 관한 대화는 필자의 머릿속에 계속해서 남아있었고, 이 책의 신간을 쓸 기회가 생겨 4장에 제네릭에 관한 내용을 포함시킬 기회를 얻게 됐다.

4장에서 다루는 내용은 다음과 같다.

- 제네릭이란
- 제네릭 함수를 작성하는 방법
- 제네릭 타입을 작성하는 방법

- 제네릭 서브스크립트를 사용하는 방법
- Copy-on-write를 구현하는 방법
- 프로토콜과 제네릭을 사용해 매우 유연하면서도 재사용이 가능한 타입을 설계하는 방법

제네릭은 중복을 피하면서 매우 유연하고 재사용이 가능한 코드를 작성할 수 있게 해준다. 스위프트와 같은 타입 안정성을 가진 언어에서는 종종 여러 타입에 유용한 함수나 타입을 작성해야 하는 경우가 발생한다. 예를 들어 두 변수의 값을 교환하는 함수를 작성하는데, 이 함수가 두 개의 String 타입 값을 서로 교환할 뿐만 아니라 Integer 타입과 Double 타입도 서로 교환할 수 있게 하고자 한다. 제네릭이 없다면 세 개의 독립된 함수를 작성해야만 할 것이다. 제네릭을 사용하면 서로 다른 타입에 대해 교환 기능을 제공하는 하나의 제네릭 함수를 작성할 수 있다.

제네릭은 함수나 타입이 다음과 같이 이야기할 수 있게 해준다. "스위프트가 타입 안정성을 가진 언어라는 것은 알지만, 아직은 필요한 타입을 알지 못한다. 따라서 지금은 플레이스홀더를 제공하고 실행해야 하는 타입에 대해서는 런타임에 알려주도록 한다."

여러분이 이를 인지하고 있는지와는 무관하게 제네릭은 스위프트 언어 자체에서 상당히 큰 부분으로 활용되고 있기 때문에 스위프트로 작성된 모든 프로그램에서 매우 광범위하게 활용된다. 배열을 예를 들어 살펴보면 스위프트 표준 라이브러리에서 제네릭이 어디에 사용되는지를 확인할 수 있다. 제네릭은 모든 타입의 인스턴스를 포함하는 배열을 생성할 수 있게 해준다.

제네릭이 스위프트 언어에서 사용되는 또 다른 예로 옵셔널을 꼽을 수 있다. 옵셔널 타입은 두 개의 사용 가능한 값인 None과 Some(T)로 이뤄진 열거형으로 정의돼 있으며, 여기서 T는 적절한 타입의 연관 타입을 나타낸다. 옵셔널에 nil을 대입하면 None 값을 갖게 되고, 옵셔널에 어떠한 값을 대입하면 적절한 타입의 연관 값을 갖는 Some

값을 갖게 될 것이다. 옵셔널은 내부적으로 다음과 같이 정의돼 있다.

```
enum Optional<T> {
    case None
    case Some(T)
}
```

여기서 T는 옵셔널과 연관된 타입을 나타낸다. 플레이스홀더인 T는 제네릭을 정의하는 데 사용된다. 4장 후반부에서도 살펴보겠지만, 플레이스홀더로 T만을 사용하도록 제한하지는 않는다. 다만 4장에 있는 대부분의 예제에서는 제네릭을 나타내기 위해 T 나 E를 사용하는데, 이는 T나 E와 같은 문자가 제네릭 타입을 나타내기 위해 대부분 문서에서 사용되는 표준 플레이스홀더이기 때문이다.

스위프트에서는 사용자가 제네릭 함수와 제네릭 타입 모두 정의할 수 있다. 먼저 제네릭 함수를 생성하는 방법을 살펴보자.

▌ 제네릭 함수

제네릭을 완벽하게 이해하기 위해서는 제네릭을 통해 해결하고자 하는 문제에 대해 이해해야 한다. 두 변수의 값을 교환하는 함수를 만들고자 하는 데(4장 첫 번째 부분에서 언급한 바와 같이) 애플리케이션을 위해서는 두 개의 Integer 타입과 두 개의 Double 타입, 그리고 두 개의 String 타입의 인스턴스를 교환해야 한다. 제네릭이 없다면 다음과 같이 세 개의 함수 작성이 요구된다.

```
func swapInts(a: inout Int, b: inout Int) {
    let tmp = a
    a = b
    b = tmp
```

```
}

func swapDoubles(a: inout Double, b: inout Double {
    let tmp = a
    a = b
    b = tmp
}

func swapStrings(a: inout String, b: inout String) {
    let tmp = a
    a = b
    b = tmp
}
```

이처럼 세 개의 함수를 사용하면 두 개의 **Integer** 타입과 두 개의 **Double** 타입, 그리고 두 개의 **String** 타입 인스턴스 간을 교환할 수 있다. 이번에는 애플리케이션을 추가로 개발하면서 두 개의 **UInt32** 타입과 두 개의 **Float** 타입 또는 여러 커스텀 타입 역시 교환해야 한다는 사실을 알게 됐다고 가정해보자. 여덟, 아홉 개의 함수를 생성하는 것으로 이러한 문제를 손쉽게 해결할 수 있을지도 모른다. 함수 간의 유일한 차이점은 매개변수 타입뿐이기 때문에 이러한 함수들은 중복 코드를 갖고 있다는 것이 가장 큰 문제다. 이러한 방식도 잘 동작하겠지만, 제네릭은 모든 중복 코드를 제거한 훨씬 더 멋지고 간단한 해결책을 제공한다. 이제 앞선 세 함수 모두를 하나의 제네릭 함수로 응축시키는 방법을 알아보자.

```
func swapGeneric<T>(a: inout T, b: inout T) {
    let tmp = a
    a = b
    b = tmp
}
```

먼저 swapGeneric(a:b:) 함수를 어떻게 정의했는지 살펴보자. 함수 자체는 함수 정의부에 사용된 대문자 T 플레이스홀더를 제외하고는 일반적인 함수와 매우 유사해 보인다. 이 플레이스홀더는 스위프트에게 타입을 런타임 단계에서 정의할 것이라고 알려준다. 그러면 사용자는 매개변수 정의나 반환 타입 또는 함수 자체에 있는 타입 정의 대신에 플레이스홀더 타입을 사용할 수 있다. 한 가지 명심해야 할 점은 플레이스홀더를 어떠한 타입으로 한번 정의하고 나면 다른 모든 플레이스홀더는 해당 타입으로 간주한다는 점이다. 따라서 플레이스홀더로 정의된 변수나 상수는 반드시 해당 타입의 인스턴스가 된다.

대문자 T에는 특별한 게 없으며, T 대신에 다른 어떤 유효한 식별자를 사용할 수도 있다. 따라서 다음 정의는 완벽하게 유효하다.

```
func swapGeneric<G>(a: inout G, b: inout G) {
    // 구문
}

func swapGeneric<xyz>(a: inout xyz, b: inout xyz) {
    // 구문
}
```

대부분 문서에서는 제네릭 플레이스홀더를 T(타입) 또는 E(요소)로 정의한다. 표준을 따르는 의미로 4장에서도 대부분의 제네릭 플레이스홀더를 정의할 때 T를 사용할 것이다. 코드를 살펴볼 때 플레이스홀더는 눈에 잘 띄기 때문에 코드에서 T를 사용해 제네릭 플레이스홀더를 정의하는 것이 좋다.

이번에는 제네릭 함수를 호출하는 방법을 살펴보자. 다음 코드는 두 정수를 교환할 것이다.

```
var a = 5
var b = 10
```

```
swapGeneric(a: &a, b: &b)
print("a: \(a) b: \(b)")
```

이 코드를 실행하면 a: 10 b: 5가 출력될 것이다. 여기서 제네릭 함수를 호출하기 위해 특별히 무언가를 해야 할 필요가 없다는 것을 확인할 수 있다. 함수는 첫 번째 매개변수에서 타입을 추론한 다음 남은 모든 플레이스홀더를 해당 타입으로 설정한다. 이제 두 String 값을 교환해야 할 경우 다음과 같이 동일한 함수를 사용할 수 있다.

```
var c = "My String 1"
var d = "My String 2"
swapGeneric(a: &c, b: &d)
print("c:\(c) d:\(d)")
```

이 코드를 보면 두 정수를 교환하고자 함수를 호출했을 때와 정확하게 동일한 방식으로 함수를 호출하고 있다는 것을 확인할 수 있다. 단 여기서는 한 종류의 제네릭 플레이스홀더만을 정의했기 때문에 서로 다른 타입 두 가지를 swapGeneric() 함수에 전달할 수는 없다. 다음과 같은 코드를 실행하려 하면 에러를 보게 될 것이다.

```
var a = 5
var c = "My String 1"
swapGeneric(a: &a, b: &c)
```

전달받은 에러는 cannot convert value of type String to expected argument type Int일 것이며, 이 에러는 Integer 타입을 기대하는 곳에 String 타입을 사용하려고 했다는 것을 알려준다. 함수가 Integer 타입을 기대하는 이유는 함수에 전달한 첫 번째 매개변수가 Integer 타입의 인스턴스이기 때문이며, 그로 인해 플레이스홀더 T로 정의된 함수 안의 모든 제네릭 타입은 Integer 타입이 된다.

여러 개의 제네릭 타입을 사용해야 하는 경우에는 쉼표를 사용해 플레이스홀더를 나누면 플레이스홀더를 여러 개 생성할 수 있다. 다음 코드에서는 단일 함수에서 여러 플레이스홀더를 정의하는 방법을 보여준다.

```
func testGeneric<T,E>(a:T, b:E) {
    print("\(a) \(b)")
}
```

이 코드에서는 두 개의 제네릭 플레이스홀더인 T와 E를 정의하고 있다. 이렇게 하면 플레이스홀더 T에 타입을 하나 설정하고 플레이스홀더 E에 다른 타입을 설정할 수 있다.

이 함수는 서로 다른 타입의 매개변수를 받지만, 매개변수가 서로 다른 타입이기 때문에 값을 서로 교환할 수는 없을 것이다. 또한 제네릭에는 또 다른 제약 사항이 있다. 예를 들어 다음에 보이는 제네릭 함수는 유효해 보이지만, 이를 구현하려고 하면 에러가 발생할 것이다.

```
func genericEqual<T>(a: T, b: T) -> Bool {
    return a == b
}
```

발생한 에러는 binary operator '==' cannot be applied to two 'T' operands다. 코드가 컴파일되는 시점에서는 인자의 타입을 모르기 때문에 스위프트는 타입에 동등 연산자를 사용할 수 있는지를 알지 못하며, 이와 같은 이유로 인해 에러가 발생하게 된다. 이러한 제약이 제네릭을 사용하기 어렵게 만드는 점이라고 생각할 수도 있지만, 사용자에는 스위프트에게 해당 타입이 어떠한 기능을 갖고 있을 것이라는 점을 알려줄 방법이 있다. 바로 타입 제약^{type constraints}이 이러한 일을 처리한다.

▌ 제네릭 타입 제약

타입 제약에서는 제네릭 타입은 반드시 구체적인 클래스를 상속하거나 특정 프로토콜을 따라야 한다고 명시한다. 타입 제약은 제네릭 타입에서 부모 클래스나 프로토콜에 정의된 메소드나 프로퍼티를 사용할 수 있게 해준다. 이번에는 Comparable 프로토콜을 사용하기 위해 genericEqual() 함수를 다시 작성하면서 타입 제약을 사용하는 방법을 살펴보자.

```
func testGenericComparable<T: Comparable>(a: T, b: T) -> Bool {
    return a == b
}
```

타입 제약을 명시하기 위해서는 제네릭 플레이스홀더 뒤에 타입이나 프로토콜 제약을 위치시키고, 제네릭 플레이스홀더와 제약은 콜론으로 구분 짓는다. 이 새로운 함수는 기대한 대로 동작하며, 두 매개변수의 값을 비교해 두 값이 서로 같으면 true를 반환하고, 다르면 false를 반환할 것이다.

여러 제네릭 타입을 선언했던 것처럼 타입 제약도 여러 개 선언할 수 있다. 다음 코드에서는 서로 다른 제약을 갖는 두 개의 제네릭 타입을 선언하는 방법을 보여준다.

```
func testFunction<T: MyClass, E: MyProtocol>(a: T, b: E) {
}
```

이 함수에서 플레이스홀더 T로 정의된 타입은 반드시 MyClass 클래스를 상속해야만 하고, 플레이스홀더 E로 정의된 타입은 반드시 MyProtocol 프로토콜을 구현해야만 한다. 지금까지는 제네릭 함수와 타입 제약에 대해 살펴봤다. 이번에는 제네릭 타입을 살펴보자.

▌ 제네릭 타입

스위프트의 배열과 옵셔널이 어떠한 타입과도 함께 동작할 수 있는 것처럼 제네릭 타입은 어떠한 타입과도 동작이 가능한 클래스나 구조체 또는 열거형을 의미한다. 제네릭 타입의 인스턴스를 생성할 때에는 인스턴스가 동작할 타입을 명시한다. 타입이 한번 정의되면 해당 인스턴스 동안에는 타입을 변경할 수 없다.

제네릭 타입을 생성하는 방법을 살펴보기 위해 간단한 List 구조체를 만들어보자. 이 구조체는 백엔드 저장 공간으로 스위프트의 배열을 사용하며, 리스트에 아이템을 추가하거나 값을 검색하는 기능을 제공한다.

먼저 제네릭 List 타입을 정의하는 방법을 살펴보자.

```
struct List<T> {
}
```

이 코드에서는 제네릭 List 타입을 정의하고 있다. 이 코드를 보면 제네릭 함수를 정의할 때처럼 제네릭 플레이스홀더를 정의하기 위해 <T> 태그를 사용한다는 것을 확인할 수 있다. 이로써 구체적인 타입을 정의하는 대신 타입이 들어가는 곳에 플레이스홀더 T를 사용할 수 있다.

해당 타입의 인스턴스를 생성하기 위해서는 리스트가 갖게 될 아이템의 타입을 정의해야만 한다. 다음 코드에서는 다양한 타입에 대한 제네릭 List 타입의 인스턴스를 생성하는 방법을 보여준다.

```
var stringList = List<String>()
var intList = List<Int>()
var customList = List<MyObject>()
```

이 코드에서는 세 개의 List 타입 인스턴스를 생성했다. stringList 인스턴스는 String 타입의 인스턴스와 함께 사용할 수 있고, intList 인스턴스는 Integer 타입의 인스턴스와 함께 사용할 수 있으며, customList 인스턴스는 MyObject 타입의 인스턴스와 함께 사용할 수 있다.

제네릭을 사용하는 것은 구조체에만 한정되지 않는다. 클래스와 열거형도 제네릭 타입으로 정의할 수 있다. 다음 코드에서는 제네릭 클래스와 제네릭 열거형을 정의하는 방법을 보여준다.

```
class GenericClass<T> {
}

enum GenericEnum<T> {
}
```

List 타입의 다음 단계는 백엔드 저장 공간 배열을 추가하는 것이다. 이 배열에 저장되는 아이템은 구조체를 초기화할 때 정의한 타입과 같아야만 하므로, 배열을 정의할 때 플레이스홀더 T를 사용할 것이다. 다음 코드에서는 items라는 이름의 배열을 포함하는 List 구조체를 보여준다.

```
struct List<T> {
    var items = [T]()
}
```

이제는 리스트에 아이템을 추가하는 데 사용될 메소드인 add(item:)을 추가할 차례다. 여기서는 메소드 선언에 있던 플레이스홀더 T를 사용할 것이며, 이는 타입을 초기화할 때 선언했던 타입과 동일한 타입의 매개변수를 정의하기 위함이다. 따라서 String 타입을 사용하기 위해 List 타입의 인스턴스를 생성하면 해당 메소드를 위한 매개변수 타입으로 문자열 타입을 사용할 것을 요구받게 될 것이다.

126

다음은 add() 함수를 위한 코드다.

```
mutating func add(item: T) {
    items.append(item)
}
```

제네릭 함수를 독립적으로 생성하는 경우에는 이 함수가 제네릭 함수라는 것을 선언하기 위해 함수 이름 뒤에 <T> 선언을 추가해야 한다. 제네릭 타입에서 제네릭 메소드를 사용할 때에는 타입 자신이 T 타입을 포함하는 제네릭이기 때문에 이러한 선언을 할 필요가 없다. 제네릭 타입에서 제네릭 메소드를 정의하기 위해서는 타입 선언에서 정의했던 플레이스홀더와 동일한 플레이스홀더를 사용하기만 하면 된다.

이제 백엔드 배열의 지정된 인덱스에 있는 아이템을 반환할 getItemAtIndex(index:) 메소드를 추가해보자.

```
func getItemAtIndex(index: Int) -> T? {
    if items.count > index {
        return items[index]
    } else {
        return nil
    }
}
```

getItemAtIndex(index:) 메소드는 하나의 인자만을 가지며, 이 인자는 검색하고자 하는 아이템의 인덱스가 된다. 그런 다음 반환 타입으로 플레이스홀더 T를 사용한다. 이 메소드의 반환 타입은 옵셔널이 되는데, 이는 반환 값이 타입 T이거나 nil이 될 수도 있기 때문이다. 백엔드 저장 공간 배열이 지정된 인덱스에 아이템을 갖고 있다면 해당 아이템을 반환할 것이며, 그렇지 않을 때에는 nil을 반환할 것이다.

이제 제네릭 리스트 구조체의 전체적인 모습을 살펴보자.

```
struct List<T> {
    var items = [T]()

    mutating func add(item: T) {
        items.append(item)
    }

    func getItemAtIndex(index: Int) -> T? {
        if items.count > index {
            return items[index]
        } else {
            return nil
        }
    }
}
```

보다시피 처음에는 구조체 선언에 제네릭 플레이스홀더 타입 T를 정의했다. 그런 다음 구조체 내의 세 곳에 이 플레이스홀더 타입을 사용했다. 여기서는 items 배열을 위한 타입으로, add(index:) 메소드를 위한 매개변수 타입으로, 그리고 getItemAtIndex() 메소드에 있는 옵셔널 반환 타입에 대한 값으로 플레이스홀더 타입 T를 사용한다.

이번에는 List 타입을 사용하는 방법을 알아보자. 제네릭 타입을 사용할 때에는 꺾쇠 괄호 사이에 인스턴스에 사용될 타입을 정의한다. 다음 코드에서는 List 구조체를 사용해 String 타입을 저장하는 방법을 보여준다.

```
var list = List<String>()
list.add(item: "Hello")
list.add(item: "World")
print(list.getItemAtIndex(index: 1))
```

이 코드는 list라 불리는 List 타입의 인스턴스를 생성하는 것으로 시작하며, 저장할 타입으로 String 타입을 정의한다. 그런 다음 리스트 인스턴스에 아이템을 두 개 저장하기 위해 add(index:) 메소드를 두 번 사용한다. 마지막으로 인덱스 번호 1에 있는 아이템을 검색하기 위해 getItemAtIndex() 메소드를 사용하며, 콘솔에는 Optional(World)가 출력될 것이다.

4장의 마지막 부분에서는 List 타입을 다시 한 번 살펴보고, Copy-on-write 기능을 사용해 프로토콜지향적인 방식으로 List 타입을 설계하고 개발하는 방법을 살펴본다.

또한 제네릭 메소드에서 여러 플레이스홀더를 사용했던 것과 유사하게 여러 플레이스홀더 타입에서도 제네릭 타입을 정의할 수 있다. 여러 플레이스홀더 타입을 사용하기 위해서는 타입을 쉼표로 구분 지어야 한다. 다음 코드에서는 여러 플레이스홀더 타입을 정의하는 방법을 보여준다.

```
class MyClass<T, E> {
}
```

그런 후 다음과 같이 String과 Integer 타입의 인스턴스를 사용하는 MyClass 타입의 인스턴스를 생성한다.

```
var mc = MyClass<String, Int>()
```

타입 제약 역시 제네릭 타입과 함께 사용할 수 있다. 제네릭 타입에 타입 제약을 사용하는 것은 제네릭 함수에 사용했던 방식과 정확하게 일치한다. 다음 코드에서는 Comparable 프로토콜을 따르는 제네릭 타입임을 보장하기 위해 타입 제약을 사용하는 방법을 보여준다.

```
struct MyStruct<T: Comparable>{ }
```

4장에서는 함수와 타입에 플레이스홀더 타입을 사용하는 방법을 살펴봤다. 그러나 이 책은 프로토콜지향 프로그래밍에 관한 책이다. 프로토콜에서 선언한 제네릭 타입은 연관 타입이라 부른다.

▌ 연관 타입

연관 타입[associated type]은 프로토콜 내에서 타입 대신에 사용될 수 있는 플레이스홀더명을 정의한다. 실제로 사용되는 타입은 프로토콜에 채택되기 전까지는 명시되지 않는다. 제네릭 함수와 제네릭 타입을 생성하는 동안에는 4장에서 계속 살펴본 바와 같이 매우 유사한 문법을 사용했다. 그러나 프로토콜을 위한 연관 타입을 정의하는 것은 이와 조금 다르다. 연관 타입은 associatedtype 키워드를 사용해 명시한다.

이번에는 프로토콜을 정의할 때 연관 타입을 사용하는 방법을 살펴보자. 예를 들어 MyProtocol이라는 간단한 프로토콜을 정의한다고 가정해보자.

```
protocol MyProtocol {
    associatedtype E
    var items: [E] {get set}
    mutating func add(item: E)
}
```

이 프로토콜에서는 E라는 이름을 갖는 연관 타입을 선언했다. 그런 다음 선언한 연관 타입을 items 배열을 위한 타입과 add(item:) 메소드를 위한 매개변수 타입으로도 사용했다.

이제는 구체적인 타입을 제공하거나 연관 타입을 위한 제네릭 타입을 제공함으로써 이 프로토콜을 따르는 타입을 생성할 수 있다. 먼저 구체적인 타입을 사용해 MyProtocol 프로토콜을 따르는 타입을 어떻게 생성하는지 살펴보자.

```
struct MyIntType: MyProtocol {
    var items: [Int] = [ ]
    mutating func add(item: Int) {
        items.apped(item)
    }
}
```

이 코드에서는 **MyProtocol** 프로토콜을 따르는 **MyIntType**이라는 이름의 타입을 생성했다. 그런 다음 Integer 타입을 사용해 items 배열과 **add(item:)** 메소드를 구현했다. 그러면 스위프트는 연관 타입 대신 정수 타입을 사용하고 있음을 인지하게 된다. 사용자는 연관 타입이 사용되는 곳마다 앞에서 사용한 타입과 동일한 타입이 사용된다는 점을 반드시 명심해야만 한다. 이번에는 **MyProtocol** 타입을 따르는 타입을 생성할 때 제네릭 타입을 어떻게 생성하는지 살펴보자.

```
struct MyGenericType<T>: MyProtocol {
    var items: [T] = [ ]
    mutating func add(item: T) {
        items.append(item)
    }
}
```

이 코드는 제네릭 타입을 생성하는 방식과 매우 유사하기 때문에 매우 익숙해 보인다. 플레이스홀더 **T**는 프로토콜에서 연관 타입이 사용되는 곳마다 사용되며, **MyGenericType** 타입의 인스턴스를 생성할 때에는 사용할 타입을 정의해야만 할 것이다.

이번에는 스위프트 4에서 추가된 제네릭 서브스크립트를 살펴보자.

▌ 제네릭 서브스크립트

스위프트 4 이전에는 서브스크립트를 포함하는 타입이 제네릭이 정의됐을 경우에만 서브스크립트와 함께 제네릭을 사용할 수 있었으며, 서브스크립트를 정의하는 부분에서 새로운 제네릭 타입을 정의할 수는 없었다. 예를 들어 다음 코드에서 보이는 바와 같이 어떠한 List 타입을 갖고 있다면 List 타입에서 정의한 제네릭 타입을 서브스크립트 내에서 사용할 수 있다.

```
struct List<T> {
    /* 다른 구현 코드는 여기에 위치한다 */

    subscript(index: Int) -> T? {
        return getItemAtIndex(index: index)
    }
}
```

스위프트 4 이후부터는 서브스크립트 정의에 제네릭 타입을 정의할 수 있게 됐다. 이를 어떻게 구현할 수 있는지 살펴보기 위해 계속해서 또 다른 매우 기초적인 제네릭 List 타입을 생성해보자. 다음 코드는 이러한 구현을 어떻게 해야 하는지 보여준다.

```
struct List<T> {
    private var items = [T]()
    public mutating func add(item: T) {
        items.append(item)
    }

    public func getItemAtIndex(index: Int) -> T? {
        if items.count > index {
            return items[index]
        } else {
            return nil
        }
```

```
    }

    public subscript(index: Int) -> T? {
        return getItemAtIndex(index: index)
    }
}
```

이 List 타입은 리스트 마지막에 아이템을 추가하고 특정 인덱스에 있는 아이템을 검색하는 매우 기초적인 기능을 제공한다. 함수형 List 타입을 만들기 위해서는 분명 추가적인 기능이 필요하긴 하지만 제네릭 서브스크립트가 어떻게 동작하는지를 보여주기 위한 예로는 충분하다.

이제 서브스크립트를 사용해 리스트에서 요소의 범위를 검색해야 하는 요구 사항이 생겼다고 가정해보자. 제네릭 서브스크립트를 사용하면 다음 코드에서처럼 이를 매우 쉽게 구현할 수 있다.

```
public subscript<E: Sequence>(indices: E) -> [T] where E.Iterator.Element ==
        Int {
    var result = [T]()
    for index in indices {
        result.append(items[index])
    }
    return result
}
```

이 스크립트는 인덱스들의 시퀀스를 받으며, 각 인덱스에 있는 값을 포함하는 배열을 반환할 것이다. 여기서는 제네릭 타입(E)을 정의했으며, 이 타입은 반드시 Sequence 프로토콜을 따라야 한다. 그럴 경우 해당 타입은 스크립트의 매개변수로 사용된다. where 절에서는 E 타입의 이터레이터에 있는 요소가 반드시 Interger 타입이어야 함을 요구하고 있다.

이제 다음 코드에서 보이는 바와 같이 서브스크립트를 사용할 수 있다.

```
var myList = List<Int>( )
myList.add(item: 1)
myList.add(item: 2)
myList.add(item: 3)
myList.add(item: 4)
myList.add(item: 5)

var values = myList[2...4]
```

이 코드에서는 List 타입의 인스턴스를 생성하면서 리스트가 Integer 타입의 인스턴스를 포함하리라는 것을 명시하고 있다. 그런 다음 리스트에 값을 다섯 개 추가했다. 마지막 줄에서는 인덱스 2와 3, 그리고 4에 있는 값을 가진 배열을 검색하기 위해 방금 값을 추가한 List 타입에 서브스크립트를 사용했다. values 배열은 리스트 인스턴스의 마지막 세 개 요소를 포함할 것이다.

2장에서 COW에 대해 간략하게 언급했었다. 그 당시에는 애플이 스위프트 표준 라이브러리에 있는 몇 가지 타입에서 COW 기능을 제공한다고 언급했었다. 이번에는 이 기능에 대해 다시 한 번 살펴보고 커스텀 타입에 이 기능을 어떻게 추가할 수 있는지도 알아보자.

▌ Copy-on-write

일반적으로 구조체와 같은 값 타입의 인스턴스를 전달하는 경우에는 인스턴스의 복사본을 새롭게 생성하게 된다. 이 말은 50,000개의 요소를 가진 커다란 자료 구조로 돼 있다면 해당 인스턴스를 전달할 때마다 50,000 요소 모두를 복사해야만 한다는 것을 의미한다. 이는 애플리케이션의 성능에 심각한 영향을 미치며, 특히 여러 함수에 인스턴스를 전달하는 경우에 심각한 영향을 미치게 된다.

애플은 이러한 문제를 해결하기 위해 스위프트 표준 라이브러리에 있는 모든 자료 구조(Array, Dictionary, Set)에 COW 기능을 구현했다. COW를 사용하면 스위프트는 자료 구조에 변화가 생기지 않는다면 두 번째 복사본을 만들지 않는다. 그러므로 50,000개의 요소를 가진 배열을 코드의 다른 곳에 전달하고 해당 코드에서 실제로 배열에 어떠한 변화도 주지 않는다면 모든 요소를 복사하는 런타임 오버헤드를 피할 수 있을 것이다.

이는 매우 훌륭한 기능이며 애플리케이션의 성능을 비약적으로 향상할 수도 있지만, 기본적으로 커스텀 값 타입은 이러한 기능을 자동으로 갖지는 못한다. 이번 절에서는 커스텀 값 타입을 위한 Copy-on-write 기능을 구현하기 위해 참조 타입과 값 타입을 함께 사용하는 방법을 살펴본다. 이를 위해 매우 기본적인 큐 타입을 한번 만들어 볼 것이다.

먼저 BackendQueue라 불리는 백엔드 저장 공간 타입을 생성하는 것부터 시작해볼 것이며, 이를 참조 타입으로 구현할 것이다. 다음은 BackendQueue 타입이 큐의 기본적인 기능을 갖게 하는 코드다.

```
fileprivate class BackendQueue<T> {
    private var items = [T]()

    public func addItem(item: T) {
        items.append(item)
    }

    public func getItem() -> T? {
        if items.count > 0 {
            return items.remove(at: 0)
        } else {
            return nil
        }
```

```
    }

    public func count() -> Int {
        return items.count
    }
}
```

BackendQueue 타입은 제네릭 타입으로 배열을 사용해 데이터를 저장한다. 이 타입은 세 개의 메소드를 포함하고 있으며, 각각은 큐에 아이템을 추가하고 큐에서 아이템을 검색하거나 큐에 있는 아이템의 개수를 반환하는 역할을 한다. 여기서는 정의한 소스 파일 외부에서 해당 타입의 사용을 막기 위해 `fileprivate` 접근 단계[access level]를 사용했는데, 이는 메인 큐 타입을 위한 COW 기능을 구현하는 데 사용돼야만 하기 때문이다.

이제는 BackendQueue 타입에 몇 가지 추가적인 아이템을 추가해야 하며, 이는 메인 큐 타입을 위한 COW 기능을 구현하는 데 사용할 수 있다. 첫 번째로 추가할 것은 BackendQueue 타입의 새로운 인스턴스를 생성하는 데 사용하는 퍼블릭 디폴트 이니셜라이저[public default initializer]와 프라이빗 이니셜라이저[private initializer]다. 다음 코드에서는 이 두 이니셜라이저를 보여준다.

```
public init() { }
private init(_ items: [T]) {
    self.items = items
}
```

퍼블릭 이니셜라이저는 큐에 있는 아이템과 함께 BackendQueue의 인스턴스를 생성하는 데 사용될 것이다. 프라이빗 이니셜라이저는 내부적으로 자신의 복사본을 생성하는 데 사용될 것이다. 이번에는 메소드를 하나 생성할 텐데 이 메소드는 필요할 때 자신의 복사본을 생성하기 위해 프라이빗 이니셜라이저를 사용할 것이다.

136

```
public func copy() -> BackendQueue<T> {
    return BackendQueue<T>(items)
}
```

프라이빗 이니셜라이저를 퍼블릭하게 만든 다음 복사본을 생성하기 위해 메인 큐 타입이 해당 이니셜라이저를 호출하게 하는 것은 매우 간단하지만, 타입 자신 안에서 새로운 복사본을 생성하는 데 필요한 로직을 유지하게 하는 편이 좋다. 타입이 복사되는 데 영향을 미칠 수 있는 타입을 변경해야 하는 경우 변경해야 하는 로직이 타입 자체에 내포돼 있어 찾기 쉽기 때문이다. 추가로 여러 타입을 위한 백엔드 저장 공간으로 BackendQueue를 사용하는 경우에는 오직 한 곳에서만 복사 로직을 변경하기만 하면 될 것이다.

다음은 BackendQueue 타입의 최종 코드다.

```
fileprivate class BackendQueue<T> {
    private var items = [T]()

    public init() {}
    private init(_ items: [T]) {
        self.items = items
    }

    public func addItem(item: T) {
        items.append(item)
    }

    public func getItem() -> T? {
        if items.count > 0 {
            return items.remove(at: 0)
        } else {
            return nil
        }
    }
}
```

```
    public func count( ) -> Int {
        return items.count
    }

    public func copy( ) -> BackendQueue<T> {
        return BackendQueue<T>( items )
    }
}
```

이제 COW 기능을 구현하기 위해 BackendQueue 타입을 사용하게 될 Queue 타입을
만들어보자. 다음 코드에서는 Queue 타입에 기본적인 큐 기능을 추가한다.

```
struct Queue {
    private var internalQueue = BackendQueue<Int>( )

    public mutating func addItem( item: Int) {
        internalQueue.addItem( item: item)
    }

    public mutating func getItem( ) -> Int? {
        return internalQueue.getItem( )
    }

    public func count( ) -> Int {
        return internalQueue.count( )
    }
}
```

Queue 타입은 값 타입으로 구현됐다. 이 타입은 BackendQueue 타입의 프라이빗 프로
퍼티를 하나 가지며, 이 프로퍼티는 데이터를 저장하는 데 사용될 것이다. 이 타입은
세 개의 메소드를 포함하고 있으며, 각각은 큐에 아이템을 추가하고 큐에서 아이템을
검색하거나 큐에 있는 아이템의 개수를 반환하는 역할을 한다. 이번에는 Queue 타입
에 COW 기능을 어떻게 추가하는지 살펴보자.

138

스위프트에는 isKnownUniquelyReferenced( )라는 이름의 전역 함수가 있다. 이 함수는 참조 타입의 인스턴스에 참조가 오직 하나뿐인 경우에는 true를 반환하지만, 하나이상의 참조를 갖는 경우에는 false를 반환한다.

먼저 internalQueue 인스턴스에 유일한 참조가 존재하는지를 검사하기 위한 함수를하나 추가하는 것부터 시작하자. 이 함수는 checkUniquelyReferencedInternalQueue라는 이름의 프라이빗 함수가 될 것이다. 다음 코드에서는 이러한 메소드를 어떻게구현하는지를 보여준다.

```
mutating private func checkUniquelyReferencedInternalQueue( ) {
    if !isKnownUniquelyReferenced(&internalQueue) {
        internalQueue = internalQueue.copy( )
        print("Making a copy of internalQueue")
    } else {
        print("Not making a copy of internalQueue")
    }
}
```

이 메소드에서는 internalQueue 인스턴스에 여러 참조가 존재하는지를 살펴보기 위한 검사를 수행한다. 여러 참조가 존재하는 경우에는 Queue 인스턴스의 여러 복사본이 있다는 것이며, 따라서 새로운 복사본을 생성하게 된다.

Queue 타입 자신은 값 타입이므로, 코드에서 Queue 타입의 인스턴스를 전달할 때에는해당 인스턴스의 새로운 복사본을 전달하게 된다. Queue 타입이 사용하고 있는BackendQueue 타입은 참조 타입이므로, Queue 인스턴스의 복사본이 만들어지면 이새로운 복사본은 새로운 복사본이 아닌 원본 큐의 BackendQueue 인스턴스 참조를받게 된다. 즉, Queue 타입의 각 인스턴스는 동일한 internalQueue 인스턴스에 대한참조를 갖게 된다는 것을 의미한다. 예를 들어 다음 코드에서 queue1과 queue2는모두 동일한 internalQueue 인스턴스에 대한 참조를 갖는다.

```
var queue1 = Queue()
var queue2 = queue2
```

우리는 Queue 타입 안에 있는 addItem() 메소드와 getItem() 메소드 모두 internalQueue 인스턴스를 변경시킬 수 있다는 것을 알고 있기 때문에 인스턴스를 변경하기 전에 internalQueue 인스턴스의 새로운 복사본을 생성하기 위해 checkUniquelyReferencedInternalQueue() 메소드를 호출하고자 할 것이다. 앞에서 언급한 메소드를 다음 코드처럼 갱신해보자.

```
public mutating func addItem(item: Int) {
    checkUniquelyReferencedInternalQueue()
    internalQueue.addItem(item: item)
}

public mutating func getItem() -> Int? {
    checkUniquelyReferencedInternalQueue()
    return internalQueue.getItem()
}
```

이 코드에서는 internalQueue 인스턴스에 있는 데이터를 변경하는 addItem() 또는 getItem() 메소드 중 하나를 호출하는 경우 필요에 따라 자료 구조의 인스턴스를 새로이 생성하기 위해 checkUniquelyReferencedInternalQueue() 메소드를 사용하게 된다.

이번에는 추가로 internalQueue 인스턴스의 유일한 참조인지 아닌지를 확인하기 위한 메소드를 Queue 타입에 추가해보자. 다음은 추가하고자 하는 메소드의 코드다.

```
mutating public func uniquelyReferenced() -> Bool {
    return isKnownUniquelyReferenced(&internalQueue)
}
```

다음은 Queue 타입 코드 전체를 보여준다.

```swift
struct Queue {
    private var internalQueue = BackendQueue<Int>()

    mutating private func checkUniquelyReferencedInternalQueue() {
        if !isKnownUniquelyReferenced(&internalQueue) {
            print("Making a copy of internalQueue")
            internalQueue = internalQueue.copy()
        } else {
            print("Not making a copy of internalQueue")
        }
    }

    public mutating func addItem(item: Int) {
        checkUniquelyReferencedInternalQueue()
        internalQueue.addItem(item: item)
    }

    public mutating func getItem() -> Int? {
        checkUniquelyReferencedInternalQueue();
        return internalQueue.getItem()
    }

    public func count() -> Int {
        return internalQueue.count()
    }

    mutating public func uniquelyReferenced() -> Bool{
        return isKnownUniquelyReferenced(&internalQueue)
    }
}
```

이번에는 COW 기능이 Queue 타입에서 어떻게 동작하는지 살펴보자. 먼저 Queue 타입의 인스턴스를 새로이 생성하는 것을 시작으로, 큐에 아이템을 추가한 다음 internalQueue 인스턴스의 유일한 참조를 가졌는지 살펴볼 것이다.

다음 코드는 이를 어떻게 구현하는지 보여준다.

```
var queue3 = Queue()
queue3.addItem(item: 1)

print(queue3.uniquelyReferenced())
```

큐에 아이템을 추가하면 콘솔에 다음과 같은 메시지가 출력될 것이다. 이 메시지는
checkUniquelyReferencedInternalQueue() 메소드에서 internalQueue 인스턴스
참조가 오직 하나만 존재한다는 것을 확인했음을 알려준다.

```
Not making a copy of internalQueue
```

우리는 콘솔에 uniquelyReference() 메소드의 결과가 출력되는 것으로 이를 확인할
수 있다. 이번에는 다음과 같이 queue3 인스턴스를 새로운 변수에 전달하는 방식으로
복사를 해보자.

```
var queue4 = queue3
```

이제 queue3 또는 queue4 인스턴스에서 internalQueue 인스턴스의 유일한 참조를
가졌는지 살펴보자. 다음 코드는 이러한 동작을 수행할 것이다.

```
print(queue3.uniquelyReferenced())
print(queue4.uniquelyReferenced())
```

이 코드는 콘솔에 false 메시지를 두 번 출력할 것이며, 이로 인해 두 인스턴스 모두
internalQueue 인스턴스의 유일한 참조를 갖고 있지 않다는 것을 알 수 있다. 이제
두 큐 중 하나에 아이템을 추가해보자.

다음 코드에서는 queue3 인스턴스에 또 다른 아이템을 추가할 것이다.

```
queue3.addItem(item: 2)
```

큐에 아이템을 추가하면 콘솔에 다음과 같은 메시지가 출력되는 것을 확인할 수 있을
것이다.

Making a copy of internalQueue

이 메시지는 큐에 새로운 아이템을 추가하면 internalQueue 인스턴스의 새로운 복사
본이 생성됐다는 것을 알려준다. 이를 확인하기 위해 uniquelyReferenced() 메소드
의 결과를 다시 한 번 콘솔에 출력해 볼 수 있다. 이를 확인해보면 이번에는 false
메시지가 두 번 출력되는 것이 아니라 true 메시지가 두 번 콘솔에 출력되는 것을
확인할 수 있을 것이다. 이제는 Queue 타입의 각 인스턴스가 자신만의 복사본을 소유
하고 있기 때문에 큐에 아이템을 추가하면 internalQueue 인스턴스의 새로운 인스턴
스가 생성되지 않는다는 것을 확인할 수 있을 것이다.

 여러분만의 자료 구조를 생성할 계획이 있고 해당 자료 구조가 수많은 아이템을 갖게
될 것이라면 이번 절에서 살펴본 바와 같이 Copy-on-write 기능을 포함한 자료 구조
를 구현할 것을 추천한다.

이번에는 프로토콜지향 설계 방식에서 제네릭을 어떻게 사용하는지 살펴보자.

▌ 프로토콜지향 설계 방식에서의 제네릭

지금까지는 제네릭을 사용하는 방법을 살펴봤으니, 이번에는 프로토콜지향 설계 방식에서 제네릭을 사용하는 방법을 살펴보자. 4장의 이전 예에서 제네릭 List 타입을 만들었는데, 이번 절에서 배운 내용을 사용한 설계 방식으로 이를 더욱 향상시킬 수 있다. 이번에는 List 타입에 대한 실제 요구 사항에서 사소한 서브셋만을 포함할 것이며, 이로 인해 모든 요구 사항이 아닌 설계에만 집중할 수 있을 것이다.

프로토콜지향 설계 방식에서는 언제나 프로토콜로 시작한다. 다음 코드는 List 프로토콜을 보여준다.

```
protocol List {
    associatedtype T
    subscript<E: Sequence>(indices: E) -> [T] where E.Iterator.Element ==
        Int { get }
    mutating func add(_ item: T)
    func length() -> Int
    func get(at index: Int) -> T?
    mutating func delete(at index: Int)
}
```

이 코드에서는 먼저 List 프로토콜에 연관 타입 T를 정의했다. 이 연관 타입은 리스트에 저장되는 데이터의 타입이 될 것이다. 타입 T는 add(item:) 메소드의 매개변수로 사용됐다. 또한 타입 T는 get(index:) 메소드와 스크립트의 반환 타입으로도 사용됐다. add(item:) 메소드는 리스트에 아이템을 추가하는 데 사용될 것이다. get(index:) 메소드와 스크립트는 리스트의 명시된 인덱스에 있는 아이템을 검색하는 데 사용될 것이다. length() 메소드는 리스트에 있는 아이템의 개수를 반환할 것이며, delete(index:) 메소드는 리스트에서 아이템을 삭제할 것이다.

책의 앞부분에서 살펴본 예제를 통해 List 프로토콜을 위한 프로토콜 확장을 생성하는 것을 생각해 볼 수도 있겠지만, 여기서는 가능하면 List 프로토콜을 제네릭으로 유지하고자 하며, 그로 인해 어떠한 타입의 리스트에서도 이를 사용할 수 있다. 이번 절에 있는 예제를 살펴봄으로써 이 방식이 어떻게 동작하는지 살펴볼 것이다.

List 타입은 데이터 저장 공간 구조체가 될 것이므로 이번에는 백엔드 저장소 타입을 만들어보자. 이 타입은 값 타입을 사용해 구현되는 List 타입에 대해 COW 기능을 구현하는 데 사용할 수 있다. 4장의 'Copy-on-write' 절에서 공부한 지식을 사용하면 이런 타입을 다음과 같이 구현할 수 있을 것이다.

```
private class BackendList<T> {
    private var items: [T] = []

    public init() {}
    private init(_ items: [T]) {
        self.items = items
    }

    public func add(_ item: T) {
        items.append(item)
    }

    public func length() -> Int {
        return items.count
    }

    public func get(at index: Int) -> T? {
        return items[index]
    }

    public func delete(at index: Int) {
        items.remove(at: index)
    }

    public func copy() -> BackendList<T> {
        return BackendList<T>(items)
```

```
        }
    }
```

BackendList 타입에서는 자료 구조를 위해 아이템을 저장하는 배열에서 아이템을
추가하거나 가져오거나 삭제하는 모든 기능을 구현했다. 또한 배열의 길이를 가져오
는 메소드와 BackendList의 새로운 복사본을 만드는 메소드도 갖고 있다. 현시점에
서는 이 모든 코드가 이전과 매우 유사해 보일 것이다.

이번에는 ArrayList 타입을 만들어보자. 이 타입은 BackendList를 저장소 메커니즘
으로 사용할 것이다. 다음 코드는 List 프로토콜을 따르면서 COW 기능을 구현하는
타입을 어떻게 생성하는지 보여준다.

```
struct ArrayList<T>: List {
    private var items = BackendList<T>()
    public subscript<E: Sequence>(indices: E) -> [T] where E.Iterator.Element
            == Int {
        var result = [T]()
        for index in indices {
            if let item = items.get(at: index) {
                result.append(item)
            }
        }
        return result
    }

    public mutating func add(_ item: T) {
        checkUniquelyReferencedInternalQueue()
        items.add(item)
    }

    public func length() -> Int {
        return items.length()
    }
```

```
    public func get(at index: Int) -> T? {
        return items.get(at: index)
    }

    public mutating func delete(at index: Int) {
        checkUniquelyReferencedInternalQueue()
        items.delete(at: index)
    }

    mutating private func checkUniquelyReferencedInternalQueue() {
        if !isKnownUniquelyReferenced(&items) {
            print("Making a copy of internalQueue")
            items = items.copy()
        } else {
            print("Not making a copy of internalQueue")
        }
    }
}
```

이제 다음 코드에서 보이는 바와 같이 **ArrayList** 타입의 인스턴스를 생성하고 아이템을 추가할 수 있다.

```
var arrayList = ArrayList<Int>()
arrayList.add(1)
arrayList.add(2)
arrayList.add(3)
```

이 코드에서는 정수형 타입을 포함하는 **ArrayList** 타입의 인스턴스를 생성하고 인스턴스에 세 개의 아이템을 추가할 것이다.

이번에는 설계 방식을 살펴보자. 다음 그림에서는 이 자료 구조를 어떻게 설계했는지 보여준다.

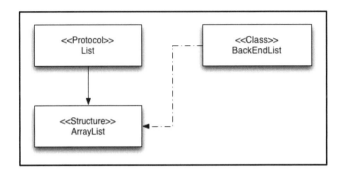

이 다이어그램에서는 ArrayList 타입이 List 프로토콜을 따르고 BackendList 타입을 사용한다는 것을 보여준다. 이제 List 프로토콜을 따르는 다른 타입을 매우 쉽게 추가할 수 있으며, 해당 타입이 값 타입으로 구현된 경우에는 COW 기능을 구현해주기 위해 동일한 BackendList 타입을 사용힐 수도 있다. 디음 디이어그램에서는 이를 보여준다.

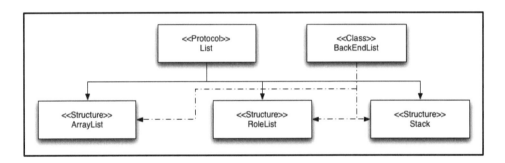

지금까지 프로토콜지향 방식과 제네릭으로 간단한 자료 구조를 설계하는 방법을 살펴봤으며, 이제는 스위프트 표준 라이브러리에서 제네릭이 어떻게 사용되는지 살펴보자.

▌ 스위프트 표준 라이브러리와 제네릭

스위프트 표준 라이브러리에서는 제네릭을 광범위하게 사용하고 있으며, 스위프트 컬렉션 타입에 어떠한 타입의 인스턴스도 저장할 수 있게 해준다. 이를 확인하기 위해 http://swiftdoc.org/ 사이트에서 Array 타입을 살펴보자. 메인 페이지에서 Array 링크를 클릭하면 Array 타입에 대한 문서를 볼 수 있을 것이다. 문서는 다음과 같은 형태일 것이다.

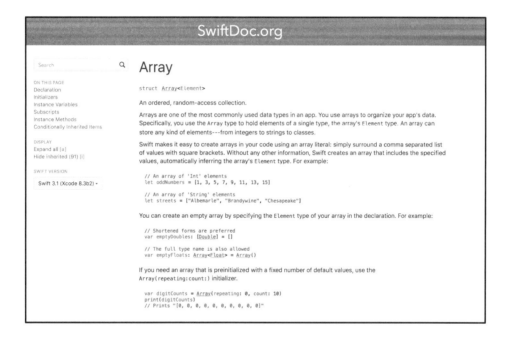

페이지 맨 윗부분에서 배열 타입이 struct Array<Element>로 정의됐다는 것을 확인할 수 있다. 이는 배열 타입이 구조체를 사용해 제네릭 값 타입으로 구현됐다는 것을 의미한다. Set 타입을 살펴보면 이 역시 제네릭 구조체로 구현돼 있다는 것을 볼 수 있을 것이다.

▎ 요약

스위프트의 제네릭은 매우 강력하다. 프로토콜을 사용하면 프로토콜을 따르는 다양한 타입과 상호작용하는 공통 인터페이스를 사용할 수 있다. 또한 제네릭을 사용할 때에는 타입의 인스턴스를 받을 수 있는 제네릭 타입을 생성할 수 있다. 프로토콜과 제네릭을 결합하면 4장의 List 타입에서 확인한 바와 같이 현재 마주친 요구 사항을 충족할 뿐만 아니라 미래의 요구 사항도 충족시키는 매우 강력한 라이브러리를 만들 수 있다.

애플은 제네릭이 스위프트의 가장 강력한 기능 중 하나이며, 다양한 스위프트 표준 라이브러리가 제네릭을 사용해 만들어졌다고 이야기했다. 여러분은 애플리케이션을 개발할 때 이 점을 항상 명심해야 할 것이다.

프로토콜지향 프로그래밍이 소개된 이후로 프로토콜지향 프로그래밍과 객체지향 프로그래밍 간을 서로 비교하는 경우가 많았다. 이 둘을 제대로 비교하기 위해 스위프트를 사용한 객체지향 설계 방식에 대해 간단히 알아보자.

05

객체지향 프로그래밍

필자는 대학에서 C++를 배우던 시기에 객체지향 프로그래밍을 처음 접했다. 그 당시 C++ 프로그래밍 언어는 비교적 새로운 언어였다. 사실 필자가 C++ 언어를 접했을 당시 C++는 첫 번째 버전이 나온 지 고작 삼 년밖에 되질 않았다. 객체지향 프로그래밍 패러다임은 과거 필자가 배웠던 절차적 프로그래밍 패러다임에서 크게 벗어난다. 그 당시 절차적 프로그래밍은 매우 대단한 패러다임이었다. 필자는 C++를 통해 객체지향 프로그래밍을 접하긴 했지만 한참 뒤에 자바를 배우기 전까지 주요 개발을 하는데 있어 객체지향 프로그래밍은 전혀 사용하지 않았다.

5장에서 다루는 내용은 다음과 같다.

- 스위프트를 객체지향 프로그래밍 언어로 사용하는 방법
- API를 객체지향 방식을 사용해 API를 개발하는 방법

- 객체지향 설계 방식의 장점
- 객체지향 프로그래밍의 문제점

이 책은 프로토콜지향 프로그래밍을 설명하는 책이지만, 스위프트를 프로토콜지향 언어로 어떻게 사용할 수 있는지 살펴보기 전에 스위프트를 객체지향 프로그래밍 언어로 어떻게 사용할 수 있는지를 먼저 논의해 봐야만 한다. 객체지향 프로그래밍을 잘 이해하고 있으면 프로토콜지향 프로그래밍을 이해하는 데 도움이 되며, 프로토콜지향 프로그래밍으로 해결하고자 했던 문제에 대한 통찰력을 얻을 수 있을 것이다.

▌객체지향 프로그래밍

객체지향 프로그래밍은 일종의 설계 철학이다. 객체지향 프로그래밍 언어를 사용해 애플리케이션을 개발한다는 것은 C나 파스칼과 같이 오래된 절차적 언어로 개발하는 것과는 근본적으로 다르다. 절차적 언어는 명령 목록을 지니고 있으며, 프로시저(또는 루틴)에 의존해 컴퓨터에 단계적으로 무엇을 해야 할지 알려준다. 반면에 객체지향 프로그래밍에서는 객체가 핵심이다. 이름 자체에서 알 수 있듯이 객체지향 프로그래밍을 이야기할 때에는 반드시 객체를 떠올려야 한다.

객체는 프로퍼티properties로 불리는 객체의 속성 정보와 메소드methods로 불리는 객체가 수행하는 행위의 정보를 가진 자료 구조다. 객체는 사물에 비유할 수 있으며, 영어에서는 일반적으로 명사로 비유할 수 있다. 객체는 현실 또는 가상의 것이 될 수도 있다. 주위를 둘러보면 여러 객체를 볼 수 있으며, 사실상 모든 것이 속성과 행위를 갖는 객체지향 방법으로 모델링이 가능하다.

5장을 쓰면서 밖을 내다보니 여러 그루의 나무와 잔디, 우리 집 개, 그리고 뒷마당의 울타리가 보인다. 이러한 모든 것이 속성과 행위를 갖는 객체로 모델링이 가능하다.

필자가 제일 좋아하는 에너지 음료도 한번 생각해봤다. 이 음료의 이름은 졸트 콜라Jolt

^{Cola}다. 졸트를 기억하는 사람이 얼마나 되는지는 모르겠지만, 필자는 이 음료 덕분에 대학에 진학할 수 있었다. 졸트는 속성(용량, 카페인 양, 온도, 크기)과 행위(마시기, 온도 변화)를 갖는 객체로 모델링이 가능하다.

졸트를 냉장 박스에 보관해 시원하게 보관할 수 있다. 냉장 박스 역시 객체로 모델링하는 것이 가능한데, 냉장 박스 또한 속성(온도, 졸트 개수, 캔의 최대 가용 수량)과 행위(추가하기, 꺼내기)를 갖기 때문이다.

객체의 프로퍼티와 행위를 정의하는 것도 좋지만, 객체 간에 상호작용이 어떻게 이뤄지는지도 이해해야 한다. 예를 들어 얼음이 들어있는 냉장 박스에 졸트 콜라를 두면 캔은 차가워지기 시작하는 반면 냉장 박스에 얼음이 없는 경우에는 캔은 상온의 온도를 유지할 것이다. 객체를 올바르게 설계하기 위해서는 이러한 상호작용을 이해하는 것이 중요하다.

청사진 없이는 컴퓨터 애플리케이션에서 객체를 생성할 수 없다. 청사진은 애플리케이션에 객체의 속성과 행위를 알리는 역할을 한다. 대부분의 객체지향 프로그래밍 언어에서는 청사진을 클래스의 형태로 나타낸다. 클래스는 일종의 구성체로, 프로퍼티와 행위를 코드에서 나타내고자 하는 개체^{entity}를 모델링하는 단일 타입으로 캡슐화한다.

클래스 인스턴스를 생성하기 위해서는 클래스에 있는 이니셜라이저^{initializer}를 사용한다. 이니셜라이저는 대개 객체 프로퍼티의 초깃값을 설정하거나 클래스에서 필요로 하는 다른 초기화 작업을 수행하는 데 사용된다. 클래스의 인스턴스는 한 번 생성하면 코드에서 해당 인스턴스를 사용할 수 있다.

클래스는 객체지향 프로그래밍의 근간이라는 것을 이해하는 것이 중요하다. 클래스와 클래스로부터 생성되는 객체 없이는 객체지향 프로그래밍을 하지 못할 것이다. 또한 클래스는 참조 타입이며, 별도로 정의하지 않는 한 슈퍼클래스와 서브클래스를 가질 수 있다는 것을 이해하는 것 역시 중요하다.

객체지향 프로그래밍에 대한 이와 같은 설명도 모두 좋지만, 개념을 보여주는 데에는 실제 코드가 가장 좋다. 코딩하기 전에 요구 사항을 몇 가지 정의해야만 한다. 5장에서는 객체지향 방식으로 비디오 게임에서 이동수단^{vehicle}에 대한 타입을 어떻게 정의할 수 있는지 살펴본다. 그리고 6장에서는 동일한 클래스를 프로토콜지향 방식으로 어떻게 설계할 수 있는지를 살펴본다. 이제 이동수단 타입을 위한 요구 사항을 살펴보자.

▌ 샘플 코드를 위한 요구 사항

애플리케이션을 개발할 때에는 대개 작업해야 할 요구 사항 목록을 갖는다. 5장과 6장에서 만들 샘플 프로젝트 역시 다르지 않다. 다음은 만들어야 할 이동수단 타입을 위한 요구 사항 목록이다.

- 이동수단은 해상, 지상, 공중 이렇게 세 개의 범주를 갖게 될 것이다. 이동수단은 여러 범주의 멤버가 될 수 있다.
- 이동수단은 자신이 속해 있는 범주와 일치하는 타일에 있으면 이동 또는 공격할 수 있다.
- 이동수단은 자신이 속해 있는 범주와 일치하는 타일에 있지 않으면 이동 또는 공격할 수 없다.
- 이동수단의 체력이 영(0)이 되면 이동수단은 움직이지 못하는 상태로 간주할 것이다. 우리는 순회가 가능한 단일 배열에 활동 가능한 모든 이동수단을 갖고 있어야 할 것이다.

5장의 설계에서는 몇 가지 이동수단에 대한 설계만 보여주지만, 게임을 개발하다 보면 이동수단 타입이 여러 개로 증가할 것이라는 것을 알고 있다. 5장에서는 이동수단이 움직이거나 공격하게 하는 코드가 아니라 설계에 초점을 두고 있기 때문에 이동수단을 위한 로직을 자세히 구현하지는 않을 것이다.

이제 객체지향 방식으로 이동수단을 설계해보자.

▌ 객체지향 프로그래밍 언어로서의 스위프트

스위프트는 객체지향 방식으로 애플리케이션을 개발하는 데 필요한 지원을 모두 제공
한다. 필자는 스위프트 2 이전에는 자바와 C#을 객체지향 언어로 간주했던 것과 같은
방식으로 스위프트도 객체지향 언어로 먼저 간주했다. 이번 절에서는 객체지향 방식
으로 이동수단 타입을 설계하고 이러한 설계의 장단점을 살펴본다.

코드를 살펴보기 전에 객체지향 방식으로 이동수단 클래스의 계층 구조를 어떻게 설
계할 수 있는지 보여주기 위해 매우 기본적인 클래스 다이어그램을 한번 만들어보자.
객체지향 설계 방식에서는 비슷하게 연관된 클래스를 분류하기 위해 클래스 계층 구
조를 사용한다. 스위프트는 단일 상속 언어이기 때문에 클래스 자신이 상속하는 슈퍼
클래스는 오직 한 개뿐이다. 클래스 계층 구조에서 유일하게 루트 클래스만 슈퍼클래
스가 없다.

필자는 대개 상세한 부분은 제외하고 클래스 자체를 간단히 보여주게 매우 기본적인
다이어그램을 작성하는 것부터 시작한다. 이렇게 하면 클래스 계층 구조를 마음속으
로 그리는 데 도움이 된다. 다음 다이어그램은 객체지향 설계 방식의 클래스 계층
구조를 보여준다.

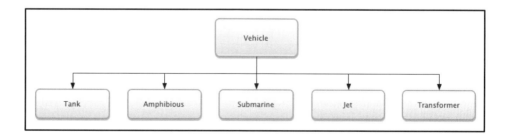

이 다이어그램에서는 이름이 Vehicle인 슈퍼클래스 한 개와 이름이 각각 Tank, Amphibious, Submarine, Jet, Transformer인 다섯 개의 서브클래스가 있음을 보여준다. 클래스 계층 구조에서처럼 각각의 서브클래스는 슈퍼클래스로부터 모든 프로퍼티와 메소드를 상속하므로, Vehicle 슈퍼클래스에 공통 코드와 프로퍼티를 구현할 수 있고 모든 서브클래스는 이를 상속하게 될 것이다.

요구 사항의 세 가지 범주(지상, 공중, 해상)에서 지상, 공중, 해상 이동수단을 위한 독립된 슈퍼클래스를 갖는 중간 계층이 존재하는 더 큰 클래스 계층 구조를 만들고 싶다고 생각할 수도 있다. 이러한 방식은 각 범주에 대한 코드를 자체적인 슈퍼클래스로 분리해주지만, 이렇게 되면 요구 사항에 부합하지 않는다. 이것이 불가능한 이유는 이동수단 타입은 여러 범주(지상, 공중, 해상)의 멤버가 될 수 있으며, 스위프트와 같은 단일 상속 언어에서 각 클래스는 오직 하나의 슈퍼클래스만 가질 수 있기 때문이다. 즉, 예를 들어 지상과 해상 슈퍼클래스를 따로 만들면 Amphibious 클래스는 지상 또는 해상 타입 중 한 가지 타입의 서브클래스는 될 수 있지만, 두 타입 모두의 서브클래스는 될 수 없다는 것을 의미한다. 다음 그림은 이에 대한 내용을 보여준다.

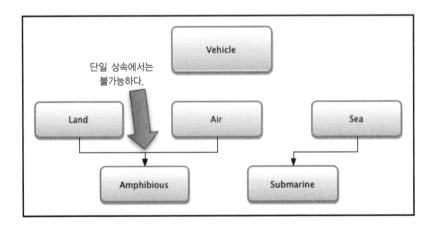

스위프트는 단일 상속 언어이고 모든 이동 수탄 클래스에 대해 오직 한 개의 슈퍼클래스만 가질 수 있기 때문에 슈퍼클래스는 세 범주 각각에서 필요한 코드를 모두 포함해야 할 것이다. 이처럼 단일 슈퍼클래스를 갖는 것은 객체지향 설계 방식의 문제점

중 하나인데, 이렇게 되면 슈퍼클래스가 매우 비대해지기 때문이다.

이제는 서로 다른 이동수단 타입, 공격 타입, 이동 타입을 정의하는 데 사용될 TerrainType 열거형을 생성하는 것을 시작으로 객체지향 설계 방식을 형성해 나아갈 것이다. TerrainType 열거형은 다음과 같이 정의한다.

```
enum TerrainType {
    case land
    case sea
    case air
}
```

이번에는 Vehicle 슈퍼클래스와 이 클래스에 포함되는 프로퍼티를 어떻게 정의하는지 살펴보자.

```
class Vehicle {
    fileprivate var vehicleTypes = [TerrainType]()
    fileprivate var vehicleAttackTypes = [TerrainType]()
    fileprivate var vehicleMovementTypes = [TerrainType]()
    fileprivate var landAttackRange = -1
    fileprivate var seaAttackRange = -1
    fileprivate var airAttackRange = -1
    fileprivate var hitPoints = 0
}
```

이 코드에서 Vehicle 타입은 일곱 개의 프로퍼티를 정의하는 것부터 시작한다. 처음 세 개의 프로퍼티는 각각 TerrainType 타입의 배열을 나타낸다. 이 세 배열은 각각 이동수단 타입(vehicleTypes 배열)과 이동수단이 공격할 수 있는 지형의 타입(vehicleAttackTypes 배열) 및 이동수단이 이동할 수 있는 지형의 타입(vehicleMovementTypes 배열)을 기록할 것이다.

그다음으로 보이는 세 개의 프로퍼티(landAttackRange, seaAttackRange, airAttackRange)는 각기 서로 다른 지형 타입에 대해 이동수단의 공격 범위를 포함할 것이다. 공격 범위가 0보다 작다면 해당 타입의 공격을 수행할 수 없다고 가정한다. 끝으로 마지막에 있는 프로퍼티는 이동수단의 체력을 기록할 것이다.

hitPoint 프로퍼티를 제외하고 각각의 프로퍼티는 상수가 되는 것을 선호하지만, 이렇게 되면 서브클래스는 슈퍼클래스에 정의된 상수에 값을 설정하거나 변경할 수 없다. 이 말은 이러한 프로퍼티의 접근을 제어하기 위해서는 스위프트의 접근 제어^{access control} 기능에 의존해야만 한다는 것을 의미한다.

이 코드에서는 프로퍼티를 fileprivate 변수로 선언했는데, 이는 분리된 서브클래스에서 해당 값을 설정해야 하는 한편 외부 개체에서 해당 값을 변경하는 것을 원치 않기 때문이다. fileprivate 접근 제어는 스위프트 3에서 소개됐으며, 이 접근 제어는 아이템이 정의된 동일한 소스 파일 내에 있는 모든 코드에서 프로퍼티와 메소드에 접근할 수 있게 해준다. 이처럼 동작하게 하기 위해서는 서브클래스가 슈퍼클래스와 동일한 물리적 파일에 정의돼야 하는데, 이렇게 되면 파일이 매우 커질 수 있기 때문에 이상적인 방식은 절대 아니다. 그러나 객체지향 설계 방식에서는 이와 같은 방식이 최선인데, 이렇게 해야 프로퍼티가 다른 타입의 인스턴스에 의해 변경되는 것을 막을 수 있기 때문이다. 좀 더 많은 이동수단 타입을 갖게 된다면 접근 제어를 internal로 변경해 이동수단의 구현체를 개별 파일에 넣을 수도 있을 것이다.

프로퍼티가 fileprivate으로 선언됐으므로 프로퍼티의 값을 검색할 게터 메소드를 몇 가지 만들어야만 할 것이다. 또한 어떠한 지형 타입에서 이동수단이 공격 또는 이동할 수 있는지를 살펴보기 위한 메소드도 만들 것이다. 다음 메소드를 살펴보자.

```
func isVehicleType(type: TerrainType) -> Bool {
    return vehicleTypes.contains(type)
}
func canVehicleAttack(type: TerrainType) -> Bool {
```

```
    return vehicleAttackTypes.contains(type)
}
func canVehicleMove(type: TerrainType) -> Bool {
    return vehicleMovementTypes.contains(type)
}
func doLandAttack() {}
func doLandMovement() {}

func doSeaAttack() {}
func doSeaMovement() {}

func doAirAttack() {}
func doAirMovement() {}

func takeHit(amount: Int) { hitPoints -= amount }
func hitPointsRemaining() ->Int { return hitPoints }
func isAlive() -> Bool { return hitPoints > 0 ? true : false }
```

isVehicleType 메소드는 매개변수로 TerrainType 타입을 하나 받고 vehicleTypes 배열이 해당 지형 타입을 포함하고 있다면 true를 반환할 것이다. 이 메소드는 외부 코드가 이동수단이 특정 타입인지를 확인할 수 있게 해준다. 그다음으로 보이는 두 메소드 역시 TerrainType 타입을 매개변수로 받고 vehicleAttackTypes 또는 vehicleMovementTypes 배열이 해당 지형 타입을 포함하고 있다면 true를 반환할 것이다. 이 두 메소드는 이동수단이 특정 지형 타입으로 이동하거나 공격할 수 있는지를 살펴보는 데 사용될 것이다.

그다음으로 보이는 여섯 개의 메소드에서는 이동수단에 대해 다른 지형으로의 이동이나 공격에 대해 정의한다. 그다음에 있는 두 메소드는 이동수단이 타격을 입었을 때 체력을 감소시키고 남아 있는 체력을 반환하는 데 사용될 것이다. 마지막 메소드는 이동수단이 여전히 살아있는지를 확인하는 데 사용될 것이다. 이러한 설계 방식은 방금도 확인할 수 있었듯이 여러 문제점을 갖고 있다. 계속 진행하기에 앞서 이러한 문제점을 빠르게 살펴보자.

앞에서 언급한 바와 같이 이러한 설계 구조의 문제점 중 한 가지는 프로퍼티에 직접 접근하는 것을 막기 위해 fileprivate 접근 제어를 사용하고자 할 경우 모든 서브클래스가 Vehicle 슈퍼클래스와 동일한 물리적 파일에 있어야만 한다는 점이다. 이동수단 클래스가 얼마나 커질 수 있는지를 생각해보면 이 모든 클래스를 동일한 소스 파일에 추가하고 싶지 않을 것이다. 메소드 구현체에 코드가 없다 하더라도 외부 코드에서는 여전히 모든 공격과 이동 메소드를 호출할 수 있다. 예를 들어 Submarine 타입이 바다에만 한정된 타입이더라도 외부 코드는 지상이나 공중 타입에 대한 이동과 공격 메소드를 호출할 수 있을 것이다.

이처럼 거대해진 슈퍼클래스는 스위프트와 같은 단일 상속 객체지향 프로그래밍 언어에서 큰 문제로 작용한다. Vehicle 타입과 같이 거대해진 슈퍼클래스는 실수하기 매우 쉬울 뿐만 아니라 불필요한 타입에 기능을 제공하거나 필요한 타입에 기능을 제공하기 쉽다. 예를 들어 잠수함은 명백히 공중을 공격할 수 없음에도 불구하고 Submarine 타입에 공중을 공격하는 능력을 제공하는 airAttackRange 프로퍼티를 매우 쉽게 설정할 수 있다.

 이번 예제에서는 비디오 게임에서 이동수단 타입에 필요한 기능의 극히 일부분만을 정의하고 있다. 모든 기능이 구현되면 Vehicle 슈퍼클래스가 얼마나 커지게 될지 생각해보자.

이번에는 Tank, Amphibious, Transformer 클래스를 만들어봄으로써 Vehicle 클래스의 서브클래스를 어떻게 만드는지 살펴보자. 먼저 Tank 클래스부터 시작해보자.

```
class Tank: Vehicle {
    override init() {
        super.init()
        vehicleTypes = [.land]
```

```
        vehicleAttackTypes = [.land]
        vehicleMovementTypes = [.land]
        landAttackRange = 5
        hitPoints = 68
    }

    override func doLandAttack() {
        print("Tank Attack")
    }
    override func doLandMovement() {
        print("Tank Move")
    }
}
```

Tank 클래스는 Vehicle 클래스의 서브클래스이고, 이 클래스는 기본 이니셜라이저를 오버라이딩하는 것으로 시작한다. 이니셜라이저에서는 몇 가지 상속받은 프로퍼티에 값을 설정한다. 이 코드에서는 vehicleTypes, vehicleAttackTypes, vehicleMovementTypes 배열에 land 값을 추가했다. 이는 Tank 타입이 지상 이동수단이고 지상에 있는 타입을 공격하거나 이동할 수 있다는 것을 명시하는 것이다.

배열을 사용해 이동수단 클래스의 타입과 이동수단이 이동하거나 공격할 수 있는 지형 타입을 관리하는 것은 이와 같은 객체지향 설계 방식이 가진 또 다른 문제다. 경험이 풍부한 개발자라 할지라도 기대하지 않은 행동을 유발하는 잘못된 값을 배열에 추가하기 매우 쉽다.

Tank 클래스는 지상 이동수단이므로, Vehicle 슈퍼클래스로부터 doLandAttack() 메소드와 doLandMovement() 메소드를 오버라이딩했다. 탱크는 해상 또는 공중을 이동하거나 공격할 수 없기 때문에 Vehicle 슈퍼클래스에 있는 다른 공격 메소드나 이동 메소드를 오버라이드하지 않았다. 그러나 해당 메소드를 오버라이드하지 않았더라도 Vehicle 슈퍼클래스로부터 상속받게 되므로 이러한 메소드는 여전히 Tank 클래스의 일부분이 되며, 외부 코드가 이러한 메소드를 호출하는 것을 막을 방법이 전혀 없게 된다.

이번에는 Amphibious 클래스와 Transformer 클래스를 살펴보자. 이들 클래스는 다양한 지형 타입으로 이동하거나 공격할 수 있다는 점만 제외하면 Tank 클래스와 매우 유사하다. Amphibious 클래스를 먼저 살펴보자. 이 클래스는 지상과 해상 지형 모두 이동하거나 공격할 수 있다.

```
class Amphibious: Vehicle {
    override init() {
        super.init()
        vehicleTypes = [.land, .sea]
        vehicleAttackTypes = [.land, .sea]
        vehicleMovementTypes = [.land, .sea]

        landAttackRange = 1
        seaAttackRange = 1

        hitPoints = 25
    }
    override func doLandAttack() {
        print("Amphibious Land Attack")
    }
    override func doLandMovement() {
        print("Amphibious Land Move")
    }
    override func doSeaAttack() {
        print("Amphibious Sea Attack")
    }
    override func doSeaMovement() {
        print("Amphibious Sea Move")
    }
}
```

Amphibious 클래스는 방금 살펴본 Tank 클래스와 매우 유사하다. 두 타입 간의 차이점으로는 탱크 타입은 지상전용 유닛이지만 수륙 양용 타입은 지상 유닛과 해상 유닛 양쪽 모두로 정의됐다는 점이다.

162

수륙 양용 타입은 지상과 해상을 아우르는 유닛이기 때문에 지상 공격 이동 메소드 뿐만 아니라 해상 공격 이동 메소드도 오버라이드한다. 또한 vehicleTypes와 vehicleAttackTypes, vehicleMovementTypes 배열에 sea와 land 값을 추가했다.

이번에는 Transformer 클래스를 살펴보자. 이 타입은 세 지형 타입 모두를 이동하고 공격할 수 있는 능력을 갖추게 될 것이다.

```
class Transformer: Vehicle {
    override init() {
        super.init()
        vehicleTypes = [.land, .sea, .air]
        vehicleAttackTypes = [.land, .sea, .air]
        vehicleMovementTypes = [.land, .sea, .air]

        landAttackRange = 7
        seaAttackRange = 10
        airAttackRange = 12

        hitPoints = 75
    }

    override func doLandAttack() {
        print("Transformer Land Attack")
    }
    override func doLandMovement() {
        print("Transformer Land Move")
    }
    override func doSeaAttack() {
        print("Transformer Sea Attack")
    }
    override func doSeaMovement() {
        print("Transformer Sea Move")
    }

    override func doAirAttack() {
        print("Transformer Air Attack")
```

```
    }
    override func doAirMovement( ) {
        print("Transformer Air Move")
    }
}
```

Transformer는 세 지형 타입 모두에서 이동과 공격을 할 수 있는 능력을 갖추고 있기 때문에 Transformer 타입은 Vehicle 슈퍼클래스의 모든 이동 메소드와 공격 메소드를 오버라이드한다. 또한 vehicleTypes, vehicleAttackTypes, vehicleMovementTypes 배열에 세 가지 지형 타입을 모두 추가했다.

지금까지는 이동수단 타입을 만들어봤고, 이번에는 이들을 어떻게 사용할 수 있는지 살펴보자. 원래 요구 사항 중 하나는 모든 이동수단 타입의 인스턴스를 하나의 배열에서 유지할 수 있어야 한다는 것이다. 이렇게 하면 모든 활동 가능한 이동수단을 둘러보고 필요한 행동을 수행할 수 있을 것이다. 이를 구현하기 위해 다형성을 사용해볼 것이다.

다형성이란 단어는 그리스어인 poly(많은)와 morph(형태)에서 비롯됐다. 컴퓨터 과학에서는 코드에서 단일 인터페이스를 사용해 여러 타입을 나타내고자 할 때 다형성을 사용한다. 다형성은 표준화된 방식으로 여러 타입과 상호작용하는 능력을 제공한다. 객체지향 프로그래밍 언어에서는 슈퍼클래스에서 제공하는 인터페이스를 사용해 여러 서브클래스와 상호작용하는 서브클래싱^{subclassing}을 통해 다형성을 구현할 수 있다.

단일 배열에 다양한 이동수단 타입의 인스턴스를 모두 유지하고 이들과 상호작용하는 데 다형성을 어떻게 사용할 수 있는지 살펴보자. 이동수단 타입은 모두 Vehicle 슈퍼클래스의 서브클래스이므로 다음에 보이는 바와 같이 이동수단 타입의 배열을 생성해 Vehicle 슈퍼클래스의 서브클래스 타입의 인스턴스를 배열에 저장할 수 있다.

164

```
var vehicles = [Vehicle]()
var vh1 = Amphibious()
var vh2 = Amphibious()
var vh3 = Tank()
var vh4 = Transformer()
vehicles.append(vh1)
vehicles.append(vh2)
vehicles.append(vh3)
vehicles.append(vh4)
```

이제 Vehicle 타입에서 제공하는 인터페이스로 배열을 순회해 각각의 인스턴스와 상호작용을 할 수 있다. 다음 코드에서는 이와 관련된 내용을 보여준다.

```
for (index, vehicle) in vehicles.enumerated() {
    if vehicle.isVehicleType(type: .air) {
        print("Vehicle at \(index) is Air")
        if vehicle.canVehicleAttack(type: .air) {
            vehicle.doAirAttack()
        }

        if vehicle.canVehicleMove(type: .air) {
            vehicle.doAirMovement()
        }
    }

    if vehicle.isVehicleType(type: .land){
        print("Vehicle at \(index) is Land")

        if vehicle.canVehicleAttack(type: .land) {
            vehicle.doLandAttack()
        }
        if vehicle.canVehicleMove(type: .land) {
            vehicle.doLandMovement()
        }
    }
```

```
    if vehicle.isVehicleType(type: .sea) {
        print("Vehicle at \(index) is Sea")
        if vehicle.canVehicleAttack(type: .sea) {
            vehicle.doSeaAttack()
        }
        if vehicle.canVehicleMove(type: .sea) {
            vehicle.doSeaMovement()
        }
    }
}
```

이 코드에서는 vehicles 배열을 순회하며 이동수단이 특정 타입인지를 확인하기 위해 isVehicleType(type:) 메소드를 사용한 후 적절한 이동 메소드와 공격 메소드를 호출한다. 여기서는 if-else문이나 switch문을 사용하지 않았는데, 이는 이동수단이 여러 타입의 멤버일 수도 있고 이동수단이 이전 타입과 일치하더라도 타입을 다시 한 번 검사하고 싶기 때문이다.

결과에서 공중 유닛 Vehicle 타입 인스턴스만 필터링하고자 할 경우에는 where 절을 for 루프와 함께 사용하면 된다. 다음 코드에서는 이와 관련된 내용을 보여준다.

```
for (index, vehicle)in vehicles.enumerated() where
        vehicle.isVehicleType(type: .air) {
    if vehicle.isVehicleType(type: .air) {
        print("**Vehicle at \(index) is Air")
        if vehicle.canVehicleAttack(type: .air) {
            vehicle.doAirAttack()
        }

        if vehicle.canVehicleMove(type: .air) {
            vehicle.doAirMovement()
        }
    }
}
```

이 코드는 air 타입에 대해 isVehicleType(type:) 메소드가 true를 반환하는 경우에만 공격과 이동 메소드를 수행할 것이다.

이러한 설계 방식도 충분히 잘 동작하지만, 6장에서 살펴보는 것처럼 프로토콜지향 설계 방식을 사용하면 여기서 언급했던 많은 문제점을 해결할 수 있다. 객체지향 설계 방식의 문제점을 먼저 살펴보면 6장에서 프로토콜지향 프로그래밍이 이러한 문제를 어떻게 다루는지를 확인할 수 있다.

▌객체지향 설계 방식의 문제점

객체지향 설계 방식에서 살펴봤던 두 가지 문제점은 서로 간에 직접적인 연관이 있으며, 이는 모두 스위프트가 단일 상속 언어이기 때문에 나타나는 결과물이었다. 단일 상속 언어는 하나 이상의 슈퍼클래스를 갖지 못하게 클래스를 제한하는 언어라는 것을 명심하자.

스위프트와 같은 단일 상속 언어의 객체지향 설계 방식에서는 일부 서브클래스에서만 필요한 기능도 슈퍼클래스에 포함해야 하므로 비대해진 슈퍼클래스로 이어질 수 있다. 이는 스위프트가 기능이 필요하지 않은 타입에 기능이 상속되는 단일 상속 언어라는 것과 관련이 있는 두 번째 문제점과도 이어진다.

이러한 설계 방식에서는 세 지형 타입 모두에 대한 기능을 추가해야만 하는데, 이는 이동수단 타입이 모든 이동 경로 타입에서 이동이나 공격할 수 있기 때문이다. 이러한 추가 기능을 갖게 되면 주의하지 않을 경우 코드에서 에러가 발생할 수 있다. 다음과 같이 우연히 클래스를 생성하기 매우 쉽기 때문이다.

```
class Infantry: Vehicle {
    override init() {
        super.init()
```

```
        vehicleTypes = [.land]
        vehicleAttackTypes = [.land]
        vehicleMovementTypes = [.sea]

        landAttackRange = 1
        seaAttackRange = 1

        hitPoints = 25
    }
    override func doLandAttack() {
        print("Amphibious Land Attack")
    }
    override func doLandMovement() {
        print("Amphibious Land Move")
    }
}
```

이 코드를 살펴보면 vehicleMovementTypes 배열이 land 타입이 아니라 sea 타입을 포함하고 있다는 것을 쉽게 발견할 수 있지만, 이와 같은 실수를 하기도 매우 쉽다.

객체지향 설계 방식의 또 다른 문제점은 슈퍼클래스에는 서브클래스에서 설정 가능한 상수를 만들 수 없다는 점이다. 5장에서 설명한 설계 방식에서는 서브클래스의 이니셜라이저에서 값을 설정한 다음 절대로 변하지 않는 프로퍼티들이 일부 존재한다. 이러한 프로퍼티들을 상수로 만들면 이상적이겠지만, 한 클래스에 정의된 상수는 해당 타입의 서브클래스에서 값을 설정할 수 없다.

5장에서 살펴봤던 문제점 중 마지막은 해당 타입의 서브클래스에서만 접근할 수 있게 프로퍼티와 메소드를 설정하는 것이 불가능하다는 것이다. 여기서는 이를 우회하기 위해 동일한 소스 파일 내에 정의된 코드만 프로퍼티에 접근할 수 있게 하는 fileprivate 접근 제어를 사용했지만, 슈퍼클래스와 동일한 소스 파일에 모든 서브클래스를 추가하는 것은 원치 않기 때문에 이와 같은 해결책은 이상적인 해결책이 되지 못한다. 접근 제어를 internal로 설정하면 서브클래스를 별도의 파일로 분리할 수 있지만,

이 경우도 프로젝트 안에 있는 다른 타입이 internal로 설정한 타입을 변경하는 것을 막진 못한다.

▌ 요약

5장에서는 비디오 게임의 이동수단을 객체지향 방식으로 어떻게 설계할 수 있는지를 살펴봤다. 또한 클래스 계층 구조와 함께 다형성을 어떻게 사용할 수 있는지도 살펴봤다. 객체지향 설계 방식에는 몇 가지 문제점이 존재하며, 이러한 문제점 대부분은 스위프트가 단일 상속 언어라는 점과 직접적인 관련이 있다.

6장에서는 프로토콜지향 설계 방식이 객체지향 설계 방식에서 살펴본 문제점을 어떻게 다루는지 확인하기 위해 똑같은 이동수단 타입을 프로토콜지향 방식으로 어떻게 설계할 수 있는지 살펴본다.

06

프로토콜지향 프로그래밍

이 책은 프로토콜지향 프로그래밍에 관한 책이다. 애플은 2015년 세계 개발자 회의 WWDC에서 스위프트 2를 소개하면서 스위프트는 세계 최초의 프로토콜지향 프로그래밍 언어라고 발표했다. 이러한 이름에서 유추할 수 있듯이 프로토콜이 프로토콜지향 프로그래밍의 전부일 것이라고 생각할 수 있지만, 이는 잘못된 생각이다. 프로토콜지향 프로그래밍은 단지 프로토콜뿐만이 아닌 더 많은 것을 포함하고 있다. 프로토콜지향 프로그래밍은 실제로 애플리케이션을 작성하는 새로운 방식일 뿐만 아니라 프로그래밍을 생각하는 새로운 방식이기도 하다.

6장에서 다루는 내용은 다음과 같다.

- 프로토콜지향 프로그래밍
- 프로토콜 컴포지션을 사용하는 방법

- 프로토콜 상속을 사용하는 방법
- 프로토콜지향 프로그래밍과 객체지향 프로그래밍을 비교하는 방법

5장에서는 객체지향 방식으로 이동수단 타입을 어떻게 설계할 수 있는지 살펴봤다. 6장에서는 프로토콜지향 방식으로 동일한 이동수단 타입을 설계하고 두 설계 방식을 서로 비교해본다.

5장에서 언급했던 주제 중에서도 좀 더 어려웠던 주제들을 마주하고 나면 6장에 있는 예제가 단순해 보일지도 모른다. 6장의 예제가 거의 되짚어보는 수준이기 때문이다. 그렇지만 이는 의도된 것이다. 6장의 예제는 프로토콜지향 방식의 사고를 시작할 수 있게 도와주고, 여러분이 사용했을 객체지향적인 사고방식에서 벗어날 수 있게 작성했다. 이와 같은 사고방식을 갖게 되면 앞에서 다뤘던 주세 중에서도 좀 더 어려웠던 주제에도 이러한 사고방식을 결부시킬 수 있을 것이다.

6장에서 설명하는 설계 방식은 프로토콜지향 설계 방식의 기본적인 내용을 보여줄 것이며, 여러분이 프로토콜지향 방식으로 사고를 시작할 수 있게 작성했다. 또한 제네릭과 같이 앞부분에서 언급했던 고급 주제들도 잊지 말아야 할 것이다.

먼저 이동수단 타입을 위한 요구 사항을 되짚는 것부터 시작해보자.

▌샘플 코드를 위한 요구 사항

애플리케이션을 개발할 때에는 대개 작업해야 할 요구 사항 목록을 갖는다. 6장의 샘플 프로젝트 역시 다르지 않다. 다음은 만들어야 할 이동수단 타입을 위한 요구 사항 목록이다.

- 이동수단은 해상, 지상, 공중 이렇게 세 개의 범주를 갖게 될 것이다. 이동수단은 여러 범주의 멤버가 될 수 있다.

- 이동수단은 자신이 속해 있는 범주와 일치하는 타일에 있으면 이동 또는 공격할 수 있다.
- 이동수단은 자신이 속해 있는 범주와 일치하는 타일에 있지 않으면 이동 또는 공격할 수 없다.
- 이동수단의 체력이 영(0)이 되면 이동수단은 움직이지 못하는 상태로 간주할 것이다. 우리는 순회가 가능한 단일 배열에 활동 가능한 모든 이동수단을 갖고 있어야 할 것이다.

6장의 설계에서는 몇 가지 이동수단에 대한 설계만 보여주지만, 게임을 개발하다 보면 이동수단 타입이 여러 개로 증가하리라는 것을 알고 있다. 6장에서는 이동수단이 움직이거나 공격하게 하는 코드가 아니라 설계에 초점을 두고 있기 때문에 이동수단을 위한 로직을 자세히 구현하지는 않을 것이다.

이제 프로토콜지향 방식으로 이동수단을 어떻게 설계할 수 있는지 살펴보자.

▌ 프로토콜지향 프로그래밍 언어로서의 스위프트

객체지향 설계 방식에서 했던 것과 마찬가지로 프로토콜지향 방식으로 이동수단 타입을 설계하는 방법을 보여주기 위해 이번에도 매우 기본적인 다이어그램을 만드는 것부터 시작할 것이다. 객체지향 다이어그램과 마찬가지로 이번 역시 자세한 사항은 제외하고 타입 자체만을 간단히 보여주기 위해 매우 기본적인 다이어그램이 될 것이다.

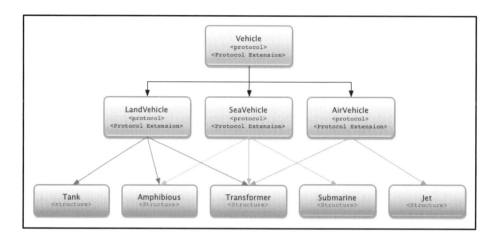

프로토콜지향 설계 방식은 객체지향 설계 방식과는 많은 차이를 보인다. 객체지향 설계 방식에서는 슈퍼클래스로 설계를 시작했었다. 슈퍼클래스는 설계의 중심이며, 모든 서브클래스는 해당 슈퍼클래스로부터 기능과 프로퍼티를 상속받는다.

프로토콜지향 설계 방식에서는 프로토콜로 설계를 시작한다. 프로토콜과 프로토콜 확장은 프로토콜지향 설계 방식의 핵심이지만, 책에서 줄곧 봐왔듯이 프로토콜지향 설계 방식은 단순히 프로토콜에 대한 것만은 아니다.

이 새로운 설계 방식에서는 프로토콜지향 프로그래밍을 객체지향 프로그래밍과는 완전히 다르게 만들어주는 세 가지 기술을 사용한다. 이 세 기술은 바로 프로토콜 상속과 프로토콜 컴포지션, 그리고 프로토콜 확장이다.

프로토콜 상속은 어떠한 프로토콜이 다른 프로토콜로부터 요구 사항을 상속받는 것을 의미한다. 이는 객체지향 프로그래밍에 있는 클래스 상속과 유사하다. 그러나 슈퍼클래스로부터 기능을 상속받는 대신 여기서는 프로토콜로부터 요구 사항을 상속받는다. 스위프트에서 프로토콜 상속이 클래스 상속보다 좋은 점 중 하나는 프로토콜은 여러 프로토콜로부터 요구 사항을 상속받을 수 있다는 점이다. 예제에서는 LandVehicle과 SeaVehicle, 그리고 AriVehicle 프로토콜이 Vehicle 프로토콜로부터 요구 사항을 상속받는다.

174

또한 프로토콜 확장과 프로토콜을 함께 사용하면 기능을 상속받을 수 있는 능력이 생긴다는 점을 아는 것도 중요하다.

프로토콜 컴포지션은 하나 이상의 프로토콜을 따를 수 있게 해준다. 예제에서는 단일 프로토콜을 따르는 타입(Tank와 Submarine, 그리고 Jet 구조체)이 몇 가지 있지만, 프로토콜 컴포지션을 사용해 다중 프로토콜을 따르는 타입(Amphibious와 Transformer 구조체)도 두 가지가 있다.

프로토콜 상속과 프로토콜 컴포지션은 더 작으면서도 구체적인 프로토콜을 만들 수 있게 해주기 때문에 프로토콜지향 설계 방식에서 매우 중요한 개념이다. 이러한 개념을 이용하면 객체지향 설계 방식에서 살펴봤던 비대해진 슈퍼클래스를 막을 수 있다. 다만 프로토콜을 너무 상세하게 만드는 일은 피해야 하는데, 이렇게 되면 프로토콜을 유지, 관리하기가 어려워지기 때문이다.

프로토콜 확장은 해당 프로토콜을 따르는 타입에 메소드와 프로퍼티 구현체를 제공하게 프로토콜을 확장할 수 있는 기능을 제공한다. 프로토콜 확장은 개별 타입마다 구현체를 제공해야 하는 요구 사항이나 클래스 계층 구조를 만들어야 하는 요구 사항을 없애면서, 해당 프로토콜을 따르는 모든 타입에 공통의 구현체를 제공할 수 있는 기능을 제공한다. 프로토콜 확장이 흥미롭지 않을 수도 있지만, 프로토콜 확장이 얼마나 강력한지를 이해하고 나면 여러분이 생각하는 애플리케이션 설계 방식에 대한 관념이 바뀔 것이다.

이제 Vehicle 프로토콜을 생성하는 것으로 구현을 시작해보자. 이번 예제에서는 Vehicle 프로토콜에 이동수단의 남은 체력을 추적할 hitPoints라는 이름의 프로퍼티를 하나 정의할 것이다.

```
protocol Vehicle {
    var hitPoints: Int {get set}
}
```

객체지향 설계 방식을 기억해보면 모든 이동수단 타입이 사용하는 슈퍼클래스에 세 가지 메소드를 정의했었다. 메소드는 각각 takeHit(amount:)와 hitPointsRemaining(), 그리고 isAlive()였다. 각 이동수단 타입에서 이러한 메소드의 구현은 모두 같으므로, 이들 메소드는 프로토콜 확장을 사용해 구현하기에 안성맞춤인 후보군이 된다. 다음 코드에서는 Vehicle 프로토콜 확장을 어떻게 생성하는지와 확장에 이 세 가지 메소드를 어떻게 구현하는지 보여준다.

```swift
extension Vehicle {
    mutating func takeHit(amount: Int) {
        hitPoints -= amount
    }
    func hitPointsRemaining() -> Int {
        return hitPoints
    }
    func isAlive() -> Bool {
        return hitPoints > 0 ? true : false
    }
}
```

이제 Vehicle 프로토콜을 따르는 모든 타입 또는 Vehicle 프로토콜을 상속한 프로토콜을 따르는 모든 타입은 자동으로 이러한 메소드를 받게 될 것이다. 다른 프로토콜로부터 요구 사항을 상속받은 프로토콜 또한 해당 프로토콜 확장에서 제공하는 기능도 상속받게 된다.

이번에는 LandVehicle과 SeaVehicle, 그리고 AirVehicle 프로토콜을 어떻게 정의하는지 살펴보자.

```swift
protocol LandVehicle: Vehicle {
    var landAttack: Bool {get}
    var landMovement: Bool {get}
```

```
      var landAttackRange: Int {get}

      func doLandAttack( )
      func doLandMovement( )
   }

   protocol SeaVehicle: Vehicle {
      var seaAttack: Bool {get}
      var seaMovement: Bool {get}
      var seaAttackRange: Int {get}

      func doSeaAttack( )
      func doSeaMovement( )
   }

   protocol AirVehicle: Vehicle {
      var airAttack: Bool {get}
      var airMovement: Bool {get}
      var airAttackRange: Int {get}

      func doAirAttack( )
      func doAirMovement( )
   }
```

이러한 프로토콜에 대해 몇 가지 알아둬야 할 사항들이 있다. 첫 번째는 이 프로토콜 모두 Vehicle 프로토콜로부터 요구 사항을 상속받는다는 점이다. 즉, 이들 프로토콜 또한 Vehicle 프로토콜 확장으로부터 기능을 상속받는다는 것을 의미한다.

이 프로토콜에서 알아둬야 할 또 다른 사항이 있는데, 앞에서 살펴본 프로토콜은 특정 이동수단 타입에 필요한 요구 사항만 갖고 있다는 점이다. 앞의 내용을 되짚어보면 객체지향 설계 방식의 Vehicle 슈퍼클래스는 모든 이동수단 타입에 대한 요구 사항을 갖고 있었다. 요구 사항을 세 개의 개별 프로토콜로 나누면 코드를 훨씬 더 안전하고 쉽게 유지하고 관리할 수 있다. 공통 기능이 필요한 경우에는 프로토콜 확장을 특정 프로토콜이나 모든 프로토콜에 추가할 수 있다.

이 코드에서는 프로토콜의 프로퍼티를 get 속성^{attribute}으로만 정의했는데, 이는 이들 프로토콜을 따르는 타입에서 해당 프로퍼티를 상수로 정의하겠다는 것을 의미한다. 이러한 방식은 프로토콜지향 설계 방식을 사용해 얻게 되는 커다란 장점인데, 외부 코드에서 프로퍼티에 설정된 값을 변경하면 추적하기 어려운 에러를 일으킬 수 있는고, 이렇게 하면 외부 코드에서 프로퍼티에 설정된 값을 변경하려고 하는 것을 막을 수 있기 때문이다.

이번에는 이러한 프로토콜을 따르는 타입을 어떻게 생성할 수 있는지 살펴보자. 여기서는 객체지향 설계 방식에서 구현했던 타입과 동일하게 Tank와 Amphibious, 그리고 Transformer 타입을 만들어본다. 먼저 Tank 타입부터 시작해보자.

```swift
struct Tank: LandVehicle {
    var hitPoints = 68
    let landAttackRange = 5
    let landAttack = true
    let landMovement = true

    func doLandAttack() { print("Tank Attack") }
     func doLandMovement() { print("Tank Move") }
}
```

여기서 정의한 Tank 타입은 객체지향 설계 구조에서 정의했던 Tank 타입과는 몇 가지 차이점이 있다. 어떠한 차이점이 있는지를 확인하기 위해 객체지향 설계 구조에서 정의했던 Tank 타입을 살펴보자.

```swift
class Tank: Vehicle {
    override init() {
        super.init()
        vehicleTypes = [.land]
        vehicleAttackTypes = [.land]
        vehicleMovementTypes = [.land]
```

```
        landAttackRange = 5
        hitPoints = 68
    }

    override func doLandAttack() { print("Tank Attack") }
    override func doLandMovement() { print("Tank Move") }
}
```

첫 번째로 살펴볼 수 있는 것은 객체지향 설계 방식에서의 Tank 타입은 참조 타입인 클래스지만, 프로토콜지향 방식으로 설계된 Tank 타입은 값 타입인 구조체라는 점이다. 프로토콜지향 설계 방식에서는 값 타입을 사용할 것을 권고하며, 반드시 값 타입만을 사용할 것을 강요하지는 않는다. 이는 두 패러다임 모두에서 Tank 타입을 클래스로 정의할 수 있다는 것을 의미하며, 애플리케이션의 전체적인 설계 방식에 따라 이렇게 하는 것이 적절할 수도 있다.

참조 타입 대신 값 타입을 선택한 핵심 이유 중 하나는 바로 안정성 때문이다. 언제나 값 타입 인스턴스의 유일한 복사본을 갖게 된다면 코드의 다른 부분에서 인스턴스를 변경할 수 없다는 것을 신뢰할 수 있을 것이다. 이러한 방식은 데이터를 사용하는 동안 다른 스레드에서 데이터를 변경하는 것을 원치 않는 멀티스레드 환경에서 특히 유용하다. 이렇게 다른 스레드에서 값을 변경하면 반복과 추적이 어려운 버그를 만들어낼 수 있기 때문이다. 이 코드의 경우에는 코드의 다른 부분에서 이동수단 인스턴스를 변경하고 변경 사항이 유지되게 하는 기능이 필요할 것이다. 이는 값 타입에서 일반적인 동작은 아니지만, inout 매개변수를 사용하면 원하는 기능을 사용할 수 있다. 6장 후반부에서 이를 어떻게 구현하는지 살펴본다.

두 Tank 타입 간의 또 다른 점으로는 프로토콜지향 방식으로 설계된 타입은 구조체에서 제공하는 디폴트 이니셜라이저를 사용할 수 있으며, 프로퍼티를 상수로 선언할 수 있다는 점이다. 프로퍼티가 상수면 프로퍼티에 한 번 값을 설정하고 나면 설정된 값을 변경할 수 없다. 객체지향 설계 방식의 Tank 타입에서는 이니셜라이저를 오버라이드한 다음 이니셜라이저 내부에서 프로퍼티에 값을 설정해 줘야만 한다. 객체지향 설계 방식에서의 프로퍼티는 변수로 선언됐으며, 이는 프로퍼티에 값이 설정된 이후에도 값을 변경하는 것을 허용한다.

두 Tank 타입을 살펴보면서 한 가지 확인하지 않은 점이 있는데, 바로 프로토콜지향 설계 방식의 Tank 타입은 지상 이동수단을 위한 기능만을 갖고 있다는 점이다. 객체지향 설계 방식의 Tank 타입은 지상 타입뿐만 아니라 필요 없는 기능인 해상 타입과 공중 타입 모두에 대한 기능과 프로퍼티를 상속한다.

이번에는 Amphibious 타입을 어떻게 생성하는지 살펴보자.

```
struct Amphibious: LandVehicle, SeaVehicle {
    var hitPoints = 25
    let landAttackRange = 1
    let seaAttackRange = 1

    let landAttack = true
    let landMovement = true

    let seaAttack = true
    let seaMovement = true

    func doLandAttack() {
        print("Amphibious Land Attack")
    }

    func doLandMovement() {
        print("Amphibious Land Move")
    }

    func doSeaAttack() {
        print("Amphibious Sea Attack")
    }

    func doSeaMovement() {
```

```
        print("Amphibious Sea Move")
    }
 }
```

Amphibious 타입은 Tank 타입과 매우 유사하다. 그러나 이번에는 여러 이동수단 타입을 따르기 위해 프로토콜 컴포지션을 사용했다. 프로토콜 컴포지션은 지상과 해상타입에 있는 기능을 가질 수 있게 해준다. 이번에는 Transformer 타입을 어떻게 구현하는지 살펴보자.

```
struct Transformer: LandVehicle, SeaVehicle, AirVehicle {
    var hitPoints = 75
    let landAttackRange = 7
    let seaAttackRange = 5
    let airAttackRange = 6

    let landAttack = true
    let landMovement = true

    let seaAttack = true
    let seaMovement = true

    let airAttack = true
    let airMovement = true

    func doLandAttack() {
        print("Transformer Land Attack")
    }
    func doLandMovement() {
        print("Transformer Land Move")
    }
    func doSeaAttack() {
        print("Transformer Sea Attack")
     }
    func doSeaMovement() {
```

```
            print("Transformer Sea Move")
    }
    func doAirAttack() {
        print("Transformer Sea Attack")
     }
    func doAirMovement() {
        print("Transformer Sea Move")
    }
 }
```

Transformer 타입은 세 가지 지형 타입 모두에서 이동과 공격을 할 수 있으므로 프로
토콜 컴포지션을 사용해 Transformer 타입이 LandVehicle과 SeaVehicle, 그리고
AirVehicle 프로토콜을 따를 수 있게 했다.

이번에는 이렇게 만든 새로운 타입을 어떻게 사용하는지 살펴보자. 객체지향 설계
구조에서와 마찬가지로 단일 배열에 모든 이동수단 타입 인스턴스를 유지할 수 있어
야 하는 요구 사항을 갖는다. 이렇게 하면 모든 활동 가능한 이동수단을 순회하고
필요한 동작을 수행할 수 있다. 객체지향 설계 구조에서 했던 것과 마찬가지로 다형성
을 사용해 이러한 요구 사항을 구현할 텐데, 프로토콜지향 설계 구조에서는 프로토콜
에서 제공하는 인터페이스를 사용해 이동수단 타입 인스턴스와 상호작용할 것이다.
배열을 생성한 다음 이동수단 타입 인스턴스 일부를 배열에 추가해 이러한 기능이
어떻게 동작하는지 살펴보자.

```
var vehicles = [Vehicle]()

var vh1 = Amphibious()
var vh2 = Amphibious()
var vh3 = Tank()
var vh4 = Transformer()

vehicles.append(vh1)
```

```
vehicles.append(vh2)
vehicles.append(vh3)
vehicles.append(vh4)
```

이 코드는 객체지향 설계 구조에서 살펴본 코드와 매우 유사해 보인다. 이 코드에서는 Vehicle 타입을 따르는 타입의 인스턴스를 저장할 배열을 생성한다. 프로토콜 상속으로 인해 배열은 Vehicle 프로토콜을 상속한 프로토콜을 따르는 타입 또한 저장할 것이다. 예를 들어 배열은 LandVehicle, SeaVehicle, AirVehicle, Vehicle 프로토콜을 따르는 타입의 인스턴스를 저장할 수 있다.

이 코드에서 배열은 Vehicle 프로토콜을 따르는 타입의 인스턴스를 포함하게 정의됐다. 즉, Vehicle 프로토콜로 정의한 인스턴스를 사용해 배열에 있는 타입과 상호작용할 수 있다는 것을 의미한다. Vehicle 프로토콜을 살펴보면 그 정도로 매우 유용해 보이지는 않는다. 인스턴스가 특정 프로토콜을 따르는지를 확인하기 위해 인스턴스에 형 변환[typecast]을 시도할 수 있다. 다음 코드는 이러한 내용을 보여준다.

```
for (index, vehicle) in vehicles.enumerated() {
    if let Vehicle = vehicle as? AirVehicle {
        print("Vehicle at \(index) is Air")
    }
    if let Vehicle = vehicle as? LandVehicle {
        print("Vehicle at \(index) is Land")
    }
    if let Vehicle = vehicle as? SeaVehicle {
        print("Vehicle at \(index) is Sea")
    }
}
```

이 코드에서는 vehicles 배열을 순회하기 위해 for 루프문을 사용했다. 그런 다음 인스턴스가 프로토콜(AirVehicle, LandVehicle, SeaVehicle 프로토콜) 중 하나를 따르는지 확인하기 위해 as? 형 변환 연산자를 사용했으며, 해당 타입을 따르는 경우 메시지를 출력한다.

이처럼 이동수단 타입에 접근하는 방식은 객체지향 예제에서 접근했던 방식과 매우 유사하지만, 모든 이동수단 타입이 아닌 이동수단의 어느 한 타입만을 얻고자 할 경우에는 어떻게 해야 할까? 이러한 문제는 where 절을 사용해 해결할 수 있다. 다음 코드에서는 이를 어떻게 구현하는지 보여준다.

```
for (index, vehicle) in vehicles.enumerated() where vehicle is LandVehicle {
    let vh = vehicle as! LandVehicle
    if vh.landAttack {
        vh.doLandAttack()
    }
    if vh.landMovement {
        vh.doLandMovement()
    }
}
```

이 코드에서는 LandVehicle 프로토콜을 따르는 인스턴스만 검색하기 위해 where 키워드를 사용해 for문의 결과를 필터링한다. 그런 다음 for 루프에서 반환한 인스턴스를 LandVehicle 프로토콜을 따르는 인스턴스로 형 변환하고 프로토콜에서 제공하는 인터페이스를 사용해 인스턴스와 상호작용을 한다.

여기까지 앞의 내용을 재설계하는 것을 끝내고, 이번에는 프로토콜지향 프로그래밍과 객체지향 프로그래밍 간의 차이점을 요약해보자.

▌ 프로토콜지향 프로그래밍과 객체지향 프로그래밍 요약

5장과 6장에서는 스위프트를 객체지향 프로그래밍 언어와 프로토콜지향 프로그래밍 언어로 어떻게 사용할 수 있는지를 살펴봤다. 5, 6장을 공부하면서 이 두 설계 방식 사이에 두 가지 주요 차이점이 있다는 것을 확인했다.

첫 번째 주요 차이점으로는 프로토콜지향 설계 방식에서는 슈퍼클래스가 아닌 프로토콜로 시작해야 한다는 점이다. 그런 다음 프로토콜 확장을 사용해 해당 프로토콜을 따르는 타입이나 해당 프로토콜을 상속한 프로토콜을 따르는 타입에 기능을 추가할 수 있다. 객체지향 프로그래밍에서는 슈퍼클래스로 시작한다. 프로토콜지향 방식으로 이동수단 타입을 설계할 때에는 객체지향 설계 방식의 Vehicle 슈퍼클래스를 Vehicle 프로토콜로 전환한 후 프로토콜 확장을 사용해서 필요한 공통 기능을 추가했다.

프로토콜지향 예제에서는 프로토콜 상속과 프로토콜 컴포지션을 사용해 매우 구체적인 요구 사항을 가진 프로토콜을 만들었다. 이러한 방식을 사용하면 해당 타입에 필요한 기능만을 포함하는 구체적인 타입을 만들 수 있다. 객체지향 설계 방식에서 구체적인 타입은 Vehicle 슈퍼클래스가 제공하는 모든 기능을 상속한다.

두 번째 주요 차이점은 이동수단 타입을 생성할 때 참조 타입(클래스)이 아닌 값 타입(구조체)을 사용했다는 점이다. 애플 문서에서 개발자는 적절한 곳에서 참조 타입보다 값 타입을 선호할 것을 명시하고 있다. 예제에서는 값 타입의 구조체를 사용했으나, 참조 타입을 사용할 수도 있었다. 6장 뒷부분에서 이러한 차이점에 대해 좀 더 알아본다.

객체지향 설계 방식과 프로토콜지향 설계 방식 모두 단일 인터페이스를 사용해 서로 다른 타입 간에 상호작용을 하기 위해 다형성을 사용했다. 객체지향 설계 방식에서는 모든 서브클래스와 상호작용을 위해 슈퍼클래스에서 제공하는 인터페이스를 사용했다. 프로토콜지향 설계 방식에서는 프로토콜을 따르는 타입 간의 상호작용을 위해 프로토콜과 프로토콜 확장에서 제공하는 인터페이스를 사용했다.

지금까지 객체지향 설계 방식과 프로토콜지향 설계 방식 간의 차이점을 요약해봤고, 이번에는 이러한 차이점을 좀 더 자세히 살펴보자.

■ 객체지향 프로그래밍과 프로토콜지향 프로그래밍의 차이점

책 초반부에 프로토콜지향 프로그래밍은 단지 프로토콜뿐만이 아닌 더 많은 것을 내포하고 있으며, 애플리케이션을 개발하는 새로운 방식일 뿐만 아니라 프로그래밍을 생각하는 새로운 방식이라고 이야기했었다. 이번 절에서는 이러한 말이 의미하는 바가 무엇인지를 확인하기 위해 두 설계 방식 간의 차이점을 조사해 볼 것이다.

개발자에게 가장 우선시되는 목표는 언제나 잘 동작하는 애플리케이션을 개발하는 일이지만, 깨끗하고 안전한 코드를 작성하는 것에도 중점을 둬야 한다. 깨끗한 코드란 읽기 쉽고 이해하기도 매우 쉬운 코드를 의미한다. 깨끗한 코드를 작성하는 일은 매우 중요한데, 작성한 코드는 누군가가 유지 보수하게 될 것이기 때문이다. 그리고 이 누군가는 대부분 코드를 작성한 사람이 된다. 여러분이 작성한 코드를 다시 살펴보고 이 코드가 어떠한 일을 하는지 이해하지 못하는 것만큼이나 최악인 것도 없을 것이다. 또한 코드가 깨끗하고 읽기 쉬우면 에러를 발견하기도 한결 수월하다.

안전한 코드란 깨지기 어려운 코드를 의미한다. 코드를 조금만 수정했는데 코드 베이스 전체적으로 에러 팝업이 발생하는 것만큼 개발자를 좌절시키는 일도 없을 것이다. 깨끗한 코드를 작성하면 다른 개발자가 코드를 보고 코드가 어떠한 일을 하는지 정확하게 이해할 수 있기 때문에 코드가 본질적으로 더 안전해질 것이다.

이번에는 프로토콜과 프로토콜 확장을 슈퍼클래스와 비교해보자.

프로토콜, 프로토콜 확장과 슈퍼클래스 비교

객체지향 프로그래밍 예제에서는 Vehicle 슈퍼클래스를 생성했으며, 모든 이동수단 클래스는 이 슈퍼클래스로부터 파생됐다. 프로토콜지향 프로그래밍 예제에서는 똑같은 결과를 얻기 위해 프로토콜과 프로토콜 확장을 조합해 사용했다. 그런데 프로토콜지향 설계 방식에는 몇 가지 장점이 있다.

두 가지 해결 방안에 대한 기억을 상기시키기 위해 Vehicle 슈퍼클래스와 Vehicle 프로토콜, 그리고 프로토콜 확장 코드를 살펴보자. 다음 코드는 Vehicle 슈퍼클래스를 나타낸다.

```
class Vehicle {
    fileprivate var vehicleTypes = [TerrainType]()
    fileprivate var vehicleAttackTypes = [TerrainType]()
    fileprivate var vehicleMovementTypes = [TerrainType]()

    fileprivate var landAttackRange = -1
    fileprivate var seaAttackRange = -1
    fileprivate var airAttackRange = -1

    fileprivate var hitPoints = 0

    func isVehicleType(type: TerrainType) -> Bool {
        return vehicleTypes.contains(type)
    }
    func canVehicleAttack(type: TerrainType) -> Bool {
        return vehicleAttackTypes.contains(type)
    }
    func canVehicleMove(type: TerrainType) -> Bool {
        return vehicleMovementTypes.contains(type)
    }
    func doLandAttack() {}
    func doLandMovement() {}

    func doSeaAttack() {}
```

```
    func doSeaMovement() {}

    func doAirAttack() {}
    func doAirMovement() {}

    func takeHit(amount: Int) { hitPoints -= amount }
    func hitPointsRemaining() -> Int { return hitPoints }
    func isAlive() -> Bool { return hitPoints > 0 ? true : false }
}
```

Vehicle 슈퍼클래스는 인스턴스를 생성할 수 있는 완전한 타입이다. 이러한 타입은 좋을 수도 있고 안 좋을 수도 있는데, 이번 코드에서처럼 슈퍼클래스의 인스턴스를 생성하지 않는 경우도 있기 때문이다. 이러한 경우를 위해 객체지향 프로그래밍에서도 여전히 프로토콜을 사용할 수 있다. 그러나 공통 기능을 추가하기 위해서는 프로토콜 확장을 사용해야만 할 것이며, 이러한 방식은 개발자를 프로토콜지향 프로그래밍의 길로 인도할 것이다.

이번에는 프로토콜지향 설계 방식에서 프로토콜과 프로토콜 확장을 어떻게 사용할 수 있는지 살펴보자. 먼저 vehicle 프로토콜과 Vehicle 프로토콜 확장을 살펴보는 것부터 시작해보자.

```
protocol Vehicle {
    var hitPoints: Int {get set}
}
extension Vehicle {
    mutating func takeHit(amount: Int) {
        hitPoints -= amount
    }
    func hitPointsRemaining() -> Int {
        return hitPoints
    }
    func isAlive() -> Bool {
```

```
            return hitPoints > 0 ? true : false
    }
}
```

그런 다음 이동수단 타입을 나타내는 세 개의 프로토콜을 추가로 생성했으며, 프로토
콜 상속을 사용해 Vehicle 프로토콜로부터 요구 사항과 기능을 상속받게 했다. 다음
코드는 LandVehicle과 SeaVehicle, 그리고 AirVehicle 프로토콜을 나타낸다.

```
protocol LandVehicle: Vehicle {
    var landAttack: Bool {get}
    var landMovement: Bool {get}
    var landAttackRange: Int {get}

    func doLandAttack()
    func doLandMovement()
}

protocol SeaVehicle: Vehicle {
    var seaAttack: Bool {get}
    var seaMovement: Bool {get}
    var seaAttackRange: Int {get}

    func doSeaAttack()
    func doSeaMovement()
}

protocol AirVehicle: Vehicle {
    var airAttack: Bool {get}
    var airMovement: Bool {get}
    var airAttackRange: Int {get}

    func doAirAttack()
    func doAirMovement()
}
```

두 해결 방안 코드 모두 안전하며 이해하기도 쉬운 편이지만 프로토콜지향 설계 방식이 더 안전하다. 정의부와 구현부를 분리하고 요구 사항을 더욱 구체적인 프로토콜로 나눔으로써 클래스가 비대해져야 하는 필요성을 없애고 타입이 필요하지 않은 기능을 상속하는 것을 막을 수도 있다.

6장에서 사용한 설계 방식에는 프로토콜/프로토콜 확장이 갖는 세 가지 명확한 장점이 있다. 첫 번째 장점은 타입이 다중 프로토콜을 따를 수 있다는 점이다. 이 말은 한 덩어리를 갖는 슈퍼클래스가 아닌 매우 구체적인 기능을 포함하는 프로토콜을 여러 개 생성할 수 있다는 것을 의미한다. 이러한 내용은 예제에서 찾아볼 수 있는데, 예제에서 Vehicle 슈퍼클래스가 지상과 해양과 공중 이동수단을 위한 기능을 포함하는 반면 프로토콜지향 설계 방식에서는 각각이 이동수단 타입을 나타내는 세 가지 프로토콜을 생성할 수 있었다.

프로토콜/프로토콜 확장이 갖는 두 번째 장점으로는 원본 코드 필요 없이 프로토콜 확장을 사용해 기능을 추가할 수 있다는 점이다. 이는 어떠한 프로토콜도 확장할 수 있다는 것을 의미하며, 심지어 스위프트 언어의 일부인 프로토콜 역시 확장이 가능하다. 슈퍼클래스의 기능을 확장하기 위해서는 원본 코드가 있거나 타입을 서브클래싱해야 하는데, 이렇게 되면 새로운 타입을 만들게 되는 것이다. 확장을 사용해 슈퍼클래스에 기능을 추가할 수도 있지만, 일반적으로 확장은 클래스 계층 구조에 기능을 추가할 때 사용하기보다는 구체적인 클래스에 기능을 추가할 때 사용한다. 3장에서 클래스 계층 구조에 기능을 추가하기 위해 확장을 사용할 때 조심해야 하는 이유를 살펴봤었다.

프로토콜/프로토콜 확장이 갖는 세 번째 장점은 프로토콜은 클래스와 구조체 또는 열거형에서 채택할 수 있지만, 클래스 계층 구조는 클래스 타입으로 제약된다. 프로토콜/프로토콜 확장은 사용자에게 적절한 곳에서 값 타입을 사용할 수 있게 하는 옵션을 제공한다.

이동수단 타입 구현

이동수단 타입을 구현하는 것은 객체지향 예제와 프로토콜지향 예제 간에 약간의 차이가 있지만, 이 차이는 매우 중요하다. 여기서는 이 두 예제 간의 차이점을 살펴볼텐데, 그전에 먼저 코드를 다시 한 번 살펴보고 이동수단 타입을 어떻게 구현했는지 상기해보자. 먼저 객체지향 예제에서 Tank 타입을 어떻게 구현했었는지 살펴본다.

```
class Tank: Vehicle {
    override init() {
        super.init()
        vehicleTypes = [.land]

        vehicleAttackTypes = [.land]
        vehicleMovementTypes = [.land]
        landAttackRange = 5

        hitPoints = 68
    }

    override func doLandAttack() {
        print("Tank Attack")
    }
    override func doLandMovement() {
        print("Tank Move")
    }
}
```

이 클래스는 Vehicle 슈퍼클래스의 서브클래스며, 이니셜라이저를 하나 구현하고 있다. 이 클래스는 매우 단순하고 간단한 구현이긴 하지만, 사용자는 타입을 적절히 구현하기 위해서는 슈퍼클래스가 요구하는 바를 완벽하게 이해해야만 한다. 예를 들어 Vehicle 슈퍼클래스를 완벽하게 이해하고 있지 않다면 landAttackRange 프로퍼티를 설정하는 것을 잊어버릴지도 모른다. 코드에서 이러한 프로퍼티를 설정하는 것을 잊게 되면 Tank 타입 인스턴스가 제대로 공격할 수 없게 되는 원인이 될 것이다.

이번에는 프로토콜지향 프로그래밍 예제에서 이동수단 타입을 어떻게 구현했었는지 살펴보자.

```
struct Tank: LandVehicle {
    var hitPoints = 68
    let landAttackRange = 5
    let landAttack = true
    let landMovement = true

    func doLandAttack() { print("Tank Attack") }
    func doLandMovement() { print("Tank Move") }
}
```

프로토콜지향 설계 방식에서의 Tank 타입은 LandVehicle 프로토콜을 따르고 있으며, 구조체에서 제공하는 디폴트 이니셜라이저를 사용한다. 모든 코드에서 프로퍼티와 이니셜라이저를 구현해야 하는 방식 때문에 프로토콜지향 설계 방식이 훨씬 더 안전하고 이해하기 쉽다고 말할 수 있다.

객체지향 프로그래밍 예제에서 모든 프로퍼티는 슈퍼클래스에 변수로 정의된다. 사용자는 어떠한 프로퍼티가 정의돼 있고 어떻게 정의돼 있는지를 확인하기 위해 슈퍼클래스에 대한 코드나 문서를 살펴봐야만 할 것이다. 서브클래스에서 무언가를 설정하는 것을 잊어버리더라도 컴파일러는 기꺼이 애플리케이션을 컴파일하며, 사용자에게 어떠한 것도 경고하지 않을 것이다.

프로토콜에서도 어떠한 프로퍼티를 구현해야 하는지를 살펴보기 위해 프로토콜에 관한 문서나 해당 프로토콜 자체를 살펴봐야만 한다. 차이점은 요구 사항 중 일부를 구현하는 것을 잊어버리면 컴파일러는 이에 대해 경고하고 모든 것을 적절히 설정할 때까지 컴파일을 거부할 것이다. 또한 사용자는 프로퍼티를 상수로 정의할 수 있지만, 객체지향 설계 방식에서는 프로퍼티를 변수로 정의해야만 한다.

값 타입과 참조 타입 사용

6장에서는 이동수단 타입을 값 타입인 구조체로 구현했었다. 또한 이러한 타입은 참조 타입으로 구현하는 것이 더 적절할지도 모른다는 이야기도 했었다. 이렇게 이야기한 이유는 이동수단 타입의 인스턴스는 게임에서 단일 이동수단을 나타내며, 다른 이동수단으로부터 피해를 보는 것처럼 언제든 인스턴스에 어떠한 일이 발생하면 그러한 변경 상태가 지속적으로 유지되기를 바랄 것이다.

값 타입의 인스턴스를 코드의 다른 부분으로 전달할 때에는 인스턴스 자체가 아니라 인스턴스의 복사본을 전달하게 된다. 이는 타입에 적용된 변경 사항을 유지하고자 할 경우 문제가 된다. 코드와 함께 이러한 문제를 살펴보자. 먼저 객체지향 설계 방식에서 했던 것처럼 이동수단 타입이 참조 타입으로 구현돼 있을 때 이동수단 타입에 피해를 적용할 함수를 만드는 것부터 시작해본다.

```
func takeHit(vehicle: Vehicle) {
    vehicle.takeHit(amount: 10)
}
```

그러면 이 함수를 다음과 같이 사용할 수 있다.

```
var vh = Tank()
takeHit(vehicle: vh)
print(vh.hitPointsRemaining())
```

이 코드는 예상대로 동작하며 코드 마지막 줄에서 Tank 타입의 인스턴스인 vh는 체력이 58만큼 남아있을 것이다. 그러나 이 코드는 값 타입에서는 동작하지 않을 것이다. 스위프트 컴파일러가 이 동작을 허용하더라도 takeHit(vehicle:) 메소드에 있는 vehicle 인스턴스는 우리가 전달하는 vh 인스턴스의 복사본이 되기 때문에 vehicle 인스턴스에 발생한 어떠한 변경 사항도 원본 vh 인스턴스에까지 유지되지 않을 것이다. 인스턴스의 복사본을 전달하는 것과 같은 동작을 원하는 경우도 많지만, 이동수단 타입에서처럼 변경 사항을 유지하고자 하는 경우도 발생한다. 값 타입에서 참조 타입의 동작을 모사할 수는 있지만, 코드가 좀 더 추가된다. 다음 함수는 값 타입의 인스턴스를 받고 발생한 변경 사항을 원본 인스턴스까지 지속시키는 함수를 어떻게 생성하는지 보여준다.

```
fun takeHit<T: Vehicle>(vehicle: inout T) {
    vehicle.takeHit(amount: 10)
}
```

이 함수는 Vehicle 프로토콜을 따르는 매개변수를 하나 갖는 제네릭 함수로 정의됐다. 이 매개변수 역시 input 매개변수로 정의돼 있으며, 이는 함수 내에서 해당 매개변수에 어떠한 변경 사항이 발생하면 이 변경 사항이 원본 인스턴스까지 지속한다는 것을 의미한다.

이 함수는 다음과 같이 사용할 수 있다.

```
var tank = Tank()
takeHit(vehicle: &tank)
print(vh.hitPointsRemaining())
```

이 함수를 호출할 때에는 Vehicle 타입의 인스턴스 앞에 앰퍼샌드(&)를 추가해야만 하며, 이렇게 하면 인스턴스에 값이 아닌 참조를 전달한다는 것을 의미한다. 이는 함수 내에서 해당 매개변수에 어떠한 변경 사항이 발생하면 이 변경 사항이 원본 인스턴스까지 지속한다는 것을 의미한다.

어떠한 프로그래밍 패러다임이 더 나은 걸까? 한번 알아보자.

■ 승자는…

6장을 읽고 객체지향 프로그래밍에 비해 프로토콜지향 프로그래밍이 지닌 장점을 보면서 프로토콜지향 프로그래밍이 객체지향 프로그래밍보다 월등할 것으로 생각할 수도 있다. 그렇지만 이러한 생각이 전적으로 옳은 것만은 아니다.

객체지향 프로그래밍은 1970년대 이래로 사용돼온 역전의 프로그래밍 패러다임이다. 프로토콜지향 프로그래밍은 아직 새내기이자 객체지향 프로그래밍과 함께 이슈를 해결하기 위해 설계됐다. 개인적으로 여러 프로젝트에 프로토콜지향 프로그래밍 패러다임을 적용하면서 프로토콜지향 프로그래밍의 가능성을 높게 보고 있다.

객체지향 프로그래밍과 프로토콜지향 프로그래밍은 실제 객체 또는 가상의 객체를 모델링할 수 있는 커스텀 타입을 생성하는 등 비슷한 철학을 지니고 있다. 두 방식 모두 여러 단일 인터페이스를 사용해 타입과 상호작용하기 위해 다형성을 사용한다. 차이점은 애플리케이션을 어떻게 설계하느냐에 있다.

개인적으로 프로토콜지향 프로그래밍을 사용하는 프로젝트의 코드는 객체지향 프로그래밍을 사용하는 프로젝트와 비교했을 때 좀 더 안전하며 읽기 쉽다. 그렇다고 객체지향 프로그래밍을 전혀 사용하지 않겠다는 의미는 아니다. 여전히 많은 곳에서 클래스 계층과 상속이 필요하다.

애플리케이션을 설계할 때에는 항상 최적의 일에 최적의 도구를 사용해야 함을 명심해야 한다. 2×4 판자 조각을 자르는 데 전기톱을 사용하지는 않을 것이며, 반대로 나무를 베어내는 데 회전 톱을 사용하지는 않을 것이다. 그러므로 승자는 한 가지에 국한되지만 선택하게 제한받지 않고 서로 다른 프로그래밍 패러다임을 선택해 사용할 수 있는 선택권을 가진 프로그래머다.

▌ 요약

6장에서는 프로토콜지향 방식으로 비디오 게임에서 사용하는 이동수단 타입을 어떻게 설계할 수 있는지 살펴봤다. 그리고 단일 슈퍼클래스를 사용하는 것과 비교해 더 작으면서 좀 더 구체적인 프로토콜을 만들 수 있게 해주는 프로토콜 컴포지션과 프로토콜 상속을 어떻게 사용할 수 있는지도 살펴봤다. 또한 객체지향 설계 방식에서 접했던 문제들을 프로토콜지향 프로그래밍에서 어떻게 해결하는지도 살펴봤다.

7장에서는 유명한 디자인 패턴을 스위프트에서 어떻게 구현할 수 있는지 살펴본다.

07

스위프트에서
디자인 패턴 적용

GoF^{Gang of Four}의 『Design Patterns: Elements of Reusable Object-Oriented Software』
의 초판은 1994년 10월에 출판됐음에도 필자는 10에서 12년 동안 디자인 패턴에 몰두
해 왔다. 대부분의 경험 많은 개발자들과 마찬가지로 필자 역시 그러한 패턴이 무엇인
지 모른 채로 이미 사용해 오고 있었기 때문에 처음 디자인 패턴을 읽으면서도 여러
패턴을 인지할 수 있었다. 필자는 스스로 지난 10년 동안 중요한 애플리케이션을 개발
하는 데 있어 GoF의 디자인 패턴을 적어도 하나는 사용했다고 믿는다. 그렇다고 필자
가 디자인 패턴의 신봉자라는 것은 절대 아니며, 혹시 디자인 패턴에 관한 이야기를
했다면 그건 대개는 자세히 살펴보지 않고 이름만 알고 있는 패턴일 것이다. 그러나
한 가지 기억하는 것은 주요한 패턴에 담겨 있던 개념과 철학, 그리고 이러한 패턴을

설계해서 해결하고자 했던 문제들이다. 따라서 이러한 문제 중 하나에 봉착할 경우 적절한 패턴을 찾아보고 이를 적용할 수 있다. 그러므로 여러분도 7장을 보면서 패턴 자체를 암기하기보다는 디자인 패턴이 가진 주요한 개념을 이해하는 데 시간을 투자해야 함을 명심하길 바란다.

7장에서 다루는 내용은 다음과 같다.

- 디자인 패턴이란?
- 어떠한 타입의 패턴이 생성, 구조, 그리고 행위 범주에 속하는가?
- 스위프트에서 빌더 패턴, 팩토리 메소드 패턴 그리고 싱글턴 패턴 등 생성 패턴을 구현하는 방법
- 스위프트에서 브리지 패턴, 퍼사드 패던, 프록시 패턴 등 구조 패턴을 구현하는 방법
- 스위프트에서 전략 패턴, 커맨드 패턴, 옵저버 패턴 등 행위 패턴을 구현하는 방법

▎ 디자인 패턴이란?

경험이 풍부한 개발자라면 자신들이 애플리케이션을 어떻게 설계하고 개발하는지에 대해 알려지지 않은 전략들을 갖고 있을 것이다. 이러한 전략들은 과거의 경험과 이전 프로젝트에서 극복했던 문제점을 기반으로 형성됐다. 개발자는 자신들의 전략을 매우 신뢰할지도 모르지만, 그렇다고 이러한 전략이 완벽하게 검증됐다는 것을 의미하진 않는다. 또한 이러한 전략을 사용하면 각기 다른 프로젝트와 개발자 간에 일관성이 없는 구현을 불러일으킬 수 있다.

디자인 패턴 개념은 80년대 중반까지 거슬러 올라가야 하지만, 4인방[Gang of Four]이 1994년에 『Design Patterns: Elements of Reusable Object-Oriented Software』 책을 출간

하기 전까지는 별다른 인기를 얻지 못했다. 이 책의 저자인 애릭 감마[Erich Gamma], 리처드 헬름[Richard Helm], 랄프 존슨[Ralph Johnson], 존 블리시데스[John Vlissides](4인방으로도 알려져 있다)는 객체지향 프로그래밍의 위험성을 이야기하면서 23가지의 고전적인 소프트웨어 디자인 패턴에 관해 설명한다. 이러한 23가지 패턴은 각각 생성, 구조, 행위라는 세 가지의 범주로 분류된다.

디자인 패턴은 공통의 소프트웨어 개발 문제를 확인하고 이를 다루기 위한 전략을 제공한다. 이러한 전략은 개발자들이 해결하고자 하는 문제에 대한 효과적인 해결책으로서 몇 년에 걸쳐 입증됐다. 디자인 패턴은 이미 여러 공통적인 소프트웨어 개발 문제를 해결할 수 있다는 것이 입증됐기 때문에 이를 사용하면 개발 프로세스 속도를 크게 높일 수 있다.

디자인 패턴을 사용함으로써 얻을 수 있는 또 다른 장점은 유지하기 쉬운 일관된 코드를 얻을 수 있다는 점이다. 디자인 패턴을 사용하면 지금으로부터 몇 개월 또는 몇 년 뒤에 코드를 다시 보더라도 해당 패턴을 인지하고 코드가 어떠한 일을 하는지 이해할 수 있기 때문이다. 코드와 구현한 디자인 패턴을 적절하게 문서로 만들게 될 경우에는 다른 개발자가 해당 코드가 어떠한 일을 하는지 이해하는 데 도움을 줄 수 있을 것이다.

디자인 패턴에 담긴 두 가지 주된 철학은 바로 코드 재사용과 유연성이다. 소프트웨어 아키텍트로서 재사용이 가능하면서 유연한 코드를 작성하는 것은 필수적이다. 이는 나중에도 코드를 쉽게 유지할 수 있게 해주며, 앞으로 만나게 될 요구 사항에 대해 애플리케이션을 쉽게 확장할 수 있게 해준다. 요구 사항이 얼마나 빨리 변하는지 우리 모두 알고 있지 않은가.

디자인 패턴에 관한 좋은 것들이 많고 그러한 것들이 분명 개발자와 아키텍트에게 도움이 됨에도 불구하고, 개발자들을 세계의 빈곤으로부터 벗어나게 해줄 해결책이 되지는 못한다. 언젠가는 여러분의 개발 경력에서 디자인 패턴을 철칙으로 여기는 개발자나 아키텍트를 만나게 될지도 모른다. 이러한 개발자들은 대개 필요하지 않은 경우에도 디자인 패턴을 강제적으로 사용하려고 노력할 것이다. 경험에 비춰볼 때 문제를 수정하려고 하기 전에 수정하고자 하는 문제를 먼저 확인하는 것이 좋은 방법이다.

디자인 패턴은 공통적인 프로그래밍 문제를 피하고 해결하기 위한 시작점이다. 각각의 디자인 패턴은 음식을 위한 요리법이라고 생각할 수 있으며, 좋은 요리법처럼, 특정 입맛에 따라 요리법을 수정하거나 조절할 수 있다. 그러나 대개는 원래의 요리법에서 크게 벗어나려고 하지 않는데, 자칫하면 음식을 망칠 수도 있기 때문이다.

만들고자 하는 음식의 요리법이 없을 때가 있는 것처럼 직면한 문제를 해결하기 위한 디자인 패턴이 없는 경우도 있다. 이러한 경우에는 디자인 패턴에 관한 지식과 패턴에 담긴 근본저인 철하을 이용해 문제에 대한 효과적인 해결책을 찾을 수 있다.

디자인 패턴은 세 가지의 범주로 분류되며, 이는 다음과 같다.

- **생성 패턴(Creational patterns)**: 생성 패턴은 객체의 생성을 지원한다.
- **구조 패턴(Structural patterns)**: 구조 패턴은 타입과 객체 컴포지션과 관련이 있다.
- **행위 패턴(Behavioral patterns)**: 행위 패턴은 타입 간의 소통과 관련이 있다.

4인방은 20가지가 넘는 디자인 패턴을 정의했지만, 7장에서는 그중에서도 유명한 몇 가지 패턴에 대한 예를 살펴본다. 먼저 생성 패턴을 살펴보자.

 디자인 패턴은 원래 객체지향 프로그래밍을 위해 정의됐다. 7장에서는 할 수 있는 한 좀 더 프로토콜지향적인 방법으로 패턴을 구현하는 데 초점을 맞출 것이다. 그러므로 7장에 나오는 예제는 다른 디자인 패턴 책에서 보던 예제들과 조금 다를 수 있지만, 해결책이 가진 근본적인 철학은 같을 것이다.

▌ 생성 패턴

생성 패턴은 객체를 어떻게 생성하는지 다루는 디자인 패턴이다. 생성 패턴에는 두 가지 기본 개념이 있다. 첫 번째는 어떤 구체적인 타입이 생성돼야 하는지에 대한 정보를 캡슐화하는 것이며, 두 번째는 이러한 타입의 인스턴스가 어떻게 생성되는지를 숨기는 것이다.

생성 패턴 범주의 한 부분으로 널리 알려진 패턴으로는 다섯 가지가 있으며, 이는 다음과 같다.

- **추상 팩토리 패턴(Abstract factory pattern)**: 추상 팩토리 패턴은 구체적인 타입을 명시하지 않으면서 관련된 객체를 생성하기 위한 인터페이스를 제공한다.

- **빌더 패턴(Builder pattern)**: 빌더 패턴은 복잡한 객체의 생성과 표현을 서로 분리해 유사한 타입을 생성하기 위해 동일한 프로세스가 사용될 수 있게 한다.

- **팩토리 메소드 패턴(Factory method pattern)**: 팩토리 메소드 패턴은 객체(또는 객체의 타입)를 어떻게 생성하는지에 대한 근본적인 로직을 노출하지 않으면서 객체를 생성한다.

- **프로토타입 패턴(Prototype pattern)**: 프로토타입 패턴은 이미 존재하는 객체를 복사하는 방식으로 객체를 생성한다.

- **싱글턴 패턴(Singleton pattern)**: 싱글턴 패턴은 애플리케이션 주기 동안 하나의 (그리고 오직 하나뿐인) 클래스 인스턴스를 허용한다.

7장에서는 스위프트에 빌더 패턴, 팩토리 메소드 패턴, 싱글턴 패턴을 구현하는 방법에 대한 예제를 보여준다. 먼저 가장 논란이 많으며 남용하는 디자인 패턴인 싱글턴 패턴을 살펴보자.

싱글턴 패턴

싱글턴 패턴 사용은 개발 커뮤니티의 특정 코너 사이에서 상당히 많은 논란을 불러일으키는 주제다. 이러한 논란에 주된 원인 중 하나는 싱글턴 패턴이 가장 많이 남용되고 오용하는 패턴이기 때문일 것이다. 싱글턴 패턴이 논란이 많은 또 다른 이유는 싱글턴 패턴이 애플리케이션에 정적 상태를 제공하기 때문이다. 정적 상태는 애플리케이션 내에 어느 지점에서나 객체를 변경시키는 능력을 제공한다. 또한 싱글턴 패턴은 숨겨진 의존성과 강한 결합을 가져온다. 개인적으로 싱글턴 패턴을 올바르게 사용한다면 사용에 있어 아무 문제가 없다고 생각하지만, 그래도 싱글턴 패턴을 오용하지 않도록 주의를 기울여야만 한다.

싱글턴 패턴은 애플리케이션 생애 동안 클래스 인스턴스회를 단일 인스턴스로 제한한다. 이 패턴은 애플리케이션에서 행위를 조직화하기 위해 하나의 인스턴스만 필요로 하는 경우에 매우 유용하다. 애플리케이션이 블루투스로 원격장치와 통신하면서 애플리케이션 곳곳에서 연결을 유지하고 싶을 경우가 싱글턴을 사용하는 좋은 예가 된다. 누군가는 연결 클래스의 인스턴스를 한 페이지에서 다음 페이지로 전달해 줄 수 있다고 이야기할 텐데, 싱글턴은 기본적으로 이러한 동작을 수행한다. 개인적으로 이런 인스턴스에는 싱글턴 패턴이 훨씬 깔끔한 해결책이라고 생각하는데, 싱글턴 패턴은 모든 페이지가 인스턴스를 유지하는 것을 강제하지 않으면서도 연결이 필요한 페이지에서 인스턴스를 얻을 수 있기 때문이다. 또한 싱글턴 패턴은 다른 페이지로 이동하는 경우 재연결을 할 필요 없이 연결을 유지하게 해준다.

문제 이해하기

싱글턴 패턴은 애플리케이션 생애 동안 어떠한 타입에 대해 유일한 인스턴스가 있어야 하는 문제를 해결하기 위해 설계됐다. 싱글턴 패턴은 대개 내부나 외부 리소스의 집중적 관리가 필요한 경우나 접근할 수 있는 단일 정적 포인트가 필요한 경우에 사용한다. 싱글턴 패턴을 자주 사용하는 다른 경우로는 애플리케이션이 동작하는 내내 필요한 상태를 갖지 않는 연관된 행동들을 통합하고 싶은 경우다.

3장의 '문장 유효성' 예제에서는 애플리케이션 생애 내내 하나의 문장 유효성 타입의 인스턴스만 필요했기 때문에 싱글턴 패턴을 사용했다. 이 예제에서는 문장 유효성 타입에 싱글턴 패턴을 사용했다. 타입의 새로운 인스턴스를 생성하지 않고 애플리케이션의 모든 컴포넌트가 타입을 사용할 수 있는 타입의 단일 인스턴스를 생성하고 싶기 때문이다. 이러한 문장 유효성 타입은 변경이 되는 상태를 갖고 있지 않다. 그저 문장에 대한 유효성을 수행하는 메소드와 문장의 유효성을 확인하는 방법을 정의한 상수만을 갖고 있을 뿐이다. 일부는 필자의 의견에 동의하지 않을지도 모르지만, 이러한 타입의 인스턴스를 여러 개 생성할 이유가 없으므로, 필자는 이와 같은 타입이 싱글턴 패턴에 매우 적합한 후보군이라고 생각한다.

해결책 이해하기

스위프트에서 싱글턴 패턴을 구현하는 데는 여러 가지 방법이 있다. 여기서 소개하는 방법은 스위프트 1.2에서 소개됐던 방법으로, 클래스 상수를 사용한다. 이 메소드에서는 클래스 상수에 처음 접근할 때 클래스의 단일 인스턴스가 생성된다. 그런 다음 애플리케이션 생애 내내 이 인스턴스에 접근하는 데 클래스 상수를 사용할 수 있다. 또한 프라이빗 생성자를 생성해 클래스의 인스턴스를 추가로 생성하는 외부 코드를 막을 수 있다.

 이번 설명에서는 타입이 아니라 클래스라는 단어를 사용하고 있음을 기억하자. 클래스라는 단어를 사용하는 이유는 싱글턴 패턴은 참조 타입에서만 구현할 수 있기 때문이다.

싱글턴 패턴 구현하기

스위프트에서 싱글턴 패턴을 어떻게 구현하는지 살펴보자. 다음 코드 예제에서는 싱글턴 클래스를 생성하는 방법을 보여준다.

```
class MySingleton {
    static let sharedInstance = MySingleton()
    var number = 0
    private init() {}
}
```

코드에서 볼 수 있듯이 MySingleton 클래스에서는 MySingleton 클래스의 인스턴스를 가진 sharedInstance라는 이름의 정적 상수static constant를 생성했다. 정적 상수는 클래스를 인스턴스화하지 않아도 호출할 수 있다. sharedInstance를 정적 상수로 정의했기 때문에 싱글턴 패턴을 사용함으로써 애플리케이션 생명주기 내내 오직 하나의 인스턴스만 존재하게 될 것이다.

또한 또 다른 MySingleton 클래스의 인스턴스를 생성하는 다른 코드를 제한하는 프라이빗 생성자를 생성했다.

이제 이 패턴이 어떻게 작동하는지 살펴보자. MySingleton 패턴은 Int 타입인 number라는 이름의 또 다른 프로퍼티를 갖고 있다. 다음 코드에서 보다시피 MySingleton 타입의 여러 변수를 생성하기 위해 sharedInstance 프로퍼티를 사용하는 경우 이 프로퍼티가 어떻게 변하는지를 모니터링해 볼 것이다.

```
var singleA = MySingleton.sharedInstance
var singleB = MySingleton.sharedInstance
var singleC = MySingleton.sharedInstance
singleB.number = 2
print(singleA.number)
print(singleB.number)
```

```
print(singleC.number)
singleC.number = 3
print(singleA.number)
print(singleB.number)
print(singleC.number)
```

이 코드에서는 MySingleton 타입의 변수 세 개를 생성하기 위해 sharedInstance 프로퍼티를 사용했다. 처음에는 두 번째 MySingleton 인스턴스(singleB)의 number 프로퍼티에 숫자 2를 대입했다. singleA, singleB, singleC의 number 프로퍼티 값이 콘솔에 출력되면 세 개 모두 number 프로퍼티 값이 2로 동일하다는 것을 확인할 수 있다. 그런 다음 세 번째 MySingleton 인스턴스(singleC)의 number 프로퍼티 값을 숫자 3으로 변경한다. number 프로퍼티 값을 다시 한 번 출력하면 이번에는 세 개 모두 값이 3인 것을 확인할 수 있다. 이 예제는 MySingleton 타입의 세 인스턴스 모두 동일한 인스턴스를 가리키고 있다는 것을 입증하고 있는데, 어떠한 인스턴스에서든 number 프로퍼티의 값을 변경하면 세 인스턴스에 있는 값이 모두 변경되기 때문이다.

이 예제에서는 애플리케이션에서 해당 타입의 인스턴스가 오직 하나만 존재하게 하는 것을 보장하기 위해 참조(클래스) 타입을 사용해 싱글턴 패턴을 구현했다. 구조체나 열거형과 같은 값 타입으로 이 패턴을 구현했다면 해당 타입이 인스턴스가 여러 개 생성되는 상황에 부닥쳤을 것이다.

코드를 다시 호출하면 매번 값 타입의 인스턴스가 전달되는데, 코드에서는 사실 해당 인스턴스의 복사본을 전달하게 된다. 이는 싱글턴 패턴을 값 타입으로 구현하면 타입의 인스턴스가 코드의 다른 곳으로 전달될 때마다 해당 코드는 인스턴스의 새로운 복사본을 전달받게 되고, 그로 인해 이 패턴이 깨지게 된다는 것을 의미한다.

싱글턴 패턴은 애플리케이션의 라이프사이클 내내 객체의 상태를 유지해야만 하는 경우에는 매우 유용할 수 있지만, 남용하지 않도록 주의해야 한다. 싱글턴 패턴은 애플리케이션 라이프사이클 내내 클래스의 인스턴스가 오직 단 한 개만 존재해야 하는 구체적인 요구 사항이 있기 전까지는 사용하지 말아야 한다. 싱글턴 패턴을 단순히 편의를 위해 사용하고 있다면 아마도 싱글턴 패턴을 잘못 사용하고 있을지도 모른다.

애플은 개발자에게 참조 타입보다는 값 타입을 선호할 것을 추천하고 있음에도 불구하고 싱글턴 패턴과 같이 참조 타입을 사용해야만 하는 수많은 예제가 여전히 존재한다. 계속해서 우리 자신에게 참조 타입보다는 값 타입을 선호해야 한다고 이야기하는 경우 참조 타입이 필요한 경우가 있다는 것을 잊기 매우 쉽다. 싱글턴 패턴에서는 참조 타입을 사용해야 함을 잊지 말자.

이번에는 빌더 디자인 패턴을 살펴보자.

빌더 디자인 패턴

빌더 패턴은 복잡한 객체의 생성을 도우면서 어떻게 이러한 객체들을 생성하는지에 대한 프로세스를 강제한다. 일반적으로 빌더 패턴에서는 복잡한 타입으로부터 생성 로직을 분리하며, 다른 타입을 추가한다. 빌더 패턴은 타입의 서로 다른 결과물을 생성하는 데 동일한 생성 프로세스를 사용하게 해준다.

문제 이해하기

빌더 패턴은 타입의 인스턴스가 설정 가능한 여러 값을 요구하는 문제를 해결하기 위해 설계됐다. 클래스의 인스턴스를 생성할 때 설정 옵션을 추가할 수도 있지만, 옵션이 올바르게 설정되지 않거나 모든 옵션에 대한 적절한 값을 알지 못하는 경우에는 문제가 발생할 수 있다. 또 다른 문제는 타입의 인스턴스를 생성할 때마다 모든 설정 가능한 옵션을 설정하는 데 많은 양의 코드가 필요하다는 점이다.

해결책 이해하기

빌더 패턴은 builder 타입으로 알려진 중개자를 이용해 이러한 문제를 해결한다. 빌더 타입은 원래의 복잡한 타입의 인스턴스를 생성하는 데 필요한 대부분 정보를 보유하고 있다.

빌더 패턴을 구현하는 데 사용할 수 있는 방법에는 두 가지가 있다. 첫 번째 방법은 구체적인 방법으로, 원래의 복잡한 객체를 설정하는 정보를 가진 여러 가지의 빌더 타입을 갖는 방식이다. 두 번째 방법은 모든 설정 가능한 옵션을 기본 값으로 설정하는 단일 빌더 타입을 사용해 빌더 패턴을 구현하며, 필요하다면 옵션 값을 변경하는 방식이다.

각각이 어떻게 작동하는지를 이해하는 것이 중요하기 때문에 이번 절에서는 빌더 패턴을 사용하기 위한 두 가지 방법을 모두 살펴본다.

빌더 패턴 구현하기

먼저 빌더 패턴을 설계해 해결하고자 했던 문제를 살펴보기 위해 빌더 패턴을 사용하지 않고 복잡한 구조체를 만드는 방법을 알아보는 것부터 시작해보자.

다음 코드에서는 BurgerOld라는 이름의 구조체를 생성하며, 빌더 패턴은 사용하지 않는다.

```
struct BurgerOld {
    var name: String
    var patties: Int
    var bacon: Bool
    var cheese: Bool
    var pickles: Bool
    var ketchup: Bool
    var mustard: Bool
```

```
    var lettuce: Bool
    var tomato: Bool
    init(name: String, patties: Int, bacon: Bool, cheese: Bool, pickles: Bool,
            ketchup: Bool, mustard: Bool, lettuce: Bool, tomato: Bool) {
        self.name = name
        self.patties = patties
        self.bacon = bacon
        self.cheese = cheese
        self.pickles = pickles
        self.ketchup = ketchup
        self.mustard = mustard
        self.lettuce = lettuce
        self.tomato = tomato
    }
}
```

BurgerOld 구조체는 어떠한 양념이 버거에 들어가는지와 버거의 이름을 정의한 프로
퍼티를 여러 개 갖고 있다. 이러한 프로퍼티는 BurgerOld 구조체의 인스턴스를 생성
할 때 반드시 알고 있어야 하므로, 이니셜라이저는 사용자에게 각 아이템을 정의할
것을 요구하게 된다. 이는 말할 것도 없이 애플리케이션 내에서 복잡한 초기화로 이어
지게 되며, 기본적인 버거(베이컨 치즈버거, 치즈버거, 햄버거 등)를 한 가지 이상 갖게
되는 경우에는 각각의 버거가 올바르게 정의됐는지를 확인해야만 한다. BurgerOld
클래스의 인스턴스를 생성하는 방법을 살펴보자.

```
// 햄버거를 생성한다.
var burgerOld = BurgerOld(name: "Hamburger", patties: 1, bacon: false, cheese:
false, pickles: false, ketchup: false, mustard: false, lettuce: false, tomato:
false)

// 치즈버거를 생성한다.
var burgerOld = BurgerOld(name: "Cheeseburger", patties: 1, bacon: false,
cheese: true, pickles: true, ketchup: true, mustard: true, lettuce: false,
```

```
tomato: false)
```

이러한 방식으로 **BurgerOld** 타입의 인스턴스를 생성하는 데에는 많은 코드가 필요하다. 이번에는 빌더 패턴을 사용해 이러한 타입의 생성 방법을 어떻게 향상시킬 수 있는지 살펴보자. 이번 예제에서는 여러 빌더 타입을 사용하는 방법을 보여줄 것이다. 각각의 타입은 버거에 들어가는 양념을 정의할 것이다. 먼저 다음 코드에서와 같이 **BurgerBuilder** 프로토콜을 정의하는 것부터 시작한다.

```
protocol BurgerBuilder {
    var name: String {get}
    var patties: Int {get}
    var bacon: Bool {get}
    var cheese: Bool {get}
    var pickles: Bool {get}
    var ketchup: Bool {get}
    var mustard: Bool {get}
    var lettuce: Bool {get}
    var tomato: Bool {get}
}
```

이 프로토콜은 단순히 프로토콜을 구현하는 타입에 요구되는 아홉 개의 프로퍼티를 정의하고 있다. 이제 이 프로토콜을 구현하는 HamburgerBuilder와 CheeseBurgerBuilder 이렇게 두 개의 구조체를 생성해보자.

```
struct HamburgerBuilder: BurgerBuilder {
    let name = "Burger"
    let patties = 1
    let bacon = false
    let cheese = false
    let pickles = true
    let ketchup = true
```

```
    let mustard = true
    let lettuce = false
    let tomato = false
}

struct CheeseBurgerBuilder: BurgerBuilder {
    let name = "CheeseBurger"
    let patties = 1
    let bacon = false
    let cheese = true
    let pickles = true
    let ketchup = true
    let mustard = true
    let lettuce = false
    let tomato = false
}
```

HamburgerBuilder 구조체와 CheeseBurgerBuilder 구조체에서는 각각 요구되는 프로퍼티에 단순히 값을 정의하고 있다. 좀 더 복잡한 타입에서는 추가적인 리소스를 초기화해야 할지도 모른다.

이번에는 Burger 구조체를 살펴보자. Burger 구조체는 자기 자신의 인스턴스를 생성하는 데 BurgerBuilder 프로토콜의 인스턴스를 사용할 것이다. 다음 코드에서는 새로운 Burger 타입을 보여준다.

```
struct Burger {
    var name: String
    var patties: Int
    var bacon: Bool
    var cheese: Bool
    var pickles: Bool
    var ketchup: Bool
    var mustard: Bool
```

```
    var lettuce: Bool
    var tomato: Bool

    init(builder: BurgerBuilder) {
        self.name = builder.name
        self.patties = builder.patties
        self.bacon = builder.bacon
        self.cheese = builder.cheese
        self.pickles = builder.pickles
        self.ketchup = builder.ketchup
        self.mustard = builder.mustard
        self.lettuce = builder.lettuce
        self.tomato = builder.tomato
    }

    func showBurger() {
        print("Name:    \(name)")
        print("Patties: \(patties)")
        print("Bacon:   \(bacon)")
        print("Cheese:  \(cheese)")
        print("Pickles: \(pickles)")
        print("Ketchup: \(ketchup)")
        print("Mustard: \(mustard)")
        print("Lettuce: \(lettuce)")
        print("Tomato:  \(tomato)")
    }
}
```

이 BurgerOld 구조체에서 생성자는 아홉 개의 매개변수를 가지며, 각각의 상수는 구조체 내에 정의돼 있다. 새로운 Burger 구조체에서 생성자는 매개변수를 한 개만 가지며, 이 매개변수는 BurgerBuilder 프로토콜을 따르는 타입의 인스턴스다. 이 새로운 생성자는 다음과 같이 Burger 클래스의 인스턴스를 생성할 수 있게 해준다.

```
// 햄버거를 생성한다.
var myBurger = Burger(builder: HamburgerBuilder())
myBurger.showBurger()

// 토마토가 들어간 치즈버거를 생성한다.
var myCheeseBurgerBuilder = CheeseBurgerBuilder()
var myCheeseBurger = Burger(builder: myCheeseBurgerBuilder)

// 토마토를 뺀다.
myCheeseBurger.tomato = false
myCheeseBurger.showBurger()
```

새로운 Burger 구조체를 어떻게 생성하는지를 앞의 BurgerOld 구조체와 비교하는 경우 Burger 구조체의 인스턴스를 생성하기가 훨씬 더 쉽다는 깃을 확인할 수 있다. 또한 빌더 클래스 내부에서 값을 직접 설정하기 때문에 각 버거 타입의 프로퍼티 값을 올바르게 설정했다는 것을 알 수 있다.

앞서 이야기한 바와 같이 빌더 패턴을 구현하는 데 사용할 수 있는 두 번째 방법이 있다. 두 번째 방법에서는 여러 빌더 형태를 보이는 것과는 달리 모든 설정 가능한 값을 기본 값으로 설정한 단일 빌더 타입을 갖는다. 그러면 해당 값은 필요에 따라 변경될 수 있다. 이 방법은 기존 코드와 통합하기 쉽기 때문에 필자는 오래된 코드를 업데이트하는 경우 이러한 구현 방법을 많이 사용한다.

이러한 구현을 위해서는 단일 BurgerBuilder 구조체를 생성해야만 한다. 이 BurgerBuilder 구조체는 BurgerOld 구조체를 생성하는 데 사용될 것이며, 기본적으로 모든 재료를 기본 값으로 설정할 것이다. 또한 BurgerBuilder 구조체에는 BurgerOld 구조체의 인스턴스를 생성하기에 앞서 기본 값을 변경하는 데 사용될 수 있는 메소드가 몇 가지 존재하게 될 것이다. 다음 코드는 이러한 새로운 BurgerBuilder 타입을 나타낸다.

```
struct BurgerBuilder {
    var name = "Burger"
    var patties = 1
    var bacon = false
    var cheese = false
    var pickles = true
    var ketchup = true
    var mustard = true
    var lettuce = false
    var tomato = false

    mutating func setPatties(choice: Int) {self.patties = choice}
    mutating func setBacon(choice: Bool) {self.bacon = choice}
    mutating func setCheese(choice: Bool) {self.cheese = choice}
    mutating func setPickles(choice: Bool) {self.pickles = choice}
    mutating func setKetchup(choice: Bool) {self.ketchup = choice}
    mutating func setMustard(choice: Bool) {self.mustard = choice}
    mutating func setLettuce(choice: Bool) {self.lettuce = choice}
    mutating func setTomato(choice: Bool) {self.tomato = choice}

    func buildBurgerOld(name: String) -> BurgerOld {
        return BurgerOld(name: name, patties: self.patties, bacon: self.bacon,
            cheese: self.cheese, pickles: self.pickles, ketchup:
            self.ketchup, mustard: self.mustard, lettuce: self.lettuce,
            tomato: self.tomato)
    }
}
```

BurgerBuilder 구조체에서는 버거를 위한 아홉 개의 프로퍼티(재료들)를 정의하고
있으며, name 프로퍼티를 제외한 각각의 프로퍼티에 대해 세터 메소드를 생성하고
있다. 또한 buildBurgerOld( )라는 이름의 메소드를 하나 생성한다. 이 메소드는
BurgerBuilder 인스턴스에 있는 프로퍼티의 값을 기반으로 하는 BurgerOld 구조체
의 인스턴스를 생성할 것이다. BurgerBuilder 구조체는 다음과 같이 사용할 수 있다.

```
var burgerBuilder = BurgerBuilder()
burgerBuilder.setCheese(choice: true)
burgerBuilder.setBacon(choice: true)
var jonBurger = burgerBuilder.buildBurgerOld(name: "Jon's Burger")
```

이 코드에서는 BurgerBuilder 구조체의 인스턴스를 생성하고 있다. 그런 후 버거에 치즈와 베이컨을 추가하기 위해 setCheese() 메소드와 setBacon() 메소드를 사용한다. 마지막으로 BurgerOld 구조체의 인스턴스를 생성하기 위해 buildBurgerOld() 메소드를 호출한다.

보다시피 빌더 패턴을 구현하는 데 사용하는 두 방법 모두 복잡한 타입을 생성하기가 매우 간단하다. 또한 두 방법 모두 인스턴스가 기본 값으로 저절하게 설정됨을 보장한다. 여러분 스스로가 타입의 인스턴스를 생성하는 데 매우 길고 복잡한 생성자 커맨드를 발견하게 된다면 생성자를 단순화하는 데 사용할 수 있는지를 살펴보는 데 빌더 패턴을 검토하기를 추천한다.

이번에는 생성 패턴의 마지막 예제로 팩토리 메소드 패턴을 살펴본다.

팩토리 메소드 패턴

팩토리 메소드 패턴은 생성할 정확한 타입을 명하지 않으면서 객체의 인스턴스를 생성하는 메소드를 사용한다. 팩토리 메소드는 생성할 타입을 런타임에 선택하게 해준다.

팩토리 메소드 패턴은 필자가 많이 사용하는 패턴 중 하나다. 또한 이 패턴은 개발자들이 이전 프로젝트에서 사용해 본 적이 있으므로 디자인 패턴을 처음 읽기 시작할 때 알아보는 패턴 중 하나다.

문제 이해하기

팩토리 패턴은 하나의 프로토콜을 따르는 여러 타입이 있고, 인스턴스화하기 위해 적절한 타입을 런타임에서 선택해야 하는 문제를 해결하기 위해 설계됐다.

해결책 이해하기

팩토리 메소드 패턴은 하나의 메소드 내에서 인스턴스화 유형을 선택하는 데 사용되는 로직을 캡슐화한다. 이 메소드는 프로토콜(또는 클래스)을 코드로만 노출시킨다. 코드는 메소드를 호출하며, 특정 타입을 어떻게 선택하는지에 대한 자세한 사항은 드러내지 않는다.

팩토리 메소드 패턴 구현하기

팩토리 메소드 패턴을 어떻게 사용하는지 보여주기 위해 3장에서 생성했던 문장 유효성 타입을 사용할 것이다. 이번 예제에서는 팩토리 메소드로 전달한 매개변수에 기초해 어떠한 문장 유효 타입을 사용할지 결정하는 함수를 하나 생성한다. 다음 코드에서는 앞의 내용을 다시 한 번 살펴보는 의미에서 TextValidation 프로토콜과 TextValidation 프로토콜 확장 코드를 보여준다.

```
protocol TextValidation {
    var regExFindMatchString: String {get}
    var validationMessage: String {get}
}

extension TextValidation {
    var regExMatchingString: String {
        get {
            return regExFindMatchString + "$"
        }
    }
```

```swift
    func validateString(str: String) -> Bool {
        if let _ = str.range(of: regExMatchingString, options:
              .regularExpression) {
          return true
        } else {
          return false
        }
    }

    func getMatchingString(str: String) -> String? {
        if let newMatch = str.range(of: regExFindMatchString, options:
              .regularExpression) {
          return String(str[newMatch])
        } else {
          return nil
        }
    }
}
```

TextValidation 프로토콜에서는 이름이 각각 regExFindMatchString과 validationMessage인 두 개의 프로퍼티를 정의했다. 프로토콜 확장에서는 이름이 regExMatchingString인 연산 프로퍼티 한 개와 이름이 각각 validateString()과 getMatchingString()인 메소드 두 개를 구현했다.

이제 다음 코드에서 보이는 바와 같이 TextValidation 프로토콜을 따르는 세 가지 타입이 생성됐다.

```swift
class AlphaValidation: TextValidation {
    static let sharedInstance = AlphaValidation()
    private init(){}
    let regExFindMatchString = "^[a-zA-Z]{0,10}"
    let validationMessage = "Can only contain Alpha characters"
}
```

```swift
class AlphaNumericValidation: TextValidation {
    static let sharedInstance = AlphaNumericValidation()
    private init(){}
    let regExFindMatchString = "^[a-zA-Z0-9]{0,10}"
    let validationMessage = "Can only contain Alpha Numeric characters"
}

class NumericValidation: TextValidation {
    static let sharedInstance = NumericValidation()
    private init(){}
    let regExFindMatchString = "^[0-9]{0,10}"
    let validationMessage = "Display Name can contain a maximum of 15
        Alphanumeric Characters"
}
```

AlphaValidation 클래스는 문자열이 최대 10개의 알파벳 문자를 갖고 있음을 보장하는 유효성을 확인하는 데 사용된다. NumericValidation 클래스는 최대 10개의 숫자를 갖고 있음을 보장하는 유효성을 확인하는 데 사용된다. AlphaNumericValidation 클래스는 문자열이 최대 10개의 알파벳이나 숫자를 갖고 있음을 보장하는 유효성을 확인하는 데 사용된다.

이러한 유효성 클래스를 사용하기 위해서는 유효성을 확인하고자 하는 문자열에 기초해 어떠한 클래스를 사용할지를 결정하는 방법이 필요하다. 팩토리 메소드 패턴은 이러한 결정에 도움을 주며, 다음과 같이 구현할 수 있다.

```swift
func getValidator(alphaCharacters: Bool, numericCharacters: Bool) ->
        TextValidation? {
    if alphaCharacters && numericCharacters {
        return AlphaNumericValidation.sharedInstance
    } else if alphaCharacters && !numericCharacters {
        return AlphaValidation.sharedInstance
    } else if !alphaCharacters && numericCharacters {
```

```
            return NumericValidation.sharedInstance
    } else {
        return nil
    }
}
```

getValidator() 메소드는 불리언 타입에 이름이 각각 alphaCharacters와
numericCharacters인 두 개의 인자를 받는다. 이들 매개변수는 필요한 유효성 타입
을 정의한다. TextValidation 프로토콜을 따르는 타입의 옵셔널 타입 값은 매개변수
의 값에 기초해 반환된다.

팩토리 메소드 패턴을 사용해 사용자가 얻을 수 있는 가장 큰 장점 중 하나는 문장
유효성 타입이 어떻게 선택되는지에 대한 모든 로직이 이 하나의 함수 안에 캡슐화
된다는 점이다. 이는 문장 유효성 타입을 선택하는 데 사용되는 로직을 변경하는
경우 변경해야 하는 코드는 함수 내부에 있는 코드이며, 전체 코드 베이스를 리팩토
링할 필요는 없다는 것을 의미한다. 예를 들어 AlphaValidation 클래스를 새로운
AlphaSpacesValidation 클래스로 교체하고자 할 경우 변경해야만 하는 코드는 이
함수 안에 있는 코드뿐이다.

이제 다음 코드에서 볼 수 있듯이 getValidator() 메소드를 사용할 수 있다.

```
var str = "abc123"
var validator1 = getValidator(alphaCharacters: true, numericCharacters:
        false)
print("String validated: \(validator1?.validateString(str: str))")

var validator2 = getValidator(alphaCharacters: true, numericCharacters: true)
print("String validated: \(validator2?.validateString(str: str))")
```

이 코드에서 validator1 변수는 AlphaValidation 타입의 인스턴스를 갖는다. 이 인
스턴스의 validateString() 메소드를 호출하면 str 변수는 숫자 값을 갖고 있기 때

문에 함수는 false 값을 반환한다. validator2 변수는 AlphaNumericValidation 타입의 인스턴스를 갖는다. 이 인스턴스의 validateString( ) 메소드를 호출하면 유효성 클래스는 알파벳이나 숫자 모두를 찾기 때문에 함수는 true를 반환한다.

생성 패턴이 갖고 있는 핵심 개념 중 하나는 일반적인 코드에서 무엇을 어떻게 생성해야 하는지에 대한 로직을 갖고 있다는 점과 그러한 로직을 구체적인 클래스나 함수에 구현한다는 점이다. 그런 후 훗날 코드에 변화를 주어야만 하는 경우 로직은 한 지점에 캡슐화돼 있으므로 로직이 코드 이곳저곳에 흩어져 있는 것보다 훨씬 쉽게 로직을 변경할 수 있다.

이번에는 구조 디자인 패턴을 살펴보자.

▌ 구조 디자인 패턴

구조 디자인 패턴은 어떻게 타입을 더 큰 구조체로 결합할 수 있는가를 서술한다. 일반적으로 이러한 더 큰 구조체는 작업하기가 더 쉽고 개별적인 타입이 가진 수많은 복잡도를 감추기에도 더 쉽다. 구조 패턴 범주에 있는 대부분 패턴은 객체 간의 연결을 수반한다.

구조 디자인 패턴 타입으로 널리 알려진 패턴으로는 일곱 가지가 있으며, 이는 다음과 같다.

- **어댑터(Adapter):** 어댑터 패턴은 공존할 수 없는 인터페이스를 가진 타입을 함께 작동하게 해준다.
- **브리지(Bridge):** 브리지 패턴은 구현체로부터 타입의 추상적인 요소를 분리하는 데 사용되며, 둘은 달라질 수 있다.
- **컴포지트(Composite):** 컴포지트 패턴은 객체 그룹을 하나의 객체로 다룰 수 있게 해준다.

- **데코레이터(Decorator):** 데코레이터 패턴은 객체에 이미 존재하는 메소드에 행위를 추가하거나 행위를 오버라이드하게 해준다.
- **퍼사드(Façade):** 퍼사드 패턴은 더 크고 복잡한 코드를 위한 단순화된 인터페이스를 제공한다.
- **플라이웨이트(Flyweight):** 플라이웨이트 패턴은 생성해야 하는 리소스를 줄이고 많은 유사한 객체를 사용하게 해준다.
- **프록시(Proxy):** 프록시 패턴은 다른 클래스나 여러 클래스를 위해 인터페이스처럼 행동하는 타입이다.

7장에서는 스위프트에서 브리지 패턴, 퍼사드 패턴, 프록시 패턴을 사용하는 방법에 대한 예제를 보여준다. 먼저 브리지 패턴을 살펴보는 것부터 시작하자.

브리지 패턴

브리지 패턴은 구현체와 추상화가 독립적으로 달라질 수 있도록 구현체에서 추상화를 분리한다. 브리지 패턴은 두 계층을 가진 추상화와 유사하다고 할 수 있다.

문제 이해하기

브리지 패턴은 여러 가지 문제를 해결하기 위해 설계됐지만, 집중해서 살펴보고자 하는 것은 새로운 기능이 추가되면서 시간이 지남에 따라 새로운 요구 사항으로 나타나는 경향이 있는 문제에 대한 것이다. 새로운 요구 사항과 기능이 들어오면 기능 간에 상호작용하는 방식을 변경해야만 할 것이다. 일반적으로 브리지 패턴을 사용하지 않는다면 코드를 리팩토링하게 될 것이다.

이 문제는 객체지향 프로그래밍에서는 클래스 계층 증가 현상으로 알려져 있으며, 프로토콜지향 프로그래밍에서도 발생할 수 있다.

해결책 이해하기

브리지 패턴은 상호작용하는 기능을 갖고 기능 간에 공유하는 능력으로부터 각 기능에 특화된 능력을 분리함으로써 이러한 문제를 해결한다. 그런 다음 이들을 하나로 모음으로써 공유되는 기능을 캡슐화하는 브리지 타입이 생성될 수 있다.

브리지 패턴 구현하기

브리지 패턴을 어떻게 사용하는지를 보여주기 위해 두 가지 기능을 생성할 것이다. 첫 번째 기능은 메시지 기능으로, 보내고자 하는 메시지를 저장하고 준비하는 기능이다. 두 번째 기능은 발송 기능으로, 이메일이나 SMS 메시지와 같은 구체적인 채널을 통해 메시지를 보낼 것이다.

이름이 각각 Message와 Sender인 두 종류의 프로토콜을 생성하는 것부터 시작해보자. Message 프로토콜은 메시지를 생성하는 데 사용되는 타입을 위한 요구 사항을 정의할 것이다. Sender 프로토콜은 구체적인 채널을 통해 메시지를 보내는 데 사용되는 타입을 위한 요구 사항을 정의하는 데 사용될 것이다. 다음 코드는 이 두 가지 프로토콜을 어떻게 정의하는지 보여준다.

```swift
protocol Message {
    var messageString: String {get set}
    init(messageString: String)
    func prepareMessage()
}

protocol Sender {
    func sendMessage(message: Message)
}
```

Message 프로토콜은 이름이 messageString인 문자열 타입의 저장 프로퍼티를 하나 정의한다. 이 프로퍼티는 메시지 문자열을 갖고 있으며, nil이 될 수 없다. 또한 이 프로토콜에서는 생성자 한 개와 prepareMessage( )라는 이름의 메소드를 하나 정의하고 있다. 생성자는 messageString 프로퍼티에 값을 설정하고 그밖에 메시지 타입에서 필요한 것을 설정하는 데 사용될 것이다. prepareMessage( ) 메소드는 메시지를 보내기 전에 메시지를 준비하는 데 사용될 것이다. 이 메소드는 메시지를 암호화하거나, 포맷을 추가하거나, 그밖에 메시지를 보내기 전에 메시지에 하고자 하는 일에 사용될 수 있다.

Sender 프로토콜은 이름이 sendMessage( )인 메소드를 하나 정의한다. 이 메소드는 프로토콜을 따르는 타입에서 정의한 채널을 통해 메시지를 보낼 것이다. 이 함수에서는 메시지를 보내기 전에 메시지 타입에 있는 prepareMessage( ) 메소드를 먼저 호출하는 것이 보장돼야만 한다.

이제 Message 프로토콜을 따르게 될 두 타입을 어떻게 정의할 것인지 살펴보자.

```
class PlainTextMessage: Message {
    var messageString: String
    required init(messageString: String) {
        self.messageString = messageString
    }
    func prepareMessage() {
        // 아무것도 하지 않는다.
    }
}

class DESEncryptedMessage: Message {
    var messageString: String
    required init(messageString: String) {
        self.messageString = messageString
    }
    func prepareMessage() {
        // 암호화한 메시지를 생성한다.
        self.messageString = "DES: " + self.messageString
```

```
      }
  }
```

각각의 타입은 Message 프로토콜을 따르는 데 필요한 필수 기능을 갖고 있다. 이
들 타입 간에 실제로 다른 부분은 오직 prepareMesssage( ) 메소드 내부뿐이다.
PlainTextMessage 클래스에 있는 prepareMessage( ) 메소드는 비어있는데, 이는 메시
지를 보내기 전에 메시지에 아무 일도 할 필요가 없기 때문이다. DESEncryptedMessage
클래스의 prepareMesssage( ) 메소드는 일반적으로 메시지를 암호화하는 로직을 가
질 것이지만 예제에서는 단지 메시지 앞부분에 DES 태그를 덧붙여 이 메소드가 호출
됐다는 것을 알릴 것이다.

이번에는 Sender 프로토콜을 따르게 될 두 개의 타입을 생성하자. 일반적으로 이러한
타입은 구체적인 채널을 통해 메시지를 보내는 일을 다룰 것이지만, 예제에서는 단순
히 콘솔에 메시지를 출력할 것이다.

```
class EmailSender: Sender {
  func sendMessage(message: Message) {
     print("Sending through E-Mail:")
     print(" \(message.messageString)")
   }
}

class SMSSender: Sender {
  func sendMessage(message: Message) {
     print("Sending through SMS:")
     print(" \(message.messageString)")
   }
}
```

EmailSender와 SMSSender 타입 모두 sendMessage( ) 함수를 구현함으로써 Sender
프로토콜을 따르고 있다.

다음 코드에서 보다시피 이제는 두 기능을 사용할 수 있다.

```
var myMessage = PlainTextMessage(messageString: "Plain Text Message")
myMessage.prepareMessage()
var sender = SMSSender()
sender.sendMessage(message: myMessage)
```

이 코드는 잘 작동할 것이며, 메시지를 생성하고 보내고자 하는 곳에 위와 유사한 코드를 추가할 수도 있다. 가까운 어느 미래에 메시지를 보내게 되는 채널의 요구 사항을 충족시킨다는 것을 확인하기 위해 메시지를 보내기 전에 이를 검증하는 새로운 기능을 추가해 달라는 요구 사항을 전달받았다고 가정해보자. 이를 위해서는 다음과 같이 검증 기능을 추가하기 위해 Sender 프로토콜을 변경하는 것부터 시작하게 될 것이다.

```
protocol Sender {
    var message: Message? {get set}
    func sendMessage()
    func verifyMessage()
}
```

Sender 프로토콜에서는 verifyMessage()라는 이름의 새로운 메소드와 message라는 이름의 새로운 프로퍼티를 추가했다. 또한 sendMessage() 메소드의 정의도 변경했다. 원래의 Sender 프로토콜은 단순히 메시지를 보내도록 설계했었다. 이 새로운 프로토콜은 sendMessage() 함수를 호출하기 전에 메시지를 검증하게 설계됐으므로, 앞서 정의했던 것처럼 간단하게 발송자에게 메시지를 전달할 수 없다.

이제 Sender 프로토콜을 따르는 타입을 새로운 프로토콜을 따르게 변경해야만 할 것이다. 다음 코드는 이러한 변경을 어떻게 할 것인지 보여준다.

224

```
class EmailSender: Sender {
    var message: Message?
    func sendMessage() {
        print("Sending through E-Mail:")
        print("\(message!.messageString)")
    }
    func verifyMessage() {
        print("Verifying E-Mail message")
    }
}

class SMSSender: Sender {
    var message: Message?
    func sendMessage() {
        print("Sending through SMS:")
        print(" \(message!.messageString)")
    }
    func verifyMessage() {
        print("Verifying SMS message")
    }
}
```

이제 이러한 타입을 사용하는 코드는 타입 자체가 변경됐기 때문에 코드도 변경해야
한다. 다음 예제에서는 이러한 코드를 어떻게 사용할 것인지 보여준다.

```
var myMessage = PlainTextMessage(messageString: "Plain Text Message")
myMessage.prepareMessage()
var sender = SMSSender()
sender.message = myMessage
sender.verifyMessage()
sender.sendMessage()
```

이러한 변경은 어려운 것은 아니지만, 브리지 패턴을 사용하지 않는다면 코드 전체를 리팩토링하고 메시지를 보내는 모든 구간을 변경해야 할 것이다. 브리지 패턴은 이처럼 서로가 긴밀히 상호작용을 하는 두 계층이 있는 경우에는 한곳에서 로직을 캡슐화하는 브리지 타입에 상호 연동 로직을 넣어야 한다고 말한다. 이처럼 새로운 요구 사항이나 성능 개선을 요청받았다면 한곳만 변경해 필요한 리팩토링을 제한시킬 수 있다. 다음 코드에서 보이는 바와 같이 메시지와 발송자 계층을 위한 브리지 타입을 만들 수 있다.

```
struct MessagingBridge {
    static func sendMessage(message: Message, sender: Sender) {
        var sender = sender
        message.prepareMessage()
        sender.message = message
        sender.verifyMessage()
        sender.sendMessage()
    }
}
```

메시지와 발송자 계층이 어떻게 상호작용하는지에 대한 로직은 MessagingBridge 구조체 내부로 캡슐화했다. 그러므로 로직을 변경해야 하는 경우에는 전체 코드를 리팩토링해야 하는 것이 아니라 이 타입 내부에서만 수정이 이뤄진다.

브리지 패턴은 기억하기도 좋고 사용하기도 좋은 패턴이다. 개인적으로는 코드에 브리지 패턴을 사용하지 않은 것을 후회하곤 하는데(지금도 여전히 후회하고 있다), 다들 잘 알다시피 요구 사항은 수시로 변하며 코드 전반에 걸쳐 변경하는 것보다 한곳에서 변경할 수 있게 하는 것이 미래에 많은 시간을 절약할 수 있다.

이번에는 구조 범주에 있는 다음 패턴으로 퍼사드 패턴을 살펴보자.

퍼사드 패턴

퍼사드 패턴은 더 크고 복잡한 코드에 간소화된 인터페이스를 제공한다. 퍼사드 패턴은 복잡한 것들을 숨김으로써 라이브러리를 사용하기 더 쉽고 이해하기 더 쉽게 만들어준다. 또한 퍼사드 패턴은 여러 API를 하나의 더 사용하기 쉬운 API로 결합하게 해주며, 이는 앞으로 예제에서 살펴본다.

문제 이해하기

퍼사드 패턴은 대개 서로 함께 작동하게 설계된 수많은 독립적인 API를 가진 복잡한 시스템을 갖고 있는 경우에 사용된다. 때로는 애플리케이션 초기 설계 단계에서 퍼사드 패턴을 어디에 사용해야 하는지를 이야기하기가 어려운 경우가 있다. 이러한 이유는 일반적으로 초기에는 API 설계를 단순화하기 위해 노력하기 때문이다. 그러나 시간이 지나고 요구 사항이 변하며 새로운 기능이 추가되면 API는 점점 복잡해지고 그렇게 되면 퍼사드 패턴을 사용해야 하는 구간이 분명해지게 된다. 퍼사드 패턴을 사용하는 좋은 예는 다음과 같다. 작업을 수행하기 위해 서로 긴밀히 작동하는 여러 API가 있는 경우에는 퍼사드 패턴을 고려해야 한다.

해결책 이해하기

퍼사드 패턴의 핵심 개념은 API의 복잡성을 간단한 인터페이스 뒤로 숨기는 것이다. 이러한 방법은 여러 장점을 제공하는데, 그중 가장 분명한 장점은 외부 코드와 API 간 상호작용을 단순화시켜준다는 점이다. 또한 퍼사드 패턴은 느슨한 결합을 장려하며, 느슨한 결합을 통해 API를 사용하는 모든 코드를 리팩토링하지 않으면서 API를 변경할 수 있게 해준다.

퍼사드 패턴 구현하기

퍼사드 패턴을 보여주기 위해 HotelBooking, FlightBooking, RentalCarBooks라는 세 개의 API를 생성할 것이다. 이러한 API는 여행에서 호텔 예약, 항공기, 렌터카를 검색하는 데 사용될 것이다. 각 API를 개별적으로 호출하기가 쉽겠지만, 여기서는 세 API 기능을 단일 호출로 통합하는 TravelFacade 구조체를 만든다.

먼저 세 개의 API를 정의하는 것부터 시작한다. 각각의 API는 호텔, 항공기 또는 렌터카의 정보를 저장할 데이터 저장 클래스가 필요할 것이다. 먼저 호텔 API를 구현하는 것부터 시작해본다.

```
struct Hotel {
    // 호텔 객실에 대한 정보
}

struct HotelBooking {
    static func getHotelNameForDates(to: NSDate, from: NSDate) -> [Hotel]? {
        let hotels = [Hotel]()
        // 호텔을 가져오는 로직
        return hotels
    }

    static func bookHotel(hotel: Hotel) {
        // 호텔 객실을 예약하는 로직
    }
}
```

호텔 API는 Hotel과 HotelBooking 구조체로 이뤄져 있다. Hotel 구조체는 호텔 객실에 대한 정보를 저장하는 데 사용될 것이며, HotelBooking 구조체는 호텔 객실을 검색하고 여행을 위해 호텔 객실을 예약하는 데 사용될 것이다. 항공기와 렌터카 API는 호텔 API와 매우 유사하다. 다음 코드는 항공기와 렌터카 API에 대한 코드를 보여준다.

```swift
struct Flight {
    // 항공기에 대한 정보
}

struct FlightBooking {
    static func getFlightNameForDates(to: NSDate, from: NSDate) -> [Flight]? {
        let flights = [Flight]()
        // 항공기를 가져오는 로직
        return flights
    }

    static func bookFlight(fight: Flight) {
        // 항공기를 예약하는 로직
    }
}

struct RentalCar {
    // 렌터카에 대한 정보
}

struct RentalCarBooking {
    static func getRentalCarNameForDates(to: NSDate, from: NSDate) ->
            [RentalCar]? {
        let cars = [RentalCar]()
        // 렌터카를 가져오는 로직
        return cars
    }

    static func bookRentalCar(rentalCar: RentalCar) {
        // 렌터카를 예약하는 로직
    }
}
```

각 API에는 정보를 저장하는 데 사용되는 구조체와 검색과 예약 기능을 제공하기 위해 사용되는 구조체가 존재한다. 초기 설계에서는 애플리케이션에서 각각의 API를 개별적으로 호출하기가 매우 쉽다. 그러나 모두 알다시피 요구 사항은 변하게 돼 있고, 이러한 요구 사항은 나중에 API를 변경하게 만드는 원인이 된다. 여기서는 퍼사드 패턴을 사용해 각각의 API의 구현 상태를 숨긴다. 그러므로 나중에 API가 동작하는 방식을 변경해야 하는 경우에는 코드 전체를 리팩토링하지 않고 퍼사드 타입만 변경하면 된다. 이러한 방식은 코드를 관리하고 나중에 코드를 업데이트하기 더욱 쉽게 만들어준다. 이번에는 TravelFacade 구조체를 만들어봄으로써 퍼사드 패턴을 어떻게 구현하는지 살펴보자.

```swift
struct TravelFacade {

    var hotels: [Hotel]?
    var flights: [Flight]?
    var cars: [RentalCar]?

    init(to: NSDate, from: NSDate) {
        hotels = HotelBooking.getHotelNameForDates(to: to, from: from)
        flights = FlightBooking.getFlightNameForDates(to: to, from: from)
        cars = RentalCarBooking.getRentalCarNameForDates(to: to, from: from)
    }

    func bookTrip(hotel: Hotel, flight: Flight, rentalCar: RentalCar) {
        HotelBooking.bookHotel(hotel: hotel)
        FlightBooking.bookFlight(flight: flight)
        RentalCarBooking.bookRentalCar(rentalCar: rentalCar)
    }
}
```

TravelFacade 구조체는 세 가지 API를 검색하기 위한 기능과 호텔, 항공기, 렌터카를 예약하는 기능을 갖고 있다. 이제 각각의 API에 직접 접근할 필요 없이 이 타입을 사용해 호텔, 항공, 렌터카를 검색할 수 있다. 또한 호텔, 항공기, 렌터카를 예약하는 데 각각의 API에 접근할 필요 없이 이 구조체를 사용해 예약할 수 있다.

7장 앞부분에서 이야기했듯이 항상 초기 설계 단계에서는 퍼사드 패턴을 어느 부분에 사용할 수 있는지가 명확하지 않다. 퍼사드 패턴을 적용하는 좋은 예는 다음과 같다. 어떠한 작업을 수행하기 위해 여러 개의 API가 함께 동작해야 한다면 퍼사드 패턴을 고려해볼 만하다.

이번에는 구조 패턴의 마지막으로 프록시 디자인 패턴을 살펴보자.

프록시 디자인 패턴

프록시 디자인 패턴을 사용하면 어느 한 가지 타입이 다른 타입 또는 API를 위한 인터 페이스로 동작할 수 있다. 프록시라 부르는 이 래퍼 클래스는 객체에 기능을 추가하거 나 API의 구현부를 숨기거나 객체의 접근을 제한시킬 수 있다.

문제 이해하기

프록시 패턴은 여러 문제를 해결하는 데 사용할 수 있지만, 개인적으로는 두 가지 문제를 해결하는 데 프록시 패턴을 사용한다.

프록시 패턴을 사용해 해결하고자 하는 첫 번째 문제는 API와 코드 사이에 추상 레이 어를 생성해야만 하는 경우다. API는 로컬 API 또는 리모트 API가 될 수는 있겠지만, 필자의 경우 대개 코드와 리모트 서비스 사이에 추상 레이어를 추가하기 위해 프록시 패턴을 사용한다. 이러한 방식은 코드 전반에 걸쳐 리팩토링하지 않고도 리모트 API 를 변경할 수 있게 해줄 것이다.

프록시 패턴을 사용해 해결하고자 하는 두 번째 문제는 API를 변경해야 하는 데 관련 코드를 갖고 있지 않거나 애플리케이션 내의 어딘가에 이미 해당 API에 대한 의존성 이 있는 경우다.

해결책 이해하기

프록시 패턴에서는 이러한 문제를 해결하기 위해 다른 타입이나 API와 상호작용을 하기 위해 인터페이스처럼 동작하는 타입을 생성해야 한다고 이야기한다. 이번 예제에서는 코드와 원격 API 사이에 추상 계층을 추가하면서 프록시 패턴을 사용하는 방법을 살펴본다.

프록시 패턴 구현하기

이번 절에서는 코드와 원격 API 사이에 추상 계층을 추가하면서 프록시 패턴을 어떻게 사용할 수 있는지 살펴본다. 이러한 방식을 사용하면 로컬 프록시 타입에 원격 API의 자세한 구현 사항을 숨길 수 있을 것이다. 이번 예제를 위해 애플 iTunes API에서 정보를 검색하는 프록시 타입을 만들어본다.

 이 예제를 동작시키기 위해서는 프록시 타입 내에 애플 iTunes API와 상호작용하는 네트워킹 코드를 구현해야 할 것이다. 여기서는 네트워킹 코드를 보여주더라도 이러한 코드가 어떻게 동작하는지에 대해서는 다루지 않는다. 그 대신 프록시 패턴이 어떻게 구현되는지에 중점을 둔다.

프록시 패턴을 구현하기 위해서는 iTunes API를 위해 프록시처럼 동작할 타입을 만드는 일부터 시작해야 한다. 코드에서 네트워킹 부분은 비동기로 처리될 것이기 때문에 iTunes API가 프록시 타입에 결과를 전달할 때에는 해당 결과를 전달하기 위해 클로저를 사용한다. 클로저를 위한 **typealias**는 다음과 같이 정의한다.

```
public typealias DataFromURLCompletionClosure = (Data?) -> Void
```

다음으로 **ITunesProxy**라는 이름의 프록시 타입을 만들어보자.

232

```swift
public struct ITunesProxy {
    public func sendGetRequest(searchTerm: String, _ handler: @escaping
            DataFromURLCompletionClosure) {

        let sessionConfiguration = URLSessionConfiguration.default

        var url = URLComponents()
        url.scheme = "https"
        url.host = "itunes.apple.com"
        url.path = "/search"

        url.queryItems = [
            URLQueryItem(name: "term", value: searchTerm),
        ]

        if let queryUrl = url.url {
            var request = URLRequest(url:queryUrl)
            request.httpMethod = "GET"
            let urlSession = URLSession(configuration:sessionConfiguration,
                    delegate: nil, delegateQueue: nil)
            let sessionTask = urlSession.dataTask(with: request) { (data,
                    response, error) in

                handler(data)
            }
            sessionTask.resume()
        }
    }
}
```

프록시 타입을 완료하고 나면 다음과 같이 iTunes API에 접근하기 위해 코드 어디에서든 이를 사용할 수 있다.

```swift
let proxy = ITunesProxy()
proxy.sendGetRequest(searchTerm: "jimmy+buffett", {
```

```swift
    if let data = $0, let sString = String(data: data, encoding:
        String.Encoding(rawValue: String.Encoding.utf8.rawValue)) {
    print(sString)
  } else {
    print("Data is nil")
  }
})
```

이러한 방식은 애플리케이션 코드와 iTunes API와 상호작용하기 위한 코드 사이에 추상 계층을 제공한다. 프록시 패턴을 사용해 얻을 수 있는 가장 큰 장점은 iTunes API와 상호작용하기 위한 구현 코드를 한 가지 타입에 고립시킬 수 있다는 점이다. 예를 들어 애플이 https://www.apple.com/itunes/에서 http://itunesapi.apple.com/ 으로 URL을 변경하거나, API 호출에서 어떠한 변화가 생긴다면 사용자는 한 가지 타입 안에서만 변경하면 될 것이다.

경험이 많은 개발자 대부분은 과거에 이러한 방식을 사용해 본 경험이 있기 때문에 이러한 패턴을 알아볼 것이다. 이처럼 코드와 원격 API 사이에 추상 계층을 만드는 것은 일반적인 패턴이다.

이번에는 행위 디자인 패턴을 살펴보자.

▌ 행위 디자인 패턴

행위 디자인 패턴은 타입 간에 상호작용이 어떻게 이뤄지는지를 설명한다. 이러한 패턴은 어떠한 일을 발생시키기 위해 어떻게 서로 다른 타입의 인스턴스 간에 메시지를 보내는지 설명한다.

행위 디자인 패턴 타입으로 널리 알려진 패턴으로는 아홉 가지가 있으며, 이는 다음과 같다.

- **책임 연쇄(Chain of responsibility):** 책임 연쇄 패턴은 다른 핸들러에 위임돼 있을지 모르는 다양한 요청을 처리하기 위해 사용된다.
- **커맨드(Command):** 커맨드 패턴은 나중에 다른 컴포넌트에 의해 실행될 수 있게 행동이나 매개변수를 캡슐화한 객체를 생성한다.
- **이터레이터(Itrator):** 이터레이터 패턴은 근본적인 구조는 노출시키지 않으면서 객체의 요소에 연속적으로 접근할 수 있게 해준다.
- **미디에이터(Mediator):** 미디에이터 패턴은 서로 정보를 전달하는 타입 간의 결합도를 줄이는 데 사용된다.
- **메멘토(Memento):** 메멘토 패턴은 객체의 현재 상태를 캡처하고 나중에 복구할 수 있게 객체를 얼마간 저장하는 데 사용된다.
- **옵저버(Observer):** 옵저버 패턴은 객체의 변경 상태를 알리게 해준다. 그러면 다른 객체는 이러한 변경 사항에 대한 알림을 받기 위해 이를 구독할 수 있다.
- **스테이트(State):** 스테이트 패턴은 내부 상태가 변경될 경우 객체의 행동을 변경하기 위해 사용된다.
- **스트래티지(Strategy):** 스트래티지 패턴은 런타임에서 알고리즘 계열 중 하나를 선택하게 해준다.
- **비지터(Visitor):** 비지터 패턴은 객체 구조로부터 알고리즘을 분리하기 위해 사용되는 방법이다.

이번 절에서는 스위프트에서 스트래티지 패턴, 옵저버 패턴, 커맨드 패턴을 사용하는 방법에 대한 예제를 제공한다. 먼저 커맨드 패턴을 살펴보는 것부터 시작하자.

커맨드 디자인 패턴

커맨드 디자인 패턴은 사용자에게 나중에 실행할 수 있는 행동을 정의하도록 요구한다. 일반적으로 커맨드 패턴은 나중에 호출하거나 행동을 해야 하는 모든 정보를 캡슐화한다.

문제 이해하기

애플리케이션에서는 커맨드 실행과 호출자를 서로 분리해야만 하는 경우가 발생한다. 일반적으로 여러 행동 중 하나를 수행해야만 하는 타입이 있고, 사용해야 하는 행동을 선택하는 시점은 런타임 단계에서 이뤄져야 하는 경우가 이에 해당한다.

해결책 이해하기

커맨드 패턴은 사용자에게 다양한 행동에 관한 로직을 커맨드 프로토콜을 따르는 분리된 타입으로 캡슐화하라고 이야기한다. 그러면 이를 사용하는 호출자에게 커맨드 타입의 인스턴스를 제공할 수 있다. 호출자는 필요한 행동을 실행하기 위해 프로토콜에서 제공하는 인터페이스를 사용할 것이다.

커맨드 패턴 구현하기

이번 절에서는 간단한 계산기에 대한 로직을 구현하면서 커맨드 패턴을 사용하는 방법을 보여준다. 이를 위해 계산기의 수학 함수를 구현하는 모든 타입이 반드시 따라야 하는 프로토콜을 만드는 것부터 시작해본다. 프로토콜의 이름을 MathCommand라 지정하고 다음 코드를 프로토콜에 추가한다.

```
protocol MathCommand {
    func execute(num1: Double, num2: Double) -> Double
}
```

MathCommand 프로토콜은 해당 프로토콜을 따르는 타입에게 하나의 함수를 구현할 것을 요구한다. 이 함수의 이름은 execute( )이며, 두 개의 Double 타입 매개변수를 갖고 Double 타입의 값을 반환한다. 이 프로토콜을 따르는 타입은 두 개의 매개변수를 갖는 수학 함수를 수행해야 할 것이다.

이번에는 MathCommand 프로토콜을 따르는 네 가지 타입을 만들어본다. 이들 타입의 이름은 각각 AddiotionCommand와 SubtractionCommand, MultiplicationCommand, DivisionCommand로 지정한다.

```
struct AdditionCommand: MathCommand {
    func execute(num1: Double, num2: Double) -> Double {
        return num1 + num2
    }
}

struct SubtractionCommand: MathCommand {
    func execute(num1: Double, num2: Double) -> Double {
        return num1 - num2
    }
}

struct MultiplicationCommand: MathCommand {
    func execute(num1: Double, num2: Double) -> Double {
        return num1 * num2
    }
}

struct DivisionCommand: MathCommand {
    func execute(num1: Double, num2: Double) -> Double {
        return num1 / num2
    }
}
```

각 커맨드 타입은 execute( ) 메소드를 구현하면서 MathCommand를 따르고 있다. 이 메소드 내에서는 타입의 이름에서 유추할 수 있는 수학 함수를 수행하게 된다.

이번에는 호출자를 생성해야만 한다. 이 호출자는 MathCommand 프로토콜을 따르는 커맨드를 실행하는 방법을 알고 있을 것이다. 이로 인해 계산기는 MathCommand를 따르는 타입을 갖는 모든 함수를 실행할 수 있게 된다.

다음 코드에서는 호출자를 어떻게 생성하는지 보여준다.

```
struct Calculator {
    func performCalculation(num1: Double, num2: Double, command: MathCommand)
        -> Double {
        return command.execute(num1: num1, num2: num2)
    }
}
```

이 Calculator 타입은 performCalculation( )이라는 이름의 메소드를 하나 갖는다. 이 메소드는 두 개의 Double 타입과 한 개의 MathCommand 프로토콜을 따르는 타입의 인스턴스 이렇게 총 세 개의 매개변수를 받는다. 메소드에서는 메소드에 매개변수로 전달된 두 개의 Double 값을 사용해 MathCommand 인스턴스의 execute( ) 메소드 결과를 반환한다. 이제 계산기를 사용해 (25 - 10) * 5와 같은 계산식을 풀어봄으로써 코드가 어떻게 동작하는지 살펴보자.

```
var calc = Calculator( )
var startValue = calc.performCalculation(num1: 25, num2: 10, command:
    SubtractionCommand( ))
var answer = calc.performCalculation(num1: startValue, num2: 5, command:
    MultiplicationCommand( ))
```

먼저 Calculator 타입의 인스턴스를 생성했다. 그런 다음 performCalculation( ) 메소드를 사용해 결과가 15가 되는 25에서 10을 빼는 연산을 수행한다. 코드에서는 performCalculation( ) 메소드의 처음 두 매개변수에 25와 10을 전달하고 마지막 매개변수에 SubtractionCommand 타입의 인스턴스를 전달해 연산을 수행한다. 마지막 줄에서는 첫 번째 계산의 결과 값인 15를 사용해 5와의 곱셈을 수행한다. 따라서 마지막 결과는 75가 될 것이다.

커맨드 패턴을 사용함으로써 얻을 수 있는 장점에는 여러 가지가 있다. 그중에서 가장 주요한 장점 중 하나는 실행하는 커맨드를 런타임에서 설정할 수 있으며, 애플리케이션 생애 동안 필요에 따라 커맨드를 Command 프로토콜을 따르는 다른 구현체로 바꿀 수 있게 해준다는 점이다. 커맨드 패턴을 사용해 얻을 수 있는 또 다른 장점은 컨테이너 타입에 있는 내용이 아니라 커맨드 타입 자신에 있는 커맨드 구현체의 상세 내용을 캡슐화한다는 점이다.

이번에는 스트래티지 패턴을 살펴보자.

스트래티지 패턴

스트래티지 패턴은 호출하는 타입으로부터 자세한 구현 사항을 분리하고 런타임에서 구현체를 교체시킬 수 있게 해준다는 점에서 커맨드 패턴과 매우 유사하다. 스트래티지 패턴은 알고리즘을 캡슐화하는 경향이 있다는 점에서 커맨드 패턴과 큰 차이를 보인다. 스트래티지 패턴에서는 알고리즘을 바꿈으로써 객체가 같은 기능을 다른 방법으로 수행하기를 기대하는 반면, 커맨드 패턴에서는 커맨드를 바꾸면 객체가 객체의 기능을 바꾸기를 기대한다.

문제 이해하기

때로는 애플리케이션에서 작업을 수행하는 데 사용하는 백엔드 알고리즘을 변경해야 하는 경우가 발생한다. 일반적으로 같은 작업을 수행하는 데 사용될 수 있는 여러 다른 알고리즘을 가진 타입을 갖고 있으면서 어떠한 알고리즘을 사용해야 하는지에 대한 선택은 런타임에서 이뤄져야 하는 경우에 이러한 문제가 발생한다.

해결책 이해하기

스트래티지 패턴은 스트래티지 패턴을 따르는 타입에 있는 알고리즘을 캡슐화해야 한다고 이야기한다. 그러면 호출자에게 사용하기 위한 스트래티지 타입의 인스턴스를 제공할 수 있다. 호출자는 알고리즘을 실행하기 위해 프로토콜에서 제공하는 인터페이스를 사용할 것이다.

스트래티지 패턴 구현하기

이번 절에서는 런타임에서 압축 전략을 어떻게 변경할 수 있는지 보여줌으로써 스트래티지 패턴을 구현해본다. 먼저 각 압축 타입이 따르게 될 CompressionStrategy 프로토콜을 생성하는 것으로 예제를 시작해보자.

```
protocol CompressionStrategy {
    func compressFiles(filePaths: [String])
}
```

이 프로토콜에서는 compressFiles()라는 이름의 메소드를 하나 정의하고 있다. 이 메소드는 매개변수를 하나 받는데, 이 매개변수는 압축할 파일의 경로를 가진 문자열의 배열을 의미한다. 이제 CompressionStrategy 프로토콜을 따르는 두 종류의 구조체를 만들어보자. 이 구조체의 이름은 각각 ZipCompressionStrategy와 RarCompressionStrategy다.

```
struct ZipCompressionStrategy: CompressionStrategy {
    func compressFiles(filePaths: [String]) {
        print("Using Zip Compression")
    }
}

struct RarCompressionStrategy: CompressionStrategy {
    func compressFiles(filePaths: [String]) {
        print("Using RAR Compression")
    }
}
```

코드에서 두 구조체 모두 문자열 배열을 받는 compressFiles( ) 메소드를 가짐으로써 CompressionStrategy 프로토콜을 구현하고 있다. 이 메소드에서는 단순하게 사용하고 있는 압축 이름을 출력한다. 일반적으로는 이 메소드에 압축 로직을 구현해야 할 것이다.

이번에는 파일을 압축하기 위해 호출하게 될 CompressContent 타입을 살펴보자.

```swift
struct CompressContent {
    var strategy: CompressionStrategy
    func compressFiles(filePaths: [String]) {
        self.strategy.compressFiles(filePaths: filePaths)
    }
}
```

이 타입은 strategy라는 이름의 프로퍼티가 하나 있는데, 이 프로퍼티는 Compress Strategy 프로토콜을 따르는 타입의 인스턴스를 포함하게 될 것이다. 또한 이 타입은 compressFiles( )라는 이름의 메소드가 하나 있는데, 이 메소드는 압축하고자 하는 파일의 경로를 포함하는 문자열 배열을 받는다. 메소드 안에서는 strategy 인스턴스의 compressFiles(filePaths:) 메소드를 호출해 파일을 압축한다.

CompressContent 타입은 다음과 같이 사용될 것이다.

```swift
var filePaths = ["file1.txt", "file2.txt"]
var zip = ZipCompressionStrategy( )
var rar = RarCompressionStrategy( )

var compress = CompressContent(strategy: zip)
compress.compressFiles(filePaths: filePaths)

compress.strategy = rar
compress.compressFiles(filePaths: filePaths)
```

이 코드에서는 압축할 파일을 포함하는 문자열 배열을 생성한다. 또한 CompressContent 타입의 인스턴스뿐만 아니라 ZipCompressionStrategy와 RarCompressionStrategy 의 인스턴스도 생성된다. 압축 전략은 처음에는 ZipCompressionStrategy 인스턴스 로 설정되고, 콘솔에 Using zip compression 메시지를 출력하는 compressFiles() 메소드가 호출된다. 그런 다음 압축 전략은 RarCompressionStrategy 인스턴스로 변경되며, 콘솔에 Using rar compression 메시지를 출력하는 compressFiles() 메소드 가 또다시 호출된다.

스트래티지 패턴은 사용할 알고리즘을 런타임 단계에서 설정하기에 매우 좋을 뿐만 아니라 애플리케이션에서 필요한 경우 다른 구현체의 알고리즘으로 교체할 수 있게도 해준다. 또한 스트래티지 패턴은 알고리즘의 자세한 사항을 메인 구현 타입이 아닌 스트래티지 타입 자신으로 캡슐화한다.

이번에는 마지막 하나 남은 패턴인 옵저버 패턴을 살펴보자.

옵저버 패턴

옵저버 패턴은 다른 타입에서 이벤트가 발생하는 경우 옵저버 타입이 알림을 받는 경우와 같은 광범위한 이벤트 처리를 구현하기 위해 사용된다. 옵저버 패턴은 객체의 그룹이 객체 사이에 의존성을 거의 갖지 않으면서 서로 협력할 수 있게 해준다. 이 패턴은 매우 널리 사용되기 때문에 코코아나 코코아 터치 같은 모던 UI 프레임워크를 사용해 애플리케이션을 개발한다면 옵저버 패턴을 여러 번 봤을 것이다.

문제 이해하기

코드의 다른 부분에서 어떠한 이벤트가 발생하는 경우 코드의 한 부분 또는 그 이상의 부분에서 어떠한 행동을 수행해야만 하는 경우가 발생한다. 이는 사용자가 사용자 인터페이스와 상호작용을 하는 경우 이에 대해 알림을 받고 싶어 하는 대부분의 모던

UI 프레임워크에서는 매우 일반적인 요구 사항이다.

해결책 이해하기

옵저버 패턴에서는 이벤트가 발생하는 경우 이를 전달받기 위해 옵저버를 등록한다. 이벤트가 발생하면 이벤트를 등록한 인스턴스는 이벤트가 발생했다는 알림을 받게 된다. 스위프트에는 옵저버 패턴을 구현할 방법이 여러 가지가 있으며, 이번 절에서는 그중 세 가지 방법을 살펴본다. 옵저버 패턴을 구현하는 여러 가지 방안을 살펴보는 이유는 각각의 방안이 구체적인 상황에서 옵저버 패턴을 구현하는 데 도움을 주기 때문이다. 이러한 방안에 관해 이야기하면서 각각의 방안을 언제 사용해야 하는지도 알아볼 것이다.

옵저버 패턴 구현하기

옵저버 패턴을 구현하는 첫 번째 방안으로 NotificationCenter 클래스를 사용할 것이다. NotificationCenter 클래스는 알림을 등록하거나 발신 또는 수신하는 메커니즘을 제공한다. 모든 코코아 또는 코코아 터치 기반의 애플리케이션은 애플리케이션이 구동되면 기본적인 알림 센터를 하나 갖게 된다. 따라서 앱 소유의 NotificationCenter 클래스의 인스턴스를 별도로 생성할 필요가 없다.

NotificationCenter를 사용하는 경우에는 각각 알림의 이름을 제공해야만 한다. 한 가지 금해야 할 행동은 전달하는 타입(알림을 전달하는 타입)과 전달받는 타입(알림을 받는 타입)에 이름을 하드 코딩하지 말라는 것이다. 그 대신 정적 상수로 이름을 정의하고 이를 전달하는 타입이나 전달받는 타입에서 사용하기를 권고한다. 이를 위해 예제에서는 다음과 같이 알림을 위한 이름을 정의하는 것부터 시작한다.

```
let NCNAME = "Notification Name"
```

이번에는 알림을 전달하는 타입을 생성해본다. 예제에서 post라는 이름의 메소드를 호출하면 전송 타입은 단순히 기본 알림 센터에게 알림을 전달할 것이다.

```
class PostType {
    let nc = NotificationCenter.default
    func post() {
        nc.post(name: Notification.Name(rawValue: NCNAME), object: nil)
    }
}
```

마지막으로 알림 센터에 알림을 전달하는 경우 이 알림을 받게 될 타입을 생성해본다. 이 타입은 알림 센터와 함께 셀렉터를 하나 등록하는데(이 예제에서 메소드 이름은 receiveNotification()이다), 이 셀렉터는 알림 센터가 이름이 확인된 새로운 알림을 전달할 경우 호출된다.

```
class ObserverType {
    let nc = NotificationCenter.default
    init() {
        nc.addObserver(self, selector:
            #selector(receiveNotification(notification:)), name:
            Notification.Name(rawValue: NCNAME), object: nil)
    }
    @objc func receiveNotification(notification: Notification) {
        print("Notification Received")
    }
}
```

NotificationCenter를 사용하는 경우에는 호출하게 될 메소드 앞에 @objc 속성을 추가해야 함을 명심해야 한다. @objc 속성은 오브젝티브C 런타임에서 스위프트 API가 가능하게 해준다. 또한 @objc 속성은 NotificationCenter와 함께 receiveNotification() 메소드를 사용할 수 있게 해준다.

244

이제 이 타입은 다음과 같이 사용할 수 있다.

```
var postType = PostType()
var ovserverType = ObserverType()
postType.post()
```

이 코드를 실행하면 PostType 타입의 인스턴스에 있는 post() 메소드를 실행할 경우
ObserverType 인스턴스에 있는 Notification Received 메시지가 콘솔에 출력되는
것을 확인할 수 있을 것이다. 알림 센터를 사용하는 것은 코드에 옵저버 패턴을 추가
하는 매우 쉽고 빠른 방법이다.

알림을 통보하는 타입이나 옵저버 타입이 오브젝티브C 코드로 작성됐을 경우에는 앞
코드에서 본 것과 같은 알림 센터를 사용해야만 한다. 또한 알림 센터를 사용해 여러
수신자에게 알리는 것이 다음에 나올 방법보다 더 쉬운데, 이는 알림 센터에 기능이
구현돼 있기 때문이다.

두 번째 방법에서는 다른 타입의 인스턴스로부터 알림을 받기 위해 구체적인 프로토
콜을 따르는 타입의 인스턴스를 등록하는 상황에서 코코아나 코코아 터치 프레임워
크에서 이러한 알림을 어떻게 다루는지 보여준다. 이번 예제에서는 좀비 타입이 움
직이거나 우리를 발견하는 경우 알림을 받고자 한다. 먼저 알림을 받고자 하는 타입
이 반드시 따라야만 하는 프로토콜을 정의하는 것부터 시작하자. 이 프로토콜은
ZombieObserver로 명명할 것이다.

```
protocol ZombieObserver {
    func turnLeft()
    func turnRight()
    func seesUs()
}
```

이 프로토콜은 프로토콜을 따르는 타입에게 프로토콜에 정의된 세 개의 메소드를 구현할 것을 요구할 것이다. 이 메소드는 좀비가 나타나거나 우리를 발견했을 때 우리에게 알려주기 위해 호출되는 메소드가 될 것이다.

이번에는 Zombie 타입으로부터 알림을 받게 될 옵저버를 정의해보자. 이 클래스의 이름은 ZombieObserver 프로토콜을 따르게 돼 MyObserver가 되며, 좀비가 무언가를 했을 때 알림을 받을 수 있다.

```
class MyObserver: ZombieObserver {
    func turnLeft() {
        print("Zombie turned left, we move right")
    }
    func turnRight() {
        print("Zombie turned right, we move left")
    }
    func seesUs() {
        print("Zombie sees us, RUN!!!!")
    }
}
```

마지막으로 Zombie 타입을 구현해본다. Zombie 타입은 움직이거나 누군가를 발견할 경우 옵저버에게 알림을 보낼 것이다.

```
struct Zombie {
    var observer: ZombieObserver

    func turnZombieLeft() {
        // 왼쪽으로 도는 코드
        // 옵저버에게 알린다.
        observer.turnLeft()
    }
    func turnZombieRight() {
```

```
        // 오른쪽으로 도는 코드
        // 옵저버에게 알린다.
        observer.turnRight()
    }
    func spotHuman() {
        // 사람을 추적하는 코드
        // 옵저버에게 알린다.
        observer.seesUs()
    }
}
```

Zombie 타입에서는 ZombieObserver 타입의 프로퍼티를 하나 정의하고 있다. 이 프로퍼티는 좀비가 무언가를 하게 되면 알림을 받게 되는 인스턴스다. 또한 Zombie 타입에서는 좀비가 왼쪽이나 오른쪽으로 돌거나 사람을 발견하는 경우 호출하는 세 개의 메소드를 생성하고 있다. 각각의 메소드는 이벤트가 발생하면 이를 옵저버에게 알린다는 점을 기억하자. 이러한 알림은 보통 새로운 스레드에서 발생하지만, 여기서는 코드를 단순화하기 위해 이러한 코드는 생략했다.

이제 다음 코드에서 보다시피 Zombie와 observer 타입을 사용할 수 있을 것이다.

```
var observer = MyObserver()
var zombie = Zombie(observer: observer)

zombie.turnZombieLeft()
zombie.spotHuman()
```

이 코드가 실행되면 turnZombieLeft() 메소드와 spotHuman() 메소드가 호출됐을 때 MyObserver 인스턴스에 있는 Zombie turned left, we move right 메시지와 Zombie sees us, RUN!!! 메시지가 콘솔에 출력된다.

이 예제에서 본 것처럼 옵저버 패턴을 구현하는 방식은 대부분 코코아나 코코아 터치 프레임워크의 UI 요소에서 사용하는 방식이다. 대개 단일 옵저버가 필요한 경우에 이러한 방법을 사용하게 된다. 다수의 옵저버가 필요한 경우에는 observer 프로퍼티를 MyObserver 타입을 받는 배열로 만들어야 하는데, 이럴 경우 옵저버에게 알림을 전달하기 위해서는 매번 배열을 순회해 각각의 옵저버에게 개별적으로 알려야만 한다.

다수의 옵저버에게 알림을 보내야 하는 경우에는 NSNotificationCenter 클래스를 사용하기가 훨씬 더 쉬운데, NSNotificationCenter에는 다수의 옵저버를 호출하는 로직이 이미 구현돼 있기 때문이다.

▍ 요약

디자인 패턴은 실제 애플리케이션을 설계하면서 계속해서 마주하게 되는 소프트웨어 설계 문제를 해결한다. 이러한 패턴은 재사용이 가능하고 유연한 코드를 작성하는 데 도움을 주기 위해 설계됐다. 또한 디자인 패턴은 다른 개발자들이 코드를 더욱 읽기 쉽고 이해하기 쉽게 해주고 우리 자신에게도 몇 달 혹은 몇 년 후에 코드를 다시 보더라도 코드를 이해하기 쉽고 읽기 쉽게 해준다.

7장의 예제를 주의 깊게 살펴봤다면 디자인 패턴의 기본 골격 중 하나가 프로토콜이라는 것을 알아차렸을 것이다. 대부분 모든 디자인 패턴(싱글턴 디자인 패턴은 예외다)은 매우 유연하면서 재사용성이 좋은 코드를 작성하는 데 도움을 주기 위해 프로토콜을 사용한다.

디자인 패턴을 처음 접하는 독자라면 과거에 개발하던 코드에서 사용했던 전략들과 유사한 부분이 있다는 것을 확인할 수 있을 것이다. 이는 경험 있는 개발자에게 디자인 패턴을 처음 소개할 경우 경험하게 될 것이다. 디자인 패턴은 더욱 유연하고 재사용이 가능한 코드를 작성하는 데 분명 도움을 줄 것이기 때문에 필자는 여러분이 디자인 패턴에 대해 좀 더 읽어볼 것을 권한다.

08

사례 연구

필자의 첫 번째 컴퓨터인 코모도^{Commodore} Vic-20를 구입한 이후로 줄곧 새로운 컴퓨터 프로그래밍 언어를 공부해왔다. 그동안 얼마나 많은 컴퓨터 언어를 공부해 왔는지는 셀 수 없을 정도다. 심지어 네트워크 엔지니어와 보안 전문가로 근무하고 있을 때도 관리 업무를 자동화하기 위해 펄^{Perl}과 파이썬^{Python}, 그리고 셸 스크립트^{Shell scripting}와 같은 언어를 배웠다. 이러한 언어를 모두 학습하면서 느낀 점은 새로운 프로그래밍 언어나 패러다임을 배우는 가장 좋은 방법은 여러 작은 프로젝트를 구상한 다음 배우고자 하는 언어나 프로그래밍 패러다임을 사용해 이를 구현하는 방법을 이해하는 방법이 좋다는 것이다. 이를 기반으로 8장에서는 두 가지의 프로젝트를 선보이고 스위프트와 프로토콜지향 프로그래밍 패러다임을 사용해 이러한 프로젝트를 어떻게 구현하는지 살펴본다. 여러분이 책에서 설명하는 해결 방안을 읽어 보기 전에 프로젝트에 대한 요구 사항을 읽어보고 여러분만의 해결 방안을 구현해보기를 권장한다. 이러한 방식은 프로토콜지향 프로그래밍 패러다임을 사용해 애플리케이션 설계에 대한 생각을 시작할 수 있게 도와준다. 한 가지 힌트를 주자면 해결 방안을 구현하는 데 있어 디자인 패턴을 사용하는 것을 잊지 말라는 점이다.

8장에서 다루는 내용은 다음과 같다.

- 실무에서 프로토콜지향 프로그래밍 패러다임을 적용하는 방법
- 실제 해결 방안을 구현하기 위해 프로토콜지향 프로그래밍을 활용한 디자인 패턴을 사용하는 방법

프로토콜지향 프로그래밍이 단지 프로토콜과 프로토콜 확장, 그리고 값 타입을 사용하는 것만을 의미하는 것은 아니다. 오직 프로토콜과 값 타입을 사용하는 것에만 초점을 맞추고 있다면 이 프로그래밍 패러다임의 핵심을 놓치고 있는 것이다. 프로토콜지향 프로그래밍은 애플리케이션이나 프레임워크의 전반적인 설계에 관한 것이다. 디자인 패턴을 활용하는 프로토콜지향 프로그래밍은 오늘내일 만나게 되는 요구 사항을 매우 쉽게 충족시킬 수 있는 매우 유연하면서도 유지하기 쉬운 코드를 만드는 데 중점을 둔다.

때로는 항상 마감 일정이 빠듯한 상황에서 어떻게 해야 나중에 애플리케이션과 프레임워크를 유지하고 확장할 것인지에 중점을 둔다는 것이 시간 낭비인 것처럼 보일지도 모른다. 그러나 요구 사항은 변경되고 새로운 기능은 추가될 것이기 때문에 장기적으로는 코드를 확장하기 쉽고 유지하기 쉽게 만드는 데 소비한 시간은 결국 여러분의 시간을 절약하게 만들어준다. 코드는 이러한 변화에 준비가 돼 있음을 보장해야만 한다.

8장에서는 실제 프로젝트를 위한 해결 방안을 작성하는데, 디자인 패턴과 함께 프로토콜지향 패러다임을 어떻게 적용할 수 있을지 살펴보기 위해 두 가지의 실제 사례 연구를 살펴본다. 살펴볼 두 가지의 사례 연구는 다음과 같다.

- 애플리케이션을 위한 로그 서비스 만들기
- 데이터 접근 계층 만들기

첫 번째 사례 연구에서는 사용자들이 쉽게 유지하고 확장할 수 있는 로깅 프레임워크를 만들기 위해 프로토콜지향 프로그래밍 패러다임을 어떻게 사용할 수 있는지 살펴본다. 두 번째 사례 연구에서는 프로토콜지향 프로그래밍을 사용해 다양한 저장 매체에 대응하는 데이터 접근 계층을 어떻게 만드는지 살펴본다.

먼저 애플리케이션을 위한 로깅 서비스를 어떻게 만들 수 있는지 살펴보자.

▌ 로깅 서비스

필자가 개발자로서 지내는 동안 각 언어로 작성하거나 사용한 코드 수를 세 보면 가장 많이 사용한 언어는 아마도 자바일 것이다. 자바는 장단점이 확실한데, 그중에서 자바를 사용해 애플리케이션을 개발하면서 가장 좋았던 점은 여러 가지 이용 가능한 로깅 프레임워크였다.

이러한 로깅 프레임워크는 애플리케이션을 개발하는 동안 디버깅을 매우 쉽게 해주는 로그 메시지를 정말 간단하게 작동 시킬 수 있게 해준다. 그리고 애플리케이션을 상용 배포 버전으로 빌드하는 경우에는 이러한 디버그 메시지를 끌 수도 있다. 이를 위해 로깅 프레임워크에서는 미리 등록된 로그 레벨을 사용해 언제 어떻게 메시지를 기록할 것인지 정의할 수 있게 해준다. 또한 필요하지 않은 경우에는 특정 로깅 레벨을 무시하게 설정할 수도 있다. 로그 레벨은 info(순수하게 디버깅용으로만 사용된다)에서 fatal(정말 안 좋은 일이 발생하는 경우이다)까지 있다.

자바에서 사용해왔던 로깅 프레임워크에는 로그4제이^{Log4j}, 자바 로깅^{Java Logging} API, 그리고 아파치 커먼 로깅^{Apache Commons Logging}이 있다. 이번 프로젝트에서는 이와 유사하지만 스위프트 언어를 사용한 로깅 서비스를 만들어본다. 첫 번째로 해야 할 일은 로깅 서비스를 위한 요구 사항을 정의하는 것이다.

요구 사항

로깅 서비스는 다음 목록에서 정의한 바와 같이 몇 가지 요구 사항을 갖는다.

- 로깅 서비스는 여러 가지 로그 레벨을 가져야만 할 것이다. 프레임워크에서 지원하게 될 로그 레벨은 Fatal, Errror, Warn, Debug, Info다.
- 로깅 서비스는 여러 가지 로그 프로파일을 가져야만 할 것이다. 프레임워크에서는 기본적으로 LoggerNull과 LoggerConsole이라는 두 가지 프로파일을 정의할 것이다. LoggerNull 프로파일은 로그 메시지에 할 수 있는 일이 아무것도 없는 반면(이는 메시지를 무시하고 어느 곳에도 기록하지 않을 것이다), LoggerConsole 프로파일은 콘솔에 로그 메시지를 출력할 것이다.
- 사용자에는 자신만의 로깅 프로파일을 추가하는 능력이 있어서 데이터베이스, UILabel 또는 사용자가 원하는 장소에 메시지를 기록할 수 있을 것이다.
- 로깅 서비스는 애플리케이션을 시작하면서 로깅 프레임워크를 설정하는 능력이 반드시 있어야 하며, 애플리케이션 라이프사이클 동안 설정을 유지해야 한다. 로깅 서비스는 프레임워크를 사용하는 사용자가 서비스를 사용해야 할 때마다 매번 프레임워크를 재설정하도록 강제하길 원치 않는다.
- 로깅 서비스는 사용자에게 여러 프로파일로 로그를 출력하거나 저장하는 능력을 부여하기 위해 하나의 로그 레벨에 여러 로거 프로파일을 지정할 수 있다.

다음 절로 넘어가기에 앞서 요구 사항에 기초해 먼저 자신이 내놓은 설계가 어떠한지를 먼저 살펴보자. 자신만의 설계를 먼저 구현한 다음 계속해서 책을 읽으면서 여러분이 설계한 방식과 책에서 이야기하는 방식을 서로 비교해보자.

설계

여기서는 설계를 두 절로 나눌 것이다. 첫 번째 절은 실제로 저장 매체에 메시지를 기록하거나 이를 출력하는 일을 수행하는 타입을 가진 logger profile 절이 된다. 두 번째 절은 애플리케이션이 인터페이스로 접속할 타입을 가진 logger 절이 된다. 로거 타입은 메시지의 로그 레벨을 결정하고 메시지를 기록하기 위해 메시지를 적절한 로거 프로파일로 전달할 것이다. 이제 logger profile 절을 살펴보자.

우선 LoggerProfile 프로토콜을 생성하는 것으로 로거 프로파일 설계를 시작해본다. 이 프로토콜은 로거 프로파일을 나타내고 이 프로토콜을 따르는 타입은 메시지를 기록하기 위해 사용하는 인터페이스를 정의할 것이다. 프레임워크에서는 LoggerProfile 프로토콜을 따르는 두 가지 타입을 제공할 것이다. 이들 타입은 각각 LoggerNull 타입과 LoggerConsole 타입이 될 것이다.

LoggerProfile 프로토콜을 사용해 설계를 시작하고 로그 메시지를 화면에 출력하거나 저장 매체에 기록하기 위해 프로토콜에서 제공하는 인터페이스를 사용함으로써 다형성을 구현하게 됐다.

이러한 방식은 프레임워크 사용자가 LoggerProfile 프로토콜을 따르는 타입을 생성해 별도의 로깅 프로파일을 추가할 수 있게 해준다. 이러한 타입은 데이터베이스나 파일 또는 심지어 UILabel처럼 요구 사항을 만족하는 화면이나 저장 매체에 메시지를 기록하는 방법을 제공할 수 있다.

이번에는 설계를 어떻게 구현했는지를 보여주는 다이어그램을 살펴보자. 이 다이어그램에서는 getCurrentDataString( )이라는 이름의 메소드를 추가하기 위해 LoggerProfile 프로토콜을 확장했음을 보여준다. 이 메소드는 현재 날짜와 시간을 가진 형식화된 문자열을 반환할 것이다. 또한 다이어그램은 LoggerProfile 프로토콜을 따르는 LoggerNull 타입과 LoggerConsole 타입을 보여준다.

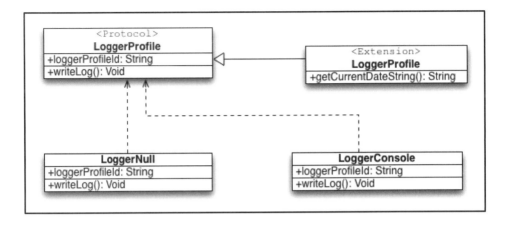

이번에는 이 설계를 어떻게 구현하는지 살펴보자. 먼저 LoggerProfile 프로토콜과
LoggerProfile 확장을 살펴보는 것부터 시작한다.

```
protocol LoggerProfile {
    var loggerProfileId: String {get}
    func writeLog(level: String, message: String)
}

extension LoggerProfile {
    func getCurrentDateString() -> String{
        let date = Date()
        let dateFormatter = DateFormatter()
        dateFormatter.dateFormat = "MM/dd/yyyy hh:mm"
        return dateFormatter.string(from: date)
    }
}
```

LoggerProfile 프로토콜에서는 한 개의 프로퍼티와 한 개의 함수를 정의하고 있다.
프로퍼티의 이름은 loggerProfileId이며 String 타입이다. 프로퍼티는 유일한 로깅
프로파일을 확인하는 데 사용된다. 프레임워크에서는 로그 레벨에 로거 프로파일을
여러 번 추가하지 못하게 보장하는 데 이 프로퍼티를 사용할 것이다. 프로토콜에서

정의한 메소드 이름은 writeLog( )이며, 이 메소드는 프로파일에서 정의한 화면이나 저장 매체에 로그 메시지를 기록하기 위해 호출될 것이다.

앞 코드에서는 getCurrentDateString( )이라는 이름의 메소드를 추가하기 위해 LoggerProfile 프로토콜에 대해 프로토콜 확장을 생성했다. 이 메소드는 현재 날짜와 시간을 가진 형식화된 문자열을 반환한다. LoggerProfile 프로토콜을 따르는 타입이 프로토콜 확장에서 제공하는 getCurrentDateString( ) 메소드를 사용하지 않는다고 선택할 수 있을지라도 모든 로거 프로파일이 일관된 형식으로 날짜와 시간 문자열을 제공하도록 보장하게 하는 것을 권한다.

이번에는 LoggerNull 타입과 LoggerConsole 타입을 살펴보자.

```swift
struct LoggerNull: LoggerProfile {
    let loggerProfileId = "hoffman.jon.logger.null"
    func writeLog(level: String, message: String) {
        // 아무 일도 하지 않는다.
    }
}

struct LoggerConsole: LoggerProfile {
    let loggerProfileId = "hoffman.jon.logger.console"
    func writeLog(level: String, message: String) {
        let now = getCurrentDateString()
        print("\(now): \(level) - \(message)")
    }
}
```

두 로거 프로파일 모두 loggerProfileId 상수에 유일한 아이디 값을 정의하고 있다. 여기에서는 id 형식으로 DNS 표기법의 역순을 사용한다. DNS 역순 표기법은 이름 구성 요소, 패키지, 그리고 다른 타입에서 일반적으로 사용하는 이름 명명 규약이다. 대개 DNS 역순 표기 문자열은 등록된 도메인 이름에 기반을 두지만, 이름은 역순이다. 이 코드에서는 등록된 도메인 이름 대신 필자의 이름을 사용하고 있다.

두 타입 모두 LoggerProfile 프로토콜에서 요구하는 writeLog( ) 메소드의 구현체를 제공하고 있다. LoggerNull 타입에서 writeLog( ) 메소드는 메시지와 관련된 어떠한 일도 하지 않는데, 이는 이 타입에서는 모든 메시지를 마치 메시지가 /dev/null로 보낸 것처럼 무시하도록 작성됐기 때문이다. LoggerConsole 타입은 LoggerProfile 프로토콜 확장에서 제공하는 getCurrentDateString( ) 메소드를 사용해 현재 날짜와 시간을 나타내는 문자열을 검색한 다음 로그 메시지를 콘솔에 기록한다.

로거 서비스의 다음 단계는 여러 로그 레벨에 어떠한 로거 프로파일을 지정했는지 기록할 로거 타입이 될 것이다. 애플리케이션에서는 로거 서비스를 설정하고 메시지를 기록하는 데 주로 로거 타입에서 제공하는 인터페이스를 사용하게 될 것이다.

프레임워크 초기 설계에서는 오직 하나의 로거 타입만을 갖게 됨에도 불구하고 여전히 프로토콜을 사용해 설계를 시작하려고 하는데, 이는 미래에 별도의 로거 타입을 추가할 수 있는 능력을 제공하기 위함이다. 또한 사용자가 필요로 하는 경우 Logger 프로파일을 따르는 별도의 로거 타입을 추가할 수 있게 해줄 것이다. 이러한 설계가 지금 당장은 별거 아니라고 생각할지 모르지만, 2, 3년 이 지난 나중에 요구 사항이 변경되고 새로운 기능이 추가되면 프로토콜을 사용했음에 매우 만족할 것이다.

이번에는 프레임워크에서 제공하게 될 로그 레벨을 정의하는 작업을 시작해보자. 로그 레벨은 유한하기 때문에 여기서는 열거형을 사용해 이러한 로그 레벨을 정의할 것이다. 다음과 같은 열거형 코드에서는 로깅 프레임워크를 위한 로그 레벨을 정의하고 있다.

```
enum LogLevels: String {
    case Fatal
    case Error
    case Warn
    case Debug
    case Info
```

```
    static let allValues = [Fatal, Error, Warn, Debug, Info]
}
```

LogLevels 열거형에서는 다섯 가지의 레벨을 정의하고 있다. 또한 열거형에서는 열거형에 있는 모든 레벨을 가진 배열도 제공하고 있다. 이 배열은 필요할 경우 모든 로그 레벨을 검색하는 데 사용될 수 있다. 이번에는 로거 프로토콜을 살펴보자.

```
protocol Logger {
    static var loggers: [LogLevels:[LoggerProfile]] {get set}
    static func writeLog(logLevel: LogLevels, message: String)
}
```

Logger 프로토콜에서는 Dictionary 타입인 loggers라는 이름의 프로퍼티를 하나 정의하고 있다. 이 딕셔너리는 LogLevels 열거형에 정의된 로그 레벨을 키로 갖고, LoggerProfile 프로토콜을 따르는 타입의 배열을 값으로 갖는다. 또한 Logger 프로토콜에서는 writeLog()라는 이름의 메소드를 하나 정의하고 있다. 애플리케이션 내부에서 로그에 메시지를 작성하기 위해 이 메소드를 호출한다. 이 메소드는 두 개의 인자를 갖는데, 첫 번째 인자는 로그 메시지를 작성하기 위한 로그 레벨이고 두 번째 인자는 로그 메시지 자신이 된다.

이 코드에서는 loggers 프로퍼티와 writeLog() 메소드 모두 정적[static]으로 정의했기 때문에 Logger 타입의 인스턴스를 생성하지 않더라도 이 프로퍼티와 메소드에 접근할 수 있다. static 키워드를 사용해 정의한 프로퍼티와 메소드는 타입 프로퍼티와 타입 메소드로 알려져 있다. 이 프로퍼티와 메소드를 정적으로 생성한 또 다른 이유는 프레임워크의 요구 사항 중 하나가 프레임워크를 한번 설정한 다음 애플리케이션의 라이프사이클 내내 이러한 설정을 유지할 수 있어야 한다는 것이기 때문이다. 이와 같이 정적으로 생성함으로써 애플리케이션 라이프사이클 내내 오직 하나의 인스턴스만이 존재하게 되고, 이로 인해 요구 사항을 충족시킬 수 있게 된다. 이러한 요구 사항을 충족시키기 위해 싱글턴 패턴을 사용할 수도 있었지만, 여기서는 타입 메소드/ 타입 프로퍼티를 사용하는 편이 더 나을 것이다. 프레임워크를 어떻게 사용할 것인지를 살펴보면서 이와 같이 구현했을 때의 장점을 함께 살펴본다.

이번에는 Logger 프로토콜 확장이 Logger 프로토콜을 따르는 타입에 제공하는 메소드를 살펴보자. 프로토콜 확장에서는 다음과 같은 여섯 가지의 타입(정적) 메소드를 제공할 것이다.

- **logLevelContainsProfile(logLevel: LogLevels, loggerProfile: LoggerProfile) -> Bool:** 로그 레벨을 확인한 다음 이미 로거 프로파일에 있을 경우 true를 반환한다.

- **setLogLevel(logLevel: LogLevels, loggerProfile: LoggerProfile):** 로거 프로파일을 로그 레벨에 추가한다.

- **addLogProfileToAllLevels(defaultLoggerProfile: LoggerProfile):** 이 메소드는 로거 프로파일을 모든 로그 레벨에 추가한다.

- **removeLogProfileFromLevel(logLevel: LogLevels, loggerProfile: LoggerProfile):** 로거 프로파일이 해당 로그 레벨에 정의돼 있으면 로거 프로파일을 제거한다.

- **removeLogProfileFromAllLevels(loggerProfile: LoggerProfile):** 모든 로그 레벨에서 로거 프로파일을 제거한다.

- **haveLoggersForLevel(logLevel: LogLevels) -> Bool:** 로그 레벨을 위한 로거 프로파일이 설정된 경우 true를 반환하며, 그렇지 않을 때에는 false를 반환한다.

이번에는 각각의 메소드를 위한 코드를 살펴보자. 먼저 logLevelContainsProfile( ) 메소드를 살펴보는 것부터 시작할 것이다.

```
static func logLevelContainsProfile(logLevel: LogLevels, loggerProfile:
    LoggerProfile) -> Bool {
  if let logProfiles = loggers[logLevel] {
    for logProfile in logProfiles where logProfile.loggerProfileId ==
        loggerProfile.loggerProfileId {
      return true
    }
  }
  return false
}
```

이 메소드에서는 로그 레벨에 로거 프로파일이 있다면 true를 반환할 것이다. setLogLevel() 메소드와 addLogProfileToAllLevels() 메소드에서는 로거 프로파일을 로그 레벨에 여러 번 추가하지 않는다는 것을 보장하기 위해 이 메소드를 사용한다. 이 메소드는 로그 레벨에 지정된 로거 프로파일의 리스트를 검색하기 위해 옵셔널 바인딩을 사용하는 것으로 시작한다. 그런 다음 찾고자 하는 프로파일의 loggerProfileId 프로퍼티와 일치하는 loggerProfileId 프로퍼티를 가진 로거 프로파일 목록을 순회하기 위해 where 절과 함께 for-in문을 사용한다. 배열에 있는 항목이 찾고자 하는 프로파일의 loggerProfileId 프로퍼티와 일치하는 경우에는 true를 반환하며, 그렇지 않을 때에는 false를 반환한다.

그다음으로 살펴볼 메소드는 setLogLevel() 메소드다.

```
static func setLogLevel(logLevel: LogLevels, loggerProfile: LoggerProfile) {
  if let _ = loggers[logLevel] {
    if !logLevelContainsProfile(logLevel: logLevel, loggerProfile:
        loggerProfile) {
      loggers[logLevel]?.append(loggerProfile)
    }
  } else {
    var a = [LoggerProfile]()
```

```
        a.append(loggerProfile)
        loggers[logLevel] = a
    }
}
```

setLogLevel() 메소드에서는 로거 프로파일이 명시된 로그 레벨에 이미 지정되지 않았다는 것을 확인하기 위해 logLevelContainsProfile() 메소드를 사용할 것이다. 지정되지 않았다면 해당 레벨에 로거 프로파일을 추가할 것이다. 이 메소드는 로그 레벨에 지정된 로거 프로파일 목록을 검색하기 위해 옵셔널 바인딩을 사용하는 것으로 시작한다. 이는 단순히 로그 레벨에 유효한 배열이 지정됐는지를 확인하기 위해 수행하는 것이다. 그런 다음 로그 레벨에 로거 프로파일이 이미 지정돼 있는지를 확인하기 위해 logLevelContainsProfile() 메소드를 실행하며, 지정돼 있지 않다면 로거 프로파일을 추가한다.

메소드 초반에 옵셔널 바인딩이 실패하면 새로운 배열이 생성되며, 로거 프로파일은 새롭게 생성된 배열에 추가되고, 배열은 로거 딕셔너리 안에 있는 로그 레벨에 할당된다.

다음으로 addLogProfileToAllLevels() 메소드를 살펴보자.

```
static func addLogProfileToAllLevels(defaultLoggerProfile: LoggerProfile) {
    for level in LogLevels.allValues {
        setLogLevel(logLevel: level, loggerProfile: defaultLoggerProfile)
    }
}
```

addLogProfileToAllLevels() 메소드는 모든 로그 레벨에 로거 프로파일을 추가하는 데 사용된다. 이 메소드는 모든 레벨에 하나의 프로파일을 추가함으로써 로거 프레임워크를 초기화하는 데 사용할 수 있다. 메소드에서는 각각의 로그 레벨을 순회한

다음 각각의 개별적인 로그 레벨에 로거 프로파일을 추가하는 것을 시도하기 위해 setLogLevel( ) 메소드를 호출한다.

다음으로 살펴볼 메소드는 removeLogProfileFromLevel( ) 메소드다.

```
static func removeLogProfileFromLevel(logLevel: LogLevels, loggerProfile:
        LoggerProfile) {
    if var logProfiles = loggers[logLevel] {
        if let index = logProfiles.index(where: {$0.loggerProfileId ==
                loggerProfile.loggerProfileId}) {
            logProfiles.remove(at: index)
        }
        loggers[logLevel] = logProfiles
    }
}
```

removeLogProfileFromLevel( ) 메소드는 명시된 로그 레벨로부터 로거 프로파일을 삭제할 것이다. 이 메소드는 로그 레벨을 위한 로거 프로파일 목록을 검색하기 위해 옵셔널 바인딩을 사용하는 것으로 시작한다. 그런 다음 삭제하고자 하는 로거 프로파일과 일치하는 로거 프로파일의 인덱스를 찾아내기 위해 indexOf( ) 메소드를 사용한다. 프로파일을 찾은 다음에는 이를 삭제한다.

그다음 메소드는 removeLogProfileFromAllLevels( ) 메소드다.

```
static func removeLogProfileFromAllLevels(loggerProfile: LoggerProfile) {
    for level in LogLevels.allValues {
        removeLogProfileFromLevel(logLevel: level, loggerProfile: loggerProfile)
    }
}
```

removeLogProfileFromAllLevels( ) 메소드는 모든 로그 레벨에서 로거 프로파일 삭제를 시도할 것이다. 이 메소드는 정의해 놓은 모든 로그 레벨을 순회하면서 레벨에서 로거 프로파일을 삭제하기 위해 removeLogProfileFromLevel( ) 메소드를 호출할 것이다.

Logger 프로토콜 확장에 있는 마지막 메소드는 haveLoggersForLevel( ) 메소드다.

```
static func hasLoggerForLevel(logLevel: LogLevels) -> Bool {
    guard let logProfiles = loggers[logLevel] else {
        return false
    }
    return !logProfiles.isEmpty
}
```

haveLoggersForLevel( ) 메소드는 로그 레벨이 로거 프로파일을 갖고 있으면 true를 반환하며, 그렇지 않을 때는 false를 반환한다. 이 메소드에서는 로그 레벨에 지정한 로거 프로파일 목록을 검색하기 위해 옵셔널 바인딩과 guard문을 함께 사용한다. 옵셔널 바인딩 구문이 실패할 경우에는 false 값이 반환되고, 그렇지 않을 때는 true 값이 반환된다.

이번에는 Logger 프로토콜을 따르게 될 MyLogger 타입을 살펴보자.

```
struct MyLogger: Logger {
    static var loggers = [LogLevels: [LoggerProfile]]()
    static func writeLog(logLevel: LogLevels, message: String) {
        guard hasLoggerForLevel(logLevel: logLevel) else {
            print("No logger")
            return
        }
        if let logProfiles = loggers[logLevel] {
            for logProfile in logProfiles {
                logProfile.writeLog(level: logLevel.rawValue, message: message)
            }
        }
```

```
    }
}
```

MyLogger 타입에는 loggers라는 이름의 프로퍼티가 있으며, 이 프로퍼티의 타입은 딕셔너리다. 이 딕셔너리는 LogLevels 열거형에 정의된 로그 레벨을 키로 갖고, LoggerProfile 프로토콜을 따르는 타입의 배열을 값으로 갖는다. writeLog() 메소드는 애플리케이션에서 로그에 메시지를 기록하기 위해 사용되며, 두 개의 인자를 갖는다. 첫 번째 인자는 로그 메시지를 기록하는 데 필요한 로그 레벨이며, 두 번째 인자는 로그 메시지 자신이다.

MyLogger 타입은 다음과 같이 사용할 수 있다.

```
MyLogger.addLogProfileToAllLevels(defaultLoggerProfile: LoggerConsole())
MyLogger.writeLog(logLevel: LogLevels.debug, message: "Debug Message 1")
MyLogger.writeLog(logLevel: LogLevels.error, message: "Error Message 1")
```

이 샘플 코드는 모든 로그 레벨에 LoggerConsole 로그를 추가하는 것으로 시작한다. 이로 인해 로그 레벨에 관계없이 모든 로그 메시지는 콘솔에 출력될 것이다. Debug 로그 레벨은 콘솔에 작성될 Debug Message 1 메시지를 기록하는 데 사용된다. 마지막으로 Error 로그 레벨은 Error Message 1 메시지를 기록하기 위해 사용된다. 이 메시지 역시 콘솔에 작성될 것이다.

7장에서 살펴본 디자인 패턴에 익숙하다면 이 해결 방안에서 커맨드 패턴을 사용하고 있다는 것을 눈치 챘을 것이다. 커맨드 패턴은 행동에 대한 로직을 타입 내부로 캡슐화해 나중에 실행될 수 있는 행동을 정의할 수 있게 해준다. 이러한 해결 방안에서는 로거 프로파일 타입 안에서 실행하는 로직을 정의할 것이다. 그러면 로거 타입은 필요할 때 해당 로직을 실행시킬 것이다.

이 예제에서는 타입의 환경을 설정하거나 메시지를 기록하기 위해 Logger 타입의 인스턴스를 생성할 필요가 없음을 확인할 수 있었다. 이는 프로퍼티와 메소드를 정적 (타입 메소드와 타입 프로퍼티)으로 생성했기 때문이다. 예를 들어 로거 프레임워크와 같이 매우 작은 공간을 차지하는 프레임워크를 만들 때 타입 메소드와 타입 프로퍼티를 사용하면 프레임워크를 훨씬 더 사용하기 쉽게 만들어준다.

결론

두 로거 프로파일과 로거 자신 모두 프로토콜을 기반으로 하고 있기 때문에 이러한 프로토콜을 따르는 새로운 타입을 생성하면 별도의 프로파일이나 로거를 추가하기가 쉽다. 프로토콜 확장은 해당 프로토콜을 따르는 타입에 기능을 추가하는 데 사용된다. 그리고 새로운 타입은 프로도콜 확징에서 정의한 기능을 자동으로 받게 된디. 이러한 방식으로 프레임워크를 설계하면 새로운 요구 사항을 전달받았을 때 새로운 기능을 손쉽게 추가할 수 있다. 또한 이러한 설계 방식은 프레임워크를 사용하는 사용자가 필요에 알맞게 프레임워크를 확장할 수 있게 해준다.

프레임워크나 애플리케이션을 설계하는 경우 모든 훌륭한 설계자가 마음속 깊이 명심하고 있는 한 가지는 현재 요구 사항을 구현하는 것뿐만 아니라 미래의 요구 사항을 충족시키기 위해 프레임워크나 애플리케이션을 어떻게 확장할 수 있는지를 고려하는 것이다. 이것이 바로 프로토콜을 사용하고 구체적인 타입을 사용하는 대신 프로토콜에서 제공하는 인터페이스를 사용한 뒤에 숨겨진 개념이다. 프로토콜에서 제공하는 인터페이스를 사용하면 프로토콜을 따르는 타입을 사용할 수 있는 능력을 얻게 된다. 이러한 기능은 프레임워크나 애플리케이션에 많은 유연성과 확장성을 제공한다.

이번에는 서로 다른 데이터 저장 공간을 사용하기 위해 손쉽게 확장할 수 있는 데이터 접근 계층을 어떻게 만들 수 있는지 살펴보자.

▌ 데이터 접근 계층

대부분 애플리케이션은 일정 데이터를 유지하고 싶어 한다. 이러한 데이터는 트랜잭션 데이터나 사용자 프리퍼런스^{preferences} 또는 애플리케이션의 현재 상태가 될 수도 있다. 애플리케이션에는 데이터를 유지시킬 수 있는 여러 가지 방법이 있으며, 데이터를 유지시킬 수 있는 적절한 방법을 고안하는 것이야말로 설계자가 결정해야만 하는 가장 중요한 일 중 하나가 될 것이다.

설계자는 비즈니스 로직과 실제 데이터 저장소를 서로 분리해야 한다. 이러한 방식을 사용하면 애플리케이션은 비즈니스 로직을 변경하지 않고도 미래에 데이터를 종속시키는 방식을 변경할 수 있다. 이를 데이터 접근 계층^{data access layer}이라 부른다.

애플리케이션을 설계할 때에는 좋은 데이터 접근 계층을 설계하는 것이 중요한데, 좋은 데이터 접근 계층이 있으면 요구 사항이 변경됐을 때 코드를 훨씬 더 쉽게 유지하게 해줄 것이기 때문이다. 메인 비즈니스 로직으로부터 데이터 접근 계층을 분리하면 백엔드 데이터 저장소가 변경될 경우 데이터 접근 계층에 있는 코드만 변경하면 된다.

요구 사항

데이터 접근 계층에는 다음과 같은 여러 가지 요구 사항이 있을 것이다.

- 백엔드 데이터 저장소로의 모든 접근은 데이터 도우미 타입을 거쳐야만 한다. 이러한 데이터 도우미 타입은 백엔드 저장소의 생성, 읽기, 갱신, 삭제^{CRUD} 기능 모두를 처리할 것이다.
- 데이터 접근 계층 바깥에 있는 코드는 데이터가 어떻게 유지되는지에 대해 알거나 상관할 필요가 없다.
- 예제를 위해서는 두 가지 타입을 만들어야 할 것인데, 하나는 야구 선수에

대한 정보를 포함하게 될 player라는 타입이고, 다른 하나는 야구팀에 대한 정보를 포함하게 될 team이라는 타입이다. 야구 선수는 팀 ID와 자신들이 뛰는 팀에 대한 정보를 지니게 될 것이다.

- 예제를 위해 데이터는 배열에 저장할 것이지만, 비즈니스 로직 코드에 손을 대지 않으면서 저장소 메커니즘을 변경하는 능력이 필요할 것이다.

다음 절로 넘어가기 전에 이런 요구 사항에 기초해 먼저 자신이 내놓은 설계가 어떠한지를 먼저 살펴보자. 자신만의 설계를 먼저 구현하고 나서 계속해서 다음 절을 읽고 자신이 설계한 것과 책에서 설명하는 내용을 비교해보자.

설계

데이터 접근 계층은 세 계층으로 이뤄질 것이다. 데이터 도우미 계층^{Data Helper Layer}으로 알려진 최하단 계층은 데이터를 영속시키기 위해 사용될 타입으로 구성될 것이다. 이번 예제에서 데이터는 배열에 저장되지만, 이러한 타입은 데이터를 영속시키기 위해 앞으로 필요에 따라 언제든지 손쉽게 업데이트될 수 있다.

다음 계층은 데이터 모델 계층^{Data Model Layer}으로, 여기에는 데이터 도우미 계층에 데이터를 저장하는 방식을 유사하게 모델링한 튜플^{tuples}을 포함할 것이다. 이러한 튜플은 저장소로부터 데이터를 읽거나 저장소에 데이터를 쓰기 위한 임시 저장소로 사용될 것이다. 누군가는 모델 계층에 구조체를 사용하는 것을 선호할 수도 있지만, 튜플 또한 어떠한 비즈니스 로직도 가질 수 없기 때문에 기대만큼 잘 동작한다.

마지막 계층은 브리지 계층^{Bridge Layer}으로, 비즈니스 로직 계층에 있는 데이터를 데이터 접근 계층의 데이터로 변환시키는 역할을 한다. 브리지 계층은 비즈니스 로직을 데이터 접근 로직으로부터 분리하는 계층이다. 이 계층은 데이터에 접근하기 위해 비즈니스 로직이 사용할 타입과 비즈니스 로직에서 사용하는 데이터 타입을 데이터 접근 계층에서 사용하는 데이터 타입으로 변환해주는 브리지 타입을 포함할 것이다.

이번 예제에서는 두 테이블에 저장되는 두 가지 타입의 데이터가 존재할 것이다. 테이블은 **Teams**와 **Players** 테이블이 될 것이다. 이는 앞에서 언급한 바와 같이 두 개의 데이터 도우미 클래스(TeamDataHelper와 PlayerDataHelper)와 두 개의 튜플(Team과 Player)이 필요하다는 것을 의미한다. 데이터 접근 계층 디자인은 다음과 같다.

브리지 계층	PlayerBridge / Player	TeamBridge / Team
데이터 모델 계층	PlayerData	TeamData
데이터 도우미 계층	PlayerDataHelper	TeamDataHelper

먼저 데이터 모델 계층을 살펴보는 것부터 시작할 텐데, 이는 데이터 모델 계층이 브리지 계층과 데이터 도우미 계층 간의 커뮤니케이션 계층이 될 것이기 때문이다.

데이터 모델 계층

데이터 모델 계층에 정의된 타입은 두 가지다. 이 타입들은 데이터 도우미 계층과 브리지 계층 간에 데이터를 이동하는 데 사용된다. 이 타입들은 오직 데이터를 이동하는 데에만 사용되기 때문에 값 타입이 사용되며, 특히 튜플 타입을 선호한다. 한 가지 명심해야 할 점은 비즈니스 로직과 데이터 접근 계층이 서로 단단하게 결합하는 것을 피하고 싶기 때문에 이러한 타입은 데이터 접근 계층 바깥에서는 사용돼서는 안 된다는 점이다. 비즈니스 로직과 데이터 접근 계층 간의 단단한 결합을 피하면 둘 중 한 부분을 다른 부분과는 독립적으로 변경할 수 있는 능력을 갖추게 될 것이다. 다음 코드는 데이터 모델 계층에 있는 타입을 보여준다.

```
typealias TeamData = ( teamId: Int64?, city: String?, nickName: String?,
                       abbreviation: String?)
typealias PlayerData = ( playerId: Int64?, firstName: String?,
                         lastName: String?, number: Int?,
                         teamId: Int64?, position: Positions?)
```

우리는 이러한 타입의 데이터를 비즈니스 로직에서 사용할 자료 구조로 변환하는 브리지를 만들게 될 것이며, 이 절 후반부에서 이러한 브리지를 구현해 볼 것이다.

Player 튜플에는 position이라는 이름의 Positions Type 요소가 있다. Positions 타입은 열거형으로 선수가 플레이할 수 있는 모든 유효한 포지션을 갖고 있다. 다음 코드에서는 Positions 타입을 정의하는 방법을 보여준다.

```
enum Positions: String {
    case pitcher = "Pitcher"
    case catcher = "Catcher"
    case firstBase = "First Base"
    case secondBase = "Second Base"
    case thirdBase = "Third Base"
    case shortstop = "Shortstop"
    case leftField = "Left Field"
    case centerField = "Center Field"
    case rightField = "Right field"
    case designatedHitter = "Designated Hitter"
}
```

이제 데이터를 영속시키는 데 사용할 데이터 도우미 계층을 살펴보자.

데이터 도우미 계층

이러한 설계에서는 어떠한 안 좋은 일이 발생했을 때 외부 코드에 이를 알려줄 좋은 에러 검사 기능을 갖춰야 한다. 따라서 던질 수 있는 에러를 정의하는 것으로 데이터 도우미 계층 설계를 시작해 볼 것이다. 스위프트의 에러 핸들링 프레임워크를 사용할 것이며, 열거형에 정의되는 에러는 다음과 같다.

```swift
enum DataAccessError: Error {
    case datastoreConnectionError
    case insertError
    case deleteError
    case searchError
    case nilInData
}
```

코드를 살펴보면서 이러한 에러가 어떻게 던져지는지 확인해볼 것이다. 에러 타입은 사용된 영속성 타입에 의존해 발생한 실제 에러에 대한 좀 더 상세한 정보를 주기 위해 변경될 수 있다.

데이터 도우미 계층은 데이터를 영속시키기 위해 사용될 것이다. 저장소 메커니즘이 변경되면 이 계층도 변경될 것이다. 이번 예제에서 데이터는 배열에 저장될 것이지만, 이 계층에 있는 타입은 미래에 다른 저장소 메커니즘이 필요할 때 변경될 수 있는 능력이 있어야 한다. 이 계층은 데이터 모델 계층에 있는 각 데이터 타입에 대해 한 가지 타입을 포함할 것이다. 이러한 타입은 데이터를 읽고 쓰는 데 사용될 것이다.

먼저 각 데이터 도우미 타입이 반드시 구현해야 하는 최소한의 메소드들을 정의할 DataHelper 프로토콜을 만드는 것부터 시작해보자. DataHelper 프로토콜은 다음과 같은 모습을 갖는다.

```
protocol DataHelper {
    associatedtype T
    static func insert(_ item: T) throws -> Int64
    static func delete(_ item: T) throws -> Void
    static func findAll() throws -> [T]?
}
```

이 프로토콜에서는 세 가지 메소드를 정의하고 있으며, 메소드는 다음과 같다.

- insert: 테이블에 새로운 열을 추가한다.
- delete: 테이블에서 열을 삭제한다.
- findAll: 테이블에 있는 모든 열을 반환한다.

데이터를 질의하는 메소드는 한 개만 정의돼 있다. 각각의 개별적인 데이터 타입을 질의하기 위한 메소드는 데이터에 따라 매우 다양해질 수 있기 때문에 이러한 타입을 질의해야 하는 메소드(들)은 서로 달라질 수 있다. 따라서 개별적인 기준으로 각 데이터 타입에 대해 질의 메소드 필요 여부를 평가해야만 할 것이다.

이번에는 DataHelper 프로토콜을 따르게 될 TeamDataHelper 타입을 만들어보자. 이 타입은 팀 데이터를 영속시키는 데 사용될 것이다.

```
struct TeamDataHelper: DataHelper {
    // 코드는 여기에 위치한다.
}
```

이 타입은 associatedtype을 정의하는 것으로 시작하며, 그 후에는 다음과 같이 데이터를 저장하기 위해 배열을 생성한다.

```
typealias T = TeamData
static var teamData: [T] = []
```

teamData 배열은 정적 변수로 정의됐기 때문에 코드에 이 배열의 인스턴스는 오직 하나만 존재할 수 있다. typealias T 변수는 TeamData 타입으로 설정된다. 이번에는 DataHelper 프로토콜에 정의된 세 가지 메소드와 추가로 팀의 고유 식별자를 사용해 데이터를 검색할 메소드를 어떻게 구현할 수 있는지 살펴보자. 여기서는 상세한 구현 사항에 관해서는 이야기하지 않을 텐데, 이는 배열에 정보를 어떻게 저장하고 검색할지보다는 설계에 좀 더 주안점을 두기 때문이다.

첫 번째로 구현할 메소드는 insert( ) 메소드로, 이 메소드는 배열에 아이템을 추가하는 임무를 수행할 것이다. 이 메소드는 모든 내용이 알맞게 저장되면 아이템의 고유 ID를 나타내는 Int64 값을 반환할 것이다. 또한 이 메소드는 데이터에 어떠한 문제가 있다면 에러를 던질 것이다. 또 다른 저장소 메커니즘이 사용된다면 이 메소드는 추가적인 에러를 던져야 할지도 모른다.

```
static func insert(_ item: T) throws -> Int64 {
    guard item.teamId != nil && item.city != nil && item.nickName != nil &&
            item.abbreviation != nil else {
        throw DataAccessError.nilInData
    }

    teamData.append(item)
    return item.teamId!
}
```

이번에는 배열에서 아이템을 삭제하는 delete( ) 함수를 만들어보자. 이 메소드는 아이템이 존재하지 않거나 teamId가 nil인 경우에는 에러를 던질 것이다.

```
static func delete (_ item: T) throws -> Void {
    guard let id = item.teamId else {
        throw DataAccessError.nilInData
    }
```

```
    let teamArray = teamData
    for (index, team) in teamArray.enumerated() where team.teamId == id {
        teamData.remove(at: index)
        return
    }
    throw DataAccessError.deleteError
}
```

이번에는 배열에 있는 모든 팀을 반환하는 findAll() 메소드를 구현해보자. 이 메소드는 에러를 던질 수 있지만, 이는 미래의 요구 사항을 위한 것이다.

```
static func findAll() throws -> [T]? {
    return teamData
}
```

마지막으로 팀 배열에서 단일 아이템을 검색하고 반환하는 find() 메소드를 구현한다. 필요에 따라 추가적인 find() 메소드가 필요할 수도 있지만, 이 메소드는 특정 teamId를 가진 팀을 반환할 것이다. 또한 이 메소드는 에러를 던지게 돼 있지만, 이 역시 미래의 요구 사항을 위한 것이다. 배열에서 teamId를 찾지 못한 경우에는 nil 값을 반환한다.

```
static func find(_ id: Int64) throws -> T? {
    for team in teamData where team.teamId == id {
        return team
    }
    return nil
}
```

이 코드에서 PlayerDataHelper 타입은 TeamDataHelper 타입과 비슷하게 구현된다. PlayerDataHelper 구조체에 대한 코드를 살펴보고자 한다면 팩트출판사 웹 사이트에서 해당 코드를 다운로드하길 바란다.

이상적인 데이터 접근 계층을 위해 데이터(PlayerData와 TeamData)와 데이터 도우미
(PlayerDataHelper와 TeamDataHelper) 타입은 메인 비즈니스 로직에서 분리돼야 할 것이
다. 이 책에서 줄곧 이야기했던 디자인 패턴을 살펴보면 여기에 브리지 패턴을 사
용할 수 있음을 알 수 있을 것이다. 이번에는 데이터 접근 계층과 애플리케이션 코드
간에 잘 분리된 계층을 유지하기 위해 브리지 패턴을 어떻게 사용할 수 있는지 살펴
보자.

먼저 애플리케이션 내부에서 데이터를 모델링하는 방법을 정의하는 것부터 시작하고
싶을 것이다. 이러한 데이터 접근 계층에 있는 데이터 모델과 거의 흡사하게 모델링
되거나 완전히 다른 형태로 설계될 수 있다.

 일반적으로 데이터를 적당히 정규화하면 대부분 애플리케이션에서 데이터를 저장하
는 방식과 해당 데이터를 사용하는 방식 간에 현저한 차이가 생긴다는 것을 발견하게
됐다. 애플리케이션 코드에서 데이터 접근 계층을 분리하면 이러한 두 계층과는 다르
게 데이터를 모델링할 수 있다.

이번에는 브리지 계층을 어떻게 설계할 것인지 살펴보자.

브리지 계층

예제에서는 데이터 접근 계층에 있는 데이터와 애플리케이션 계층에 있는 데이터 간
에 한 가지 작은 차이점이 있다. 그 차이점은 바로 선수를 검색하면 선수와 함께 해당
팀에 대한 정보가 함께 검색될 것이며, 이는 선수의 자료 구조의 일부가 될 것이라는
점이다. 이번에는 브리지 계층에서 팀과 선수를 정의하는 방법을 살펴보자. 먼저
Team 타입부터 정의해볼 텐데, Team 타입을 먼저 하는 이유는 Player 타입 내부에서
이 타입을 필요로 하기 때문이다.

```
struct Team {
    var teamId: Int64?
    var city: String?
    var nickName:String?
    var abbreviation:String?
}
```

예제에서는 값 타입을 사용해 자료 구조를 구현했다. 이처럼 자료 구조에 값 타입을 사용하면 한 가지 기억해야 하는 사항이 있는데, 그건 바로 이러한 타입이 변경되면 변경된 사항은 오직 변경 사항이 발생한 스코프 내에서만 유지된다는 점이다. 변경 사항이 발생한 스코프 외부에서도 변경 사항이 유지되게 하고자 하는 경우에는 반드시 inout 매개변수를 사용해야만 한다. 결국 값 타입과 참조 타입 중 어떠한 것을 사용하느냐에 대한 선택은 사용자의 몫이다. 핵심은 일관성을 유지하고 사용한 타입을 문서로 만드는 것이다.

이번 예제에서 Team 구조체는 데이터 접근 계층에 있는 팀을 나타내는 TeamData 튜플을 투영하도록 설계됐다. 이번에는 Player 구조체를 살펴보자.

```
struct Player {
    var playerId: Int64?
    var firstName: String?
    var lastName: String?
    var number: Int?
    var teamId: Int64? {
        didSet {
            if let t = try? TeamBridge.retrieve(teamId!) {
                team = t
            }
        }
    }
    var position: Positions?
```

```
    var team: Team?

    init(playerId: Int64?, firstName: String?, lastName: String?, number: Int?,
         teamId: Int64?, position: Positions?) {
        self.playerId = playerId
        self.firstName = firstName
        self.lastName = lastName
        self.number = number
        self.teamId = teamId
        self.position = position
        if let id = self.teamId {
            if let t = try? TeamBridge.retrieve(id) {
                team = t
            }
        }
    }
}
```

Player 구조체는 옵셔널 프로퍼티인 Team 타입이 별도로 추가됐다는 점을 제외하면 PlayerData 튜플과 유사하다. 이 프로퍼티는 선수가 속해있는 팀에 대한 정보를 갖고 있게 될 것이다. 여기서는 프로퍼티 옵저버^{property observer}를 사용해 teamId 프로퍼티에 값이 설정될 때마다 데이터 저장소에서 팀에 대한 정보를 불러올 것이다. 또한 이니셜라이저에서도 팀 정보를 불러온다. 한 가지 기억해야 될 점은 타입의 초기화 단계에서는 프로퍼티 옵저버가 호출되지 않는다는 점이다. 따라서 초기화 단계에서 teamId에 값이 설정되더라도 didSet 옵저버는 호출되지 않을 것이다.

이번에는 데이터 접근 계층과 애플리케이션 코드 간에 브리지로 사용될 브리지 타입을 살펴보자. 먼저 TeamBridge 타입부터 시작해본다.

```
struct TeamBridge {
    static func save(_ team: inout Team) throws {
        let teamData = toTeamData(team)
```

```swift
            let id = try TeamDataHelper.insert(teamData)
            team.teamId = id
    }
    static func delete(_ team: Team) throws {
            let teamData = toTeamData(team)
            try TeamDataHelper.delete(teamData)
    }
    static func retrieve(_ id: Int64) throws -> Team? {
            if let t = try TeamDataHelper.find(id) {
                return toTeam(t)
            }
            return nil
    }
    static func toTeamData(_ team: Team) -> TeamData {
            return TeamData(teamId: team.teamId, city: team.city, nickName:
                team.nickName, abbreviation: team.abbreviation)
    }
    static func toTeam(_ teamData: TeamData) -> Team {
            return Team(teamId: teamData.teamId, city: teamData.city, nickName:
                teamData.nickName, abbreviation: teamData.abbreviation)
    }
}
```

TeamBridge 구조체는 다섯 개의 메소드를 갖는다. 앞에서부터 세 번째까지 메소드는 TeamDataHelper 구조체에서 데이터 접근 계층으로 데이터를 추가, 삭제, 검색하는 기능을 사용한다. save() 메소드에서는 inout 매개변수를 사용하는데, 이는 team 매개변수에 변경 사항을 만들고 메소드 바깥 스코프에서까지 이러한 변경 사항을 유지하고 싶기 때문이다. 마지막 두 메소드는 TeamData 튜플(데이터 접근 계층)과 Team 구조체(애플리케이션 계층)의 데이터를 변환시킬 것이다. 이제 요구 사항이 변경되면 데이터 접근 계층이나 애플리케이션 계층을 각각에 대해 독립적으로 변경할 수 있다. 데이터 접근 계층이나 애플리케이션 계층이 변경됨에 따라 브리지 구조체도 변경해야 할지도 모르지만, 전체 코드 베이스를 리팩토링하는 것보다는 브리지 타입 하나를 변경하기가 훨씬 더 쉽다.

이번에는 PlayerBridge 구조체을 살펴보자.

```swift
struct PlayerBridge {
    static func save(_ player: inout Player) throws {
        let playerData = toPlayerData(player)
        let id = try PlayerDataHelper.insert(playerData)
        player.playerId = id
    }
    static func delete(_ player:Player) throws {
        let playerData = toPlayerData(player)
        try PlayerDataHelper.delete(playerData)
    }
    static func retrieve(_ id: Int64) throws -> Player? {
        if let p = try PlayerDataHelper.find(id) {
            return toPlayer(p)
        }
        return nil
    }
    static func toPlayerData(_ player: Player) -> PlayerData {
        return PlayerData(playerId: player.playerId, firstName:
                player.firstName, lastName: player.lastName, number:
                player.number, teamId: player.teamId, position:
                player.position)
    }
    static func toPlayer(_ playerData: PlayerData) -> Player {
        return Player(playerId: playerData.playerId, firstName:
                playerData.firstName, lastName: playerData.lastName, number:
                playerData.number, teamId: playerData.teamId, position:
                playerData.position)
    }
}
```

PlayerBridge 구조체는 PlayerData 튜플(데이터 접근 계층)과 Player 구조체(애플리케이션 계층)를 변환한다는 점을 제외하면 TeamBridge 구조체와 매우 유사하다. 다시 한 번 이야기하지만, 이러한 방식은 데이터 접근 계층이나 애플리케이션 계층을 다른 계층에 대해 독립적으로 변경시킬 수 있게 해준다.

데이터 접근 계층 사용

이번에는 팀과 선수를 생성해봄으로써 데이터 접근 계층을 사용하는 방법을 살펴보자.

```
var bos = Team( teamId: 0, city: "Boston", nickName: "Red Sox", abbreviation:
    "BOS")

try? TeamBridge.save(&bos)
var ortiz = Player(playerId: 0,firstName: "David", lastName: "Ortiz", number:
    34, teamId: bos.teamId, position: Positions.designatedHitter)

try? PlayerBridge.save(&ortiz)
```

코드에서는 Boston Red Sox라는 팀 하나와 David Oritz라는 선수를 한 명 생성했다. 또한 Red Sox team id를 선수의 team id에 할당시킴으로써 David Ortiz 선수를 Boston Red Sox 팀에 소속시켰다. 이제 이러한 정보는 다음 코드에서처럼 검색할 수 있다.

```
if let team = try? TeamBridge.retrieve(0) {
    print("--- \(team?.city)")
}

if let player = try? PlayerBridge.retrieve(0) {
    print("---- \(player?.firstName) \(player?.lastName) plays for
        (player?.team?.city)")
}
```

이 코드는 다음과 같은 결과를 출력할 것이다.

```
--- Optional("Boston")")
---- Optional("David")") Optional("Ortiz")") plays for Optional("Boston")")
```

이제는 TeamBridge와 PlayerBridge 타입을 사용함으로써 백엔드에서 데이터가 어떻
게 저장되는지에 대해 걱정할 필요가 없다. 정보를 저장하는 데에는 SQLite 데이터베
이스나 배열, 심지어는 파일도 사용할 수 있다. 또한 메인 애플리케이션 코드와는 독
립적으로 백엔드 저장소를 변경할 수도 있다. 이러한 방식은 모든 메인 애플리케이션
코드를 리팩토링할 필요 없이 앞으로 만나게 될지도 모르는 새로운 요구 사항을 충족
시키기 위해 백엔드 저장소를 변경할 수 있게 해준다.

결론

예제에서 확인한 바와 같이 분리된 계층 구조를 생성하면 처음에 애플리케이션을 개
발할 때 시간이 추가로 들 수도 있지만, 요구 사항은 변하고 새로운 기능은 추가될
것이므로, 장기적으로 보면 시간을 절약할 수 있을 것이다. 따라서 코드는 이러한 요
구 사항을 만족시키기 위해 변경이 쉬워야만 한다. 분리된 계층을 생성하고 이러한
계층 간을 서로 연결하기 위해 브리지 패턴을 사용하면 각각의 계층을 손쉽고 다른
계층에 독립적으로 변경할 수 있는 능력을 갖추게 된다.

▌ 요약

8장에서는 스위프트에서 프로토콜지향 프로그래밍 패러다임을 어떻게 사용할 수 있
는지와 관리가 쉽고 유연한 애플리케이션을 만들기 위해 디자인 패턴을 사용하는 방
법을 알아보기 위해 두 가지 사례 연구를 살펴봤다. 여러분이 설계한 내용을 살펴보고

설계한 내용이 여기서 설명한 것과 다르더라도 문제될 건 없다. 각각의 문제에 대해 정답은 여러 개가 존재한다. 핵심은 애플리케이션을 유지하기 쉽고 매우 유연하게 설계하는 것에 있다.

아키텍트로서 여러분은 프레임워크나 애플리케이션의 요구 사항을 충족시키는 것뿐만 아니라 코드를 유지하기 쉽고 미래의 요구 사항을 충족시킬 수 있게 확장이 쉽게 하는 데에도 관심을 둬야 한다. 프로토콜지향 프로그래밍과 같은 프로그래밍 패러다임을 사용하고 애플리케이션 설계에서 디자인 패턴의 사용을 강조하면 이러한 요구 사항을 충족시키는 데 도움이 될 수 있다.

furColor 84

에이콘출판의 기틀을 마련하신 故 정완재 선생님 (1935-2004)

스위프트 4 프로토콜지향 프로그래밍 3/e

확장성 있는 iOS 프로그래밍을 위한

발 행 | 2018년 10월 31일

지은이 | 존 호프만
옮긴이 | 강 경 구

펴낸이 | 권 성 준
편집장 | 황 영 주
편 집 | 조 유 나
디자인 | 박 주 란

에이콘출판주식회사
서울특별시 양천구 국회대로 287 (목동)
전화 02-2653-7600, 팩스 02-2653-0433
www.acornpub.co.kr / editor@acornpub.co.kr

한국어판 ⓒ 에이콘출판주식회사, 2018, Printed in Korea.
ISBN 979-11-6175-228-0
ISBN 978-89-6077-210-6 (세트)
http://www.acornpub.co.kr/book/pop-swift4-3e

이 도서의 국립중앙도서관 출판시도서목록(CIP)은 서지정보유통지원시스템 홈페이지(http://seoji.nl.go.kr)와
국가자료공동목록시스템(http://www.nl.go.kr/kolisnet)에서 이용하실 수 있습니다.(CIP제어번호: CIP2018033798)

책값은 뒤표지에 있습니다.